KB217238

그

복음과

신학

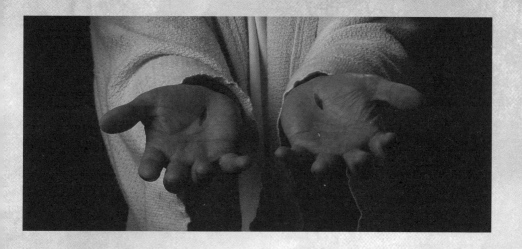

남궁영환 지음

그
복음과
신학

신약의 사도들은 3인칭 과거형으로 그 복음을 선포하고 있다.

그러므로 우리는 구약의 성도들과는 반대로

과거 역사 속에서 일어났던 부활사건을 보고 믿는 것이다.

좋은땅

일러두기

이 책에 인용한 성경 구절들은 전수성경공회(Received Bible Society)에서 2012년 발행한 한글, 영어, 원어(히브리 - 헬라) Interlinear 전수 성경을 사용하였다.

8과. 구원에 대하여 175

나는 목회한 지 20년쯤 되어서야 비로소 "그 복음"을 깨닫고 마음에 믿게 되었다. 그 순간 나는 새로운 피조물이 되었고, 그때부터 부활의 증인이 되었다. 만나는 사람들에게 예수의 부활을 증거했고, 매 주일 예수의 부활을 선포하며 다윗의 씨로 죽은 자 가운데서 살아나신 예수님이 전능하신 하나님, 영존하신 아버지이심을 증거했다.

일 년에 한 번 부활절에나 부활 설교를 하던 내가 매 주일 부활을 선포하게 되었고 모든 모임에서, 만나는 사람들에게 그 복음을 선포했다. 하나님께서 그 복음의 관점에서 말씀의 깊이를 더해 주셨다. 성경을 반복해서 읽으면서 그 동안 하나님의 은혜로 깨닫게 해 주신 부분들을 설교했다.

성경은 창세기부터 계시록까지 그 복음을 선포하고 있다. 구약에서는 그 복음의 시제가 주로 3인칭 미래형으로 되어 있다. 그래서 구약의 선진들은 그 복음 선포를 듣고 미리 보고 믿었다. 예수님께서는 1인칭 현재와 미래형으로 선포하셨고 그 시대 사람들은 예수님을 직접 보고 믿었다. 그리고 사도들은 3인칭 과거형으로 그 복음을 선포하고 있다. 그러므로 우리는 구약의 성도들과는 반대로 과거 역사 속에서 일어났던 부활사건을 보고 믿는 것이다.

성경 66권을 요약하면 그 복음이 된다. '그 복음'의 관점에서 보면 기독교의 모든 교리들은 그 복음을 선포하고 있다: 신론도 그 복음, 기독론도 그 복음, 성령론도 그 복음, 인간론도 그 복음, 구원론도 그 복음, 교회론도 그 복음, 종말론도 그 복음이다. 성경이 그 복음을 선포하고 있듯이 모든 교리들 역시 그 복음을 선포하고 있다. 모든 교리의 중심에는 그 복음이 있어야 하고 그 복음을 선포해야 한다. 그 복음은 모든 믿는 자들에게 구원을 주시는 하나님의 능력이다(롬 1:16). 그러므로 하나님은 그 복음 선포의 미련한 것을 통해 믿는 자들 구원하시기를 기뻐하신다(고전 1:21). 그리고 그 복음이 온 세상에 선포되어지고 모든 민족에게 증거 되어(마 24:14) 이방인의 충만한 수가 채워져야(롬 11:25) 그제야 끝이 오게 된다. 그러므로 예수님의 재림을 소망하는 모든 성도들은 그 복음을 선포해야 한다. 땅끝까지……

이 책을 통해 "그 복음"이 세상에 확실히 드러나서 땅끝 모든 민족에게 다윗의 씨로 죽은 자 가운데서 다시 사신 나의 주 나의 하나님 예수 그리스도께서 온 세상에 선포되어지고 영광 받으시고 높임을 받으시기를 소망한다.

아틀란타에서,
하나님의 긍휼과 은혜를 흠뻑 받아
10억의 그리스도의 제자를 꿈꾸며
그 복음의 일꾼 된
남궁 영환 목사.

I부 : 그 복음 ── .

1과.
정관사가 빠진 번역 성경

1) 정관사 번역의 중요성

　우리나라 언어에서 중요하게 생각하지 않는 단어가 있다: "정관사"이다. 그렇기 때문에 한국 사람들이 영어를 배우고 사용할 때 가장 힘들어하는 부분이 어디에 관사를 쓰고 정관사를 붙이냐 하는 것이다. 반면에 영어에서는 관사나 정관사를 매우 중요하게 생각한다. 정관사는 문장의 내용과 의미를 정확하게 만들어 주기 때문이다. 그래서 정관사 "the"를 한글로 번역해서 "그"를 붙이냐 안 붙이느냐에 따라 의미가 확 달라진다.

　관사를 영어로는 article이라고 하는데, 간단한 정의를 찾아보면 다음과 같다:

> An **article** is a kind of adjective which is always used with and gives some information about a noun.
>
> 관사는 하나의 형용사와 비슷한 것으로 항상 하나의 명사와 함께 사용하여 명사에 관한 어떤 정보를 더해 준다.

There are only two **articles** 'a' and 'the', but they are used very often and are important for using English accurately.

거기는 오직 두 개의 관사: 'a'와 'the'가 있으며, 그들은 매우 자주 사용되며 영어를 정확하게 사용하는 데 중요하다.

The를 definite article—정관사라고 한다—definite이라고 하는 것은 확실한, 분명한, 뚜렷한, 이런 의미가 있는데, "the"를 붙여 줌으로써 그 단어가 가리키는 것이 확실해지고, 분명해지고, 뚜렷해지기 때문에 definite article이라고 부르는 것이다.

가장 보편적인 예를 들면 오직 하나밖에 없는 사물에 대해서는 the를 붙여 준다: 하나밖에 없다는 것은 매우 특별한 것이기 때문이다—태양을 우리는 태양이라고 하지만 태양은 하나밖에 없는 것이기 때문에 영어 문장에서는 항상 the sun, 지구도 하나밖에 없으니까 the earth, 달도 하나밖에 없기 때문에 the moon, 세상도 하나이니 the world가 되는 것이다. 무엇인가를 비교할 때 최상급은 항상 하나이기 때문에 the best, the tallest, the biggest, the strongest 이렇게 쓰는 것이다.

복음 역시 마찬가지이다. 복음은 이런저런 복음이 있는 것이 아니라 오직 하나이다. 그래서 영어에서는 복음 앞에 항상 정관사 the를 붙여 **the Gospel**이라고 쓴다. 그러므로 우리도 "**그 복음**"이라 해야 마땅하다.

이렇게 the를 번역하거나 번역하지 않았을 때에 따라 의미가 달라진다는 것을 염두에 두고 그럼 우리가 성경에서 "the"를 번역했을 때와 누락했을 때 어떻게 의미가 달라지는지를 살펴보자.

2) 믿음과 "그 믿음"의 차이

성경에는 믿음이란 단어가 매우 많이 쓰였다. 그런데 영어와 원어 성경을 한글 성경과 비교해서 읽다 보면 한글 성경에는 거의 대부분 "믿음"이라고 번역하고 영어나 원어 성경에서는 정관사 없이 믿음(faith)이라고 한 곳도 있는데, 어떤 부분에서는 "the faith", 즉 **"그 믿음"**이라고 기록된 곳이 있다.

예를 들어 고린도후서 13장 5절의 한글과 영어 그리고 헬라어 번역을 비교해 보자:

너희가 **믿음**에 있는지 너희 자신을 살펴보고, 너희 자신을 입증하라. **예수 그리스도**께서 너희 안에 계신 줄을 너희가 스스로 알지 못하느냐? 그렇지 않으면 너희가 버리운 자니라(한글 전수성경).

Test yourselves to see if ye are in *the faith*; prove yourselves. Know ye not yourselves, that Jesus Christ is in you? Otherwise ye are reprobate(영어 전수성경).

ἑαυτοὺς πειράζετε εἰ ἐστὲ ἐν *τῇ πίστει*, ἑαυτοὺς δοκιμάζετε. ἢ οὐκ ἐπιγινώσκετε ἑαυτοὺς ὅτι Ἰησοῦς Χριστὸς ἐν ὑμῖν; ἐστίν εἰ μή τι ἀδόκιμοί ἐστε (이 구절은 전수 사본과 현대 사본이 일치함).

원어를 한글로 다시 직역하면: 너희가 **"그 믿음"** 안에 있는지 너희 자신들을 시험해 보라—너희 자신들을 증명하라—영어 번역과 일치하게 된다: Test yourselves to see if ye are in *the faith*; prove yourselves.

이 구절의 문맥을 살펴보면 앞에서 어떤 믿음에 관한 이야기를 하다가 앞에서 언급한 믿음을 지칭하는 그 믿음이 아니다. 5절에 "그 믿음"은 분명하게 하나밖에 없는 어떤 특정한 믿음을 가리키고 있다는 것을 알 수 있다. 아무 "믿음" 안에 있는지 테스트하라는 것이 아니라 "그 믿음" 안에 있는지를 테스트해 보라는 것이다. 그리고 증명까지 해야 한다.

그런데 이 구절을 "그 믿음"이라고 번역하지 않고 그냥 "믿음"이라고 번역을 하게 되면 사람들마다 천차만별의 믿음을 들고 나와 각자의 생각하고 있는 믿음의 잣대로 자신들의 믿음을 증명하려고 할 것이다.

그러나 "그 믿음"이라고 번역을 하게 되면 의미가 달라진다. "그 믿음"은 하나밖에 없는 특정한 믿음을 이야기한다. 그렇기 때문에 특정한 '그 믿음'으로 자신을 "그 믿음 안에" 있는지 테스트해야 하는 것이다.

"그 믿음"으로 자신을 테스트하기 위해서는 우선 "그 믿음"이 어떤 믿음인지 알아야 한다. "그 믿음"이 무엇인지 모른다면 자신을 테스트조차 할 수 없게 되는 것이다. 그렇다면 **"그 믿음"은 어떤 믿음인가?**

바울은 로마서에서 **'그 믿음'**이 어떤 믿음을 의미하는지 정확하게 알려주고 있다: 로마서 3장 21절부터 사람이 의롭다 함을 받는 것이 율법의 행위로 되지 않고 오직 예수 그리스도의 신실하심으로 의롭다 함을 받게 된다는 것을 설명한다:

"그러나 이제는 율법과 상관없이 하나님의 의가 나타났으니 이는 율법과 선지자들에 의하여 증거를 받은 것으로 오직 예수 그리스도를 믿음으로 **(예수 그리스도의 신실함으로)** 말미암아 모든 자 곧 믿는 자 모두에게 미치는 하나님의 의니 차별이 없느니라"(롬 3:21-22)

'예수 그리스도를 믿음으로 말미암아'라고 번역한 부분을 원어로 보면: διὰ πίστεως Ἰησοῦ Χριστοῦ—직역을 하면 예수 그리스도의 믿음으로 말미암아 혹은 예수 그리스도의 신실하심으로 말미암아 둘 중의 하나로 번역을 해야 한다. 'Ἰησοῦ Χριστοῦ는 소유격이다. 그러므로 '예수 그리스도의'라고 번역을 해야지 '예수 그리스도를' 하고 목적격으로 번역하면 안 된다. 피스티스는 믿음(faith) 혹은 신실함(faithfulness)이란 뜻이 있기 때문에 '예수 그리스도의 믿음으로 말미암아' 혹은 '예수 그리스도의 신실하심으로 말미암아' 둘 중 하나로 번역을 선택해야 한다. 여기서 하나님께서 바울을 통해 하고 싶으신 말씀은 "예수 그리스도의 믿음으로 말미암아"보다는 "예수 그리스도의 신실하심으로 말미암아"를 강조하고 계신다고 본다.

"예수 그리스도의 신실하심으로 말미암아 믿는 자 모두에게 미치는 의"란 무슨 뜻인가? 우리의 의롭다 함을 위하여 예수 그리스도께서 약속하신 모든 것을 처음부터 끝까지 그분이 다 이루셨다는 이야기다. 그래서 우리가 해야 하는 것은 아무것도 없다. 그냥 그분이 우리를 위해 다 이루신 것을 마음에 믿기만 하면 된다는 것이다. 이와 같은 표현은 갈라디아서 2장 16절, 3장 22절, 빌립보서 3장 9절에서도 마찬가지로 하나님은 믿음의 대상으로 항상 신실하신 분이시기 때문에 "오직 예수 그리스도의 신실하심으로 말미암아 모든 자 곧 믿는 자 모두에게 미치는 하나님의 의니 차별이 없느니라" 하고 번역을 해야 한다.

하나님은 자신이 하신 약속을 100% 지키셨다: 여자의 후손으로 오신다고 약속하시고, 동정녀 마리아를 통해 이 땅에 오셨다. 아브라함과 다윗의 자손으로 오신다는 약속도 역시 다윗의 아들 나단의 라인에서 마리아를 통해 오심으로 그 약속 역시 지키셨다. 고난 받으시고 죽으실 것도 십자가 고난을 통해 이루셨으며, 죽은 자 가운데서 3일만에 살아나시겠다는 약속도 역시 정확하게 이루셨다. "여호와께서 사망을 삼키시고 승리하실 것이요"라는 약속도 부활로 마귀를 멸하셔서 사망을 폐하시고 생명과 죽지 아니함을 드러내셨다. 이것이 예수 그리스도의 신실하심이다! 약속하신 모든 것을 신실함으로 다 이루신 것이다.

예수 그리스도의 신실하심으로 말미암아 모든 자 곧 믿는 자 모두에게 미치는 하나님의 의를 설명하기 위해 4장에서 등장시키는 인물이 아브라함이다: "그러면 성경이 무엇을 말하느냐? 아브라함이 하나님을 믿으매, 이것이 저에게 의로 여기신 바 되었느니라…… 저가 할례의 표를 받은 것은 무할례시에 *(그)¹* **믿음**으로 된 의를 인친 것이니, 이는 아브라함이 할례 없이 믿는 모든 자의 조상이 되어, 저희로 또한 의로 여기심을 받게 하려 하심이니라"(롬 4:3, 11)

로마서 4장 11절을 보면 우리 성경에는 역시 정관사가 번역되지 않았다. 헬라어 성경과 영어 성경에는 정관사가 붙어 있다. 그러면 정관사를 넣어서 다시 번역해 보자: 그가 무할례시에 **"그 믿음"**으로 의롭게 된 것에 대한 하나의 봉인으로 그는 할례의 그 표를 받았다. 그리하여 그는 할례 없이 믿는 모든 사람의 조상이 되어 그들 역시 의로 여김을 받게 하려는 것이다.

아브라함이 어떤 하나님을 믿어서 의롭게 되었는지 로마서 4장 17절에서 이렇게 설명하고 있다: "기록된 바 '내가 너를 많은 민족의 조상으로 세

---

1 And he received the sign of circumcision, a seal of the righteousness of ***the faith*** which he had while uncircumcised, that he might be the father of all who believe without being circumcised, that righteousness might be credited to them also, καὶ σημεῖον ἔλαβε περιτομῆς, σφραγῖδα τῆς δικαιοσύνης ***τῆς πίστεως*** τῆς ἐν τῇ ἀκροβυστίᾳ· εἰς τὸ εἶναι αὐτὸν πατέρα πάντων τῶν πιστευόντων δι᾽ ἀκροβυστίας, εἰς τὸ λογισθῆναι καὶ αὐτοῖς τὴν δικαιοσύνην·

웠다' 하셨으니 그가 믿은 바 하나님은 죽은 자를 살리시며 없는 것을 있는 것 같이 부르시는 자시니라."

아브라함이 믿은 하나님은 어떤 하나님이신가? 죽은 자를 살리시는 하나님이시다! 없는 것을 있는 것 같이 부르시는 하나님이시다. 정말 아브라함이 하나님을 마음에 믿었는지 하나님은 시험해 보셨는가? 그렇다! 모리아산에 이삭을 태움제로 드리는 것으로 아브라함의 "그 믿음"을 테스트하셔서 확증하셨다. 그래서 아브라함을 '그 믿음'의 조상으로 세우신 것이다.

"저에게 의로 여기셨다고 기록된 것은 이제 아브라함만 위한 것이 아니요 의로 여김을 받을 우리도 위함이니 곧 주 예수를 죽은 자 가운데서 살리신 하나님을 믿는 자니라"(롬 4:23-24)

아브라함이 죽은 자를 살리시는 하나님을 마음에 믿어 의롭다 함을 받았던 것처럼 예수를 죽은 자 가운데서 살리신 하나님을 마음에 믿는 사람들은 아브라함이 의롭다 함을 받은 것처럼 그들도 의롭다 함을 받는다는 것이다.

하나님이 아브라함을 그 믿음의 조상으로 세우셨다는 이야기는 아브라함만 한 믿음을 아무도 갖지 못할 정도로 아브라함이 큰 믿음을 가졌기 때문에 그 믿음의 조상으로 세우셨다는 이야기가 아니다. 의롭다 함을 받는 '그 믿음'의 본보기로 아브라함을 세우셨다는 것이다. 그래서 누구든지 하나님으로부터 의롭다 함을 받으려면 아브라함이 가졌던 '그 믿음'을 가져야만 아브라함이 의롭다 함을 받은 것처럼 우리도 의롭다 함을 받게 된다는 이야기를 하시는 것이다.

그래서 로마서 10장 9절은 4장 24절과 마찬가지로 "네가 만일 네 입으로 주 예수를 시인하며 또 하나님이 그를 죽은 자 가운데서 살리신 것을 네 마음에 믿으면 구원을 받으리니……"라고 하신 것이다. 우리가 구원을 받는 조건은 오직 하나: '그 믿음'이다.—죽은 자를 살리시는 하나님을 마음에 믿는 그 믿음—곧 예수를 죽은 자 가운데서 살리신 하나님을 마음에 믿는 그 믿음을 가질 때 구원을 받는 것이다.

여기서 중요한 것은 마음에 믿는다는 것이다. 아브라함이 정말 죽은 자를 살리시는 하나님을 마음에 믿는지 하나님께서 아브라함의 그 믿음을 시험해 보셨다: 모리아산에 이삭을 데리고 가서 태움제로 이삭을 바치라는 것이다. 이 테스트에서 아브라함이 죽은 자를 살리시는 하나님을 마음에 믿지 않았다면 마음에 번민과, 걱정과, 염려와 또 하나님을 향한 원망이 있었을 것이다. 그러나 아브라함은 죽은 자를 살리시는 하나님을 마음에 믿었기 때문에 조금의 망설임도 없이 이삭을 태움제로 드리기 위해 모리아산으로 데리고 갔다.

"아브라함은 하나님이 이삭을 능히 죽은 자 가운데서 살리실 줄 생각하였으니, 예컨대 그를 죽은 자 가운데서 도로 받았느니라"(히 11:19) 아브라함은 죽은 자를 살리는 하나님을 마음에 믿었고, 바로 "그 믿음" 때문에 이삭을 태움제로 드릴 수 있었다.

하나님께서 우리를 구원하실 때 사용하시는 잣대는 오직 하나—죽은 자를 살리시는 하나님을 마음에 믿는 '그 믿음'이다. 이것은 곧 예수의 부활을 마음에 믿는 '그 믿음'이다. 우리의 마음에 '그 믿음'이 있으면 아브라함을 의롭다 하신 것처럼 우리도 의롭다 칭하신다는 것이다. 의롭다 함을 받는 조건은 사천 년 전이나 이천 년 전이나 지금이나 천 년 후에나 동일하다. 그것은 아브라함이 죽은 자를 살리시는 하나님을 미리 보고 믿었던 것처럼, 다윗도 그리스도의 부활을 미리 보고 믿었으며(행 2:31), 이천 년 전 그리스도의 부활을 직접 본 증인들의 말을 근거로 지금은 역사적 증거를 통하여 간접적으로 그리스도의 부활을 보고 믿는 것이다.

에베소서 2장 8-9절도 우리가 "그 믿음"[2]으로 구원받는다고 하는 대표적인 성경 구절이다. 그냥 아무 믿음을 통해서 구원받는 것이 아니라 **"그 믿음"**을 통해서 구원을 받는 것이다.

3) 그 믿음 - 머리로 아는 것과 마음에 믿는 것의 차이

나는 20년 목회하는 동안 예수가 죽은 자 가운데서 부활하셨다는 것을 마음에 믿는다고 확신하며 목회를 했다. 구원의 확신도 있다고 믿었고, 잘

---

2 한글 개역 개정: 너희는 그 은혜에 의하여 믿음으로 말미암아 구원을 받았으니 이것은 너희에게서 난 것이 아니요 하나님의 선물이라

한글 전수성경: 너희가 이 믿음으로 말미암아 은혜로 구원을 받았나니, 이는 너희에게서 난 것이 아니요 **하나님**의 선물이라.

원어 - 전수 사본: τῇ γὰρ χάριτί ἐστε σεσῳσμένοι *διὰ τῆς πίστεως*, καὶ τοῦτο οὐκ ἐξ ὑμῶν· Θεοῦ τὸ δῶρον·

영어 전수성경: For by grace are ye saved ***through the faith***, and that not of yourselves: it is the gift of God.

원어 - 현대사본: τῇ γὰρ χάριτί ἐστε σεσῳσμένοι *διὰ πίστεως* καὶ τοῦτο οὐκ ἐξ ὑμῶν, Θεοῦ τὸ δῶρον·

영어 NIV: For it is by grace you have been saved, ***through faith***—and this is not from yourselves, it is the gift of God

전수 사본은 διὰ τῆς πίστεως through **the faith**인데 현대 사본은 διὰ πίστεως through faith 하고 정관사가 빠졌다.

믿고 있다고 나름 생각하며 열심히 성경을 가르치고, 목회를 했다. 복음을
전할 때마다 아래의 그림을 가지고 예수를 마음에 주인으로 영접하는 것

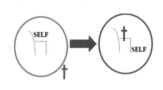

이 마음에 믿는 것이라고 설명을 하며 영
접기도를 따라하도록 했다. 그 복음, 그 믿
음의 관점에서 보면 이것이 얼마나 잘못
된 것인가! 영접기도를 통해 예수님을 주
인으로 영접하는 것이 아니라 예수가 죽은 자 가운데서 부활하신 것을 마
음에 믿을 때 예수님을 주인으로 영접하는 것인데 말이다.

어느 날 예수가 죽은 자 가운데서 살아나셨다는 것을 마음에 믿는 것과
머리로 아는 것의 차이가 무엇일까를 내 자신에게 질문해 보았을 때 곧바
로 설명을 할 수가 없었다. 그 순간 나는 하나밖에 모르고 있다는 것을 알
았다. 머리로 아는 것과 마음에 믿는 것 두 가지를 다 알고 있다면 곧바로
답을 했겠지만 하나밖에 모르고 있었기 때문에 금방 답이 나오지 않았던
것이다.

내가 머리로만 알고 있을 때, 아무리 믿음으로 말미암아 그 은혜로 구원
을 받는다고 알고 있어도 구원을 주시는 하나님의 능력을 경험하지 못했
다.

내 안에는 그 복음으로 인한 기쁨과 감사와 감격도 없었고 그 복음이 내
인생의 전부가 되지 못했다. 그리고 나는 부활의 증인으로 살고 있지 않
았다. 내 마음에 부활하신 예수님을 만난 적이 없었기 때문이다. 머리에
지식으로 아는 것을 믿는다고 착각하고 있었던 것이다.

나는 수많은 목사들과 기독교인들이 나의 이전 모습과 같다고 생각한
다. 예수의 부활을 머리로는 알고 있지만 마음으로 믿는 것은 아니기 때

문에 부활의 증인이 되지 못하는 것이다. 그러나 부활하신 예수님을 마음의 눈으로 보는 순간 마음에 믿어지고 마음에 믿어지는 순간부터 부활의 증인이 된다. 그리고 그 복음, 다윗의 씨로 죽은 자 가운데서 부활하신 예수 그리스도가 전부가 된다.

자신에게 몇 가지만 질문해 보라: 나는 누구를 만나든 부활의 증인인가? 나에게 예수 그리스도가 전부가 되었는가? 나는 그 복음으로 감격하며 흥분하고 있는가? 나는 천국을 살고 있는가? 나는 그리스도의 제자를 만들고 있는가?

만약 하나라도 그렇지 않다면 당신은 그 복음 앞에 다시 서서 부활하신 예수님을 만나야 한다. 그리고 "그 믿음"을 가져야만 "의롭다" 함을 받게 된다.

4) 그 복음 위에 세워져야 하는 신학적 교리들

"때가 이르리니 사람들이 **바른 교리(sound doctrine)**를 받지 아니하고 자기의 사욕을 좇아 가려운 귀를 즐겁게 할 스승을 많이 두고……"(딤후 4:3) 영어권 사람들은 일관성 있게 διδασκαλίας를 "doctrine—교리"로 번역했다. 반면에 한글권에 있는 사람들은 일관성 있게 "교훈—teaching or instruction"이란 의미로 번역했다. 논리적으로 보면 교리로 번역하는 것이 성경의 의미에 더 가깝다고 생각을 한다. 바른 교리가 없으면 바른 교훈도 있을 수가 없다. 그러므로 바른 교리를 세우고 가르치는 것이 무엇보다 중요한 것이다.

신학적인 바른 교리의 기초이며 중심은 "그 복음"에 있다. 성경 전체를 축소해서 요약한다면 성경은 "그 복음"을 선포하고 있는 것이다: 구약에서 선포된 그 복음은 하나님이 사람 되실 것에 대한 약속이다. 사람 되실 때에는 여자의 후손, 아브라함의 씨, 다윗의 씨로 오실 것을 약속하셨고, 우리의 죄를 인하여 고난 받고 죽으신 후 죽음을 삼키고 부활하실 것을 예언해 주셨다. 신약성경은 구약의 예언이 나사렛 예수 안에서 성취되는 것을 보여 주고 있다. 그래서 예수님은 행하시는 기적에서도 그렇고 가르침에서도 자신이 구약의 여호와 하나님이 사람 되신 분이심을 선포하셨다. 그리고 자신이 사람들의 손에 넘기어져 많은 고난을 받고 죽임을 당하신 후에 사흘만에 다시 살아나실 것을 선포하셨다. 바로 그 복음 선포인 것이다. 예수님이 십자가에 죽고 부활하신 후에 제자들에게 명하신 것이 만민에게 그 복음—곧 예수님이 다윗의 씨로 우리를 위해 죽고 부활하신 이 놀라운 사실을 선포하라고 하셨고 사도들은 "너희들이 십자가에 죽인 예수를 하나님이 살리셨고 우리가 다 이 일의 증인들이다"라고 선포했다. 그러니 이분이 누구시냐? 조상들에게 약속하신 다윗의 혈통으로 오신 성육신 하신 하나님, 곧 하나님의 아들 그리스도이심을 선포한 것이다. 그 복음을 두 단어로 함축하면 예수 그리스도이고, 한 단어로 표현하면 부활이다.

그러므로 모든 신학적인 교리들은 그 복음이 중심이 되어 부활하신 예수님이 전능하신 하나님이시며 영존하신 아버지이시고 다윗의 뿌리로서 다윗의 자손으로 오신 하나님의 아들 그리스도이심을 선포해야 한다. 어느 교단이든 구원론에서 차이가 있어서는 절대 안 된다. 성경은 그 복음만 선포하기 때문이다. 모든 신학적인 교리가 그 복음 위에 세워진다면 중요한 교리들에 있어서 차이가 없게 될 것이다.

만약 바울을 포함한 12 사도들 사이에 신학적인 이견이 있다고 한 번 생각해 보라. 그들이 주장하는 구원론이 다르고, 교회론이 다르고 종말론이 다르다고 생각해 보라, 누구의 말을 믿고 따라야 할까? 그러나 그들에게는 이견이 없었다. 그들은 동일한 그 복음을 선포했고, 그들의 생각은 그 복음으로 통일되어 있었기 때문에 모든 신학적인 교리에 일치함이 있었다.

바울이 주장하는 구원론과 베드로가 주장하는 구원론과 요한이 주장하는 구원론이 다른가? 그들이 선포했던 그 복음이 다른가? 그렇지 않다. 그들이 선포한 복음은 동일한 그 복음이다. 그리고 그들이 주장한 구원론도 다르지 않았다. 동일한 구원론을 말하고 있다.

그러므로 우리가 '그 복음'으로 돌아가서 '그 복음' 위에 신학적 교리들을 다시 정리한다면 모든 신학적 교리들이 그 복음으로 일치하게 되는 것을 보게 될 것이다.

2과.
무엇이 그 복음인가?

1) 그 복음의 정의

그 복음을 깨닫기 전에 나는 다양하게 복음을 전했다. 사영리를 사용하기도 하고, 브리지 예화를 사용하기도 하고, 삶의 목적으로 접근하기도 하고, 창조론으로 접근하기도 했다. 그러나 항상 중심에는 십자가가 있었다. 부활은 맨 끝에 스쳐 지나가듯이 언급을 했다. 다윗의 뿌리가 다윗의 자손 되신 이야기는 복음을 전하면서 한 번도 꺼내 본 적이 없었다. 그러나 성경은 로마서 1장 2-4절에서 그 복음에 대해서 이렇게 정의 내리고 있다: "**그 복음**은 하나님이 선지자들을 통하여 성경에 미리 약속하신 그의 아들에 관한 것으로 그가 **육신으로는 다윗의 혈통에서 나셨으나** 성결의 영으로는 죽은 자들 가운데서 **부활하시어 능력으로 하나님의 아들로 인정되셨으니** 곧 **예수 그리스도 우리 주님**이시라."

디모데후서 2장 8절에서는: "나의 복음에 이른 대로 **다윗의 씨로 죽은 자 가운데서 다시 사신 예수 그리스도**를 기억하라."

사도행전 2장부터 성령께서 강림하신 후 사도들이 선포한 그 복음의 내용은 위의 내용과 동일하다: "여러분 형제들아, 내가 조상 다윗에 대하여 너희에게 담대히 말할 수 있나니, 다윗은 죽어 장사되어 그 묘가 오늘까지 우리 중에 있도다. 저가 선지자인고로 **하나님**이 이미 자기에게 맹세하사 육신을 좇아 그의 허리의 열매 중에서 **그리스도를 일으키시어** 자기의 보좌에 앉게 하리라 하심을 알고 또 이것을 미리 보는 고로, **그리스도의 부활**하심을 말하여 '그의 영혼이 음부에 버려지지 않고 그의 육신이 썩음을 보지 아니하시리라' 하더니 이 **예수**를 **하나님**이 살리셨으니, 우리가 다 이 일에 증인이로다······"(행 2:29-32)

"복음"이란 단어는 좋은 소식, 복된 소식, 기쁜 소식을 이야기한다. 기독교에서 독보적으로 사용하기 전에는 전쟁에서 이긴 소식을 유앙겔리온, 즉 복음, 기쁜 소식, 복된 소식, 좋은 소식이라고 불렀다. 기독교에서도 이 개념은 마찬가지이다. 복음은 기쁘고 좋은 승리의 소식이다. 부활이 바로 사망권세와 마귀를 멸한 기쁜 소식인 것이다.

십자가는 4세기 초까지 기독교의 심볼로 사용한 적이 없다. 초대 교회는 메노라(등잔대)와 물고기 문양을 심볼로 사용했던 것을 고고학 자료를 통해 알 수 있다. 다윗의 씨로 죽은 자 가운데서 다시 사신 예수는 하나님의 아들 그리스도이심을 상징하는 문양인 것이다.

그리고 이방 교회들은 물고기를 심볼로 사용했다. 물고기는 헬라어로 ἰχθύς "익뚜스"인데 예수('Ἰησοῦς) 그리스도(Χριστός) 하나님의(Θεοῦ) 아들(υἱός) 구세주(Σωτήρ)의 맨 첫 알파벳을 모으면 익뚜스가 되기 때문이다.

어떤 이들은 십자가를 전하면 부활도 전제하고 있는 것이라고 말한다. 그러나 부활은 십자가 후속 사건이기 때문에 십자가를 전한다고 부활이 전제되지 않는다. 그러나 부활은 십자가를 전제한 사건이다. 그러므로 부활을 선포할 때마다 십자가에 죽으신 예수가 부활하신 것을 말하는 것이다. 십자가에 죽었던 예수님이 죽은 자들 가운데서 다시 살아난 것은 놀라운 소식이며, 참으로 기쁘고 좋은 소식이며 참된 복음인 것이다. 또한 예수의 부활로 인해 사망 권세가 박살 나고 사탄이 멸해졌다면 그것보다 더 기쁘고 좋은 소식이 어디 있겠는가? 예수님도 자신을 "나는 부활이요 생명"이라고 자신에 대해 증거하셨다. 그러므로 부활의 소식이 그 복음인 것이다.

예를 들어 어느 아버지에게 아들들이 있다고 하자. 아들들은 병약해서 누군가로부터 장기 이식을 받지 못하면 다들 죽게 되었다. 어느 날 아버지가 아들들에게 자신의 장기를 나누어 주기로 하고 모두들 병원 수술대에 올랐다. 수술은 잘 끝나서 아들들은 모두 새 생명을 얻게 되었다. 그러나 아버지는 죽고 말았다. 새 생명을 받은 아들들은 기뻐만 할 수 없었다. 모두 자기들 때문에 아버지가 죽었다는 사실 앞에 기쁨보다는 슬픔이 앞섰다. 슬픔이 가득한 아들들 앞에 어느 날 아버지가 기적처럼 살아서 돌아오셨다면 이 얼마나 기쁜 소식인가? 그러나 아들들은 죽은 자들 가운데서 부활하신 아버지를 보고 기뻐하기보다는 날마다 병실 앞에서 자기들을 위해 장기 이식을 해 주시고 돌아가신 아버지를 기억하며 자기들이 병약한 탓에 아버지가 돌아가셨다고 슬퍼하며 울고 있다면 얼마나 우스운 일인가? 그러나 지금 그것이 기독교의 현실이다. 예수 그리스도는 다시 사셨는데, 기독교인들은 예수의 부활을 기뻐하기보다 날마다 십자가 앞에 나아가 자신들의 죄를 회개한다며 슬퍼하고 있는 것이다.

그 복음은 디모데후서 2장 8절과 같이 "다윗의 씨로 죽은 자 가운데서 다시 사신 예수 그리스도"이다. 이것을 조금 길게 설명한 것이 로마서 1장

2-4절이다: "그 복음은 하나님께서 그의 선지자들을 통해 성경에 미리 약속하신 그의 아들에 관한 것"을 말한다. 선지자들을 통해 미리 약속하신 것이 무엇인가?

첫 번째 약속은 그가 사람이 되신다는 약속이다. 그리고 사람으로 오실 때에는 특정한 혈통으로 오시는데, 바로 다윗의 혈통으로 오시겠다는 약속이다. 하나님이 사람이 되실 때에는 다윗의 혈통의 처녀를 통해 오시겠다는 약속을 하신 것이다.

그러나 다윗의 혈통으로 태어난 아들들이 한둘이 아닌데, 누가 다윗의 혈통으로 오신 하나님의 아들인지 알아볼 수 있겠는가? 아무도 알아볼 수 없는 일이다. 그러므로 하나님은 누구든지 한눈에 자신이 하나님이 사람 되신 분이심을 알아볼 수 있도록 두 번째 약속을 주셨는데 그것이 바로 죽은 자들 가운데서 부활하시는 것이다.

이 세상에서 음부의 권세를 이길 수 있는 사람은 아무도 없다. 오직 죽은 자를 살리시는 전능하신 하나님의 능력이 아니고는 불가능한 일이다. 그래서 하나님은 자신이 사람이 되었을 때에 인간의 죄를 인하여 죽으시고 장사 지낸 바 되었다가 죽은 지 사흘 만에 다시 살아나실 것을 미리 약속하셨던 것이다. 그러므로 죽은 자들 가운데서 부활하신 분만이 하나님의 아들로 인정이 되는 것이고 부활로 예수가 하나님의 아들 그리스도이심을 확증하게 되는 것이다. 그분의 십자가의 죽음이 인류의 죄를 대속하기 위한 대속의 죽음이었음도 부활로 확증하는 것이다. 예수가 누구인가를 정확하게 증명하는 유일한 사건은 부활 사건밖에 없다. 그러므로 부활이 그 복음의 핵심이며 열쇠인 것이다.

2) 하나님의 아들에 대한 개념

그 복음을 이해할 때 바르게 알아야 하는 것이 바로 "하나님의 (그) 아들"에 대한 개념이다.

성경은 태초에는 여호와 하나님 한 분이 계셨다고 선포한다. "그 말씀이 하나님과 함께 계셨으니 그 말씀이 곧 하나님이시다"라고 기록하고 있다. 말씀이라고 번역한 헬라어는 "ὁ λόγος(호 로고스)"이다. 직역하면 "그 말씀"이다. 로고스는 말씀이라는 뜻도 있지만, Mind(마음, 정신, 생각) 혹은 Reason(이성, 지성)의 뜻도 있다.

호 로고스―그 말씀, 그 생각, 그 마음, 그 정신, 그 이성……. 이것을 정확하게 이해할 수 있는 사람은 아무도 없다.

로고스는 하나님의 지혜와 능력을 담고 있는 단어라고 생각할 수 있다. 호 로고스―그 말씀은 하나님의 생각이며, 하나님의 논리이며, 하나님의 마음이며, 하나님의 지혜이며, 하나님의 정신이며, 하나님의 이성이며 하나님의 말씀인 것이다. 그러므로 그 말씀은 늘 하나님과 함께 계시는 것이고 그 말씀은 곧 하나님 자체이신 것이다. 우리는 피조물이고 피조물이 창조주 하나님에 대해서 어떻게 정확한 이해를 할 수 있겠는가? 우리가 창조주 하나님에 대하여 정의를 내리고 결론 내리는 순간, 우리 자신이 하나님을 꿰뚫는, 하나님보다 지혜로운 존재가 되어 버리는 우를 범하게 되는 것이다. 하나님의 본질에 관해 이해할 수 있는 사람은 아무도 없으며, 하나님에 관해서는 그분이 계시해 주시는 부분에서만 이해하고 그 나머지는 신비로움 그 자체로 남겨 두어야 하는 것이다.

성경은 하나님 자신이 사람 되셨을 때에 사람이 되신 바로 그분을 "하나님의 (그) 아들"이라고 부르기 시작한 것이다. 그래서 이것을 크고 놀라운 신비라고 하는 것이다: "크도다 경건의 신비여! 그렇지 않다 하는 이 없도다. 하나님이 육체가 되셨도다!"(딤전 3:16)—하나님이 육체가 되셨지 하나님의 아들이 육체가 되신 것이 아니다!

"**말씀**이 육신이 되어 우리 가운데 거하시매, 우리가 그의 영광을 보니 **아버지**의 **독생자**의 영광이요, 은혜와 진리가 충만하더라"(요 1:14)—1절에 그 말씀은 곧 하나님이시라고 했다. 그러므로 "그 말씀" 대신 하나님을 대입하면 하나님이 육신이 되어 우리 가운데 거하시매 우리가 그의 영광을 보니 아버지의 독생자의 영광이요…….라고 번역할 수 있다. 하나님이 육신이 되셔서 아버지의 독생자가 되신 것이지 하나님의 아들이 독생자가 되신 것이 아니다!

빌립보서 2장 6-7절에는 "그는 근본 하나님의 본체시나 하나님과 동등됨을 취할 것으로 여기지 아니하시고 자기를 비워 종의 형체를 가져 사람의 모양으로 나타나셨고……" 사람의 형상으로 나타나셨다를 영어 성경은 "was being made in the likeness of men"이라고 표현했다. 하나님이 자기를 비우시고 종의 형체를 가져 사람의 모양대로 만들어지셔서 하나님의 그 아들이 되셨던 것이지 하나님의 그 아들이 사람으로 오신 것이 아니다. 만약에 하나님이 사람으로 만들어지신 적이 없다면 하나님의 그 아들은 존재하지 않게 되는 것이다.

하나님이 사람 되실 때에 그분은 동정녀 마리아의 태중에서 사람으로 만들어지신 것이 맞다. 그래서 이것은 너무나도 크고 놀라운 신비인 것이고 아무도 이해할 수 없는 신비인 것이다. 창조주 하나님이 어떻게 피조물이 되신다는 말인가! 크고 놀라운 경건의 신비 그 자체가 아닐 수 없다!

골로새서 2장 9절에는 "그리스도 안에는 신성의 모든 충만이 육체로 거하신다"고 했다. 신성—곧 하나님의 모든 충만이 육체로 거하신다는 것이다. 그런데 어떻게 하나님의 모든 충만이 육체로 거하실 수 있는가? 너무나도 신비로운 일이다!

여호와 하나님
전능하신 하나님
영존하신 아버지
다윗의 뿌리
GOD

사람 되신 하나님
예수 그리스도
하나님의 아들
다윗의 자손
The Son of God

"조상들도 저희 것이요 육신으로 하면 **그리스도**가 저희에게서 나셨으니 저는 (그리스도는) 만물 위에 계셔서 세세에 찬송 받으실 **하나님**이시니라. 아멘"(롬 9:5)

"유일하신 **주재 하나님** 곧 우리 **주 예수 그리스도**"라고 유다서 1장 4절에 기록하고 있다.

예수 그리스도는 유일하신 주재 하나님이시며 또한 유일하신 하나님의 아들이신 것이다. 이것을 계시록 22장 16절에서는 "나 **예수**는 내 천사를 보내어 교회들을 위하여 이것들을 너희에게 증거하게 하였노라. 나는 **다윗의 뿌리**요 **자손**이니 곧 광명한 **새벽별**이니라"고 기록하셨다.

다윗의 뿌리가 어떻게 다윗의 자손이 되실 수 있는가? 그렇다! 그것이 그 복음의 신비인 것이다. 그 복음은 바로 다윗의 뿌리가 다윗의 자손이 되신 것이다. 이것을 다른 말로 표현을 하면 하나님이 사람 되실 때에 다윗의 아들만 되신 것이 아니라 하나님의 아들도 되신 것이다.

하나님이 사람이 되실 때에는 인간 아버지가 전혀 필요하지 않다, 오직 처녀만 필요했던 것이다. 그러므로 처음부터 여자의 후손으로 태어나실 것을 미리 약속하셨는데(창 3:15), 이사야 7장 14절에서는 "처녀가 잉태하여 아들을 낳으리니 그의 이름을 임마누엘이라 하리라"고 약속하셨다. 임마누엘이란 하나님이 우리와 함께 하신다, 혹은 우리와 함께 하시는 하나님이라는 뜻이다: 하나님 자신이 우리와 함께 하시기 위해서 친히 처녀의 몸을 통해 사람이 되시겠다는 약속인 것이다.

이것을 이사야 9장 6절에서는 "한 아기가 우리에게 태어나고, 한 아들을 우리에게 주신 바 되는데, 그의 어깨에는 정부(통치권)가 메어질 것이고, 그의 이름을 기묘자라, 모사라, 전능하신 하나님이라, 영존하시는 아버지라, 평강의 왕이라 할 것이라"(저자 번역)

이사야 7장 14절과 9장 6절을 함께 생각해 보면 처녀가 잉태하여 한 아기, 한 아들이 태어나게 되는데 그분은 기묘자, 모사, 전능하신 하나님, 영존하시는 아버지, 평강의 왕이 처녀를 통하여 한 아기로, 한 아들로 우리와 함께 하시기 위해서 오신다는 약속이다.

이사야 9장 6절은 정확하게 예수님이 성취하신 예언이다. 그렇다면 예수님이 누구라는 것을 확실하게 밝혀 주는 예언이다. 한 아기, 한 아들로 우리에게 오실 분은 기묘자, 모사, 전능하신 하나님이시며 영존하시는 아버지이며 평강의 왕이신 분이다.

누가복음 1장 30-35절에서는 이 약속이 성취되는 부분을 이렇게 표현했다:

"천사가 말하되 "마리아여, 두려워 말라. 네가 **하나님**께 은총을 입었느니라. 보라, 네가 잉태하여 아들을 낳으리니 그 이름을 **예수**라 하라. 저가 큰 자가 되고 '**지존자의 아들**'이라 일컬음을 받을 것이요, **대주재 하나**

님께서 그 조상 다윗의 보좌를 저에게 주시리니 저가 야곱의 집을 영원히 다스리실 것이며 그의 나라가 무궁하리라" 하매 마리아가 천사에게 말하되 "나는 남자를 알지 못하니, 어찌 이 일이 있으리이까?" 천사가 대답하되 "**성령**이 네게 임하시고 **지존자**의 능력이 너를 덮으시리니, 그러므로 네게서 나실 바 **거룩한 자**를 '**하나님의 그 아들**'이라 일컬으리라."

"하나님의 그 아들이라 일컬으리라"는 미래형이다. 하나님의 그 아들이 태초부터 계시다가 하나님 아버지의 보내심을 받고 오신 것이 아니다. 태초에는 그냥 하나님이 한 분 계셨던 것이고. 그 하나님은 신명기 6장 4절과 같이 "우리 하나님 여호와는 한 분 여호와시니"—여호와 하나님 한 분이 계신 것이다. 여호와 하나님은 기묘자, 모사, 전능하신 하나님, 영존하시는 아버지, 평강의 왕이시며 다윗의 뿌리이시다. 전능하신 하나님, 영존하신 아버지께서 한 아기로 태어나서 한 아들로 우리에게 주신 바 된다는 것이 하나님의 그 아들(the Son of God)에 관한 약속이며 그 복음인 것이다.

요한복음 1장에서는 "태초에 그 **말씀**이 계시니라. 그 **말씀**이 **하나님**과 함께 계셨으니 그 **말씀**은 곧 **하나님**이시니라…… 만물이 그로 말미암아 지은 바 되었으니, 지은 것이 하나도 그가 없이는 된 것이 없느니라…… 그 **말씀**이 육신이 되어 우리 가운데 거하시매, 우리가 그의 영광을 보니 **아버지의 독생자**의 영광이요, 은혜와 진리가 충만하더라"(요 1:1,3,14)

그 말씀이 하나님이시고 그 말씀(하나님)이 육신이 되셨는데 육체가 되신 하나님을 우리는 하나님의 그 아들이라고 부르는 것이다. 하나님이 육체가 되시는 사건이 없었다면, 하나님의 그 아들은 존재하지 않는 것이다. 이것을 로마서 1장 2절에 '그 복음은 하나님이 그의 선지자들을 통하여 성경에 미리 약속하신 그의 아들에 관한 것으로 그가 육신으로는 다윗의 혈통에서 나셨으나……"라고 한 것이다.

하나님이 육체가 되실 때 다윗의 혈통으로 나신다는 약속을 하셨고, 그 약속은 누가복음 3장에 나오는 족보대로 다윗의 아들 중 솔로몬의 형제인 나단의 혈통을 따라 마리아가 태어나고 마리아를 통해 이 땅에 전능하신 하나님, 영존하시는 아버지께서 한 아기로, 한 아들로, 육체가 되어 우리에게 오신 것이다.

여기에 대해서 사람들은 이런 질문을 한다: 하나님이 사람이 되셨다면 하나님은 어떻게 되신 것이냐? 하나님은 영이시다. 그리고 하나님은 영존하시다. 그러기 때문에 하나님은 없어질 수 없는 존재이시다. 전능하신 하나님이 자신의 능력으로 그 말씀이 사람이 되셨으며, 이때부터 이 세상에는 하나님이 사람 되신 하나님의 그 아들이 존재하시게 되는 것이다. 그리고 영존하시는 아버지는 여전히 영존하심으로 존재하신다. 여기에 대해서는 아무도 어떻게 그렇게 하실 수 있는지 알 수 있는 사람이 없다. 신비는 신비로 남겨 두어야 한다. 그러므로 이때부터 육체가 되신 하나님의 그 아들이 세상에 계시고 그분은 하나님을 향해 "아버지"라고 부르시는 것이 당연한 것이다. 왜냐하면 하나님에 의해 사람이 되셨기 때문이다.

그러므로 하나님은 다윗의 뿌리이신 동시에 다윗의 자손이 되신 것이다. 다른 표현으로 하면 영존하시는 아버지, 전능하신 하나님이 사람이 되시면서 사람이 되신 하나님은 영존하시는 아버지 하나님이시면서 동시에 하나님의 아들이 되신 것이다. 이것을 이해할 수 있는 사람은 아무도 없다. 그냥 the mystery―그 신비 그 자체이다.

그래서 바울은 디모데전서 3장 16절에 "크도다 경건의 신비여! 그렇지 않다 하는 이 없도다. 하나님이 육체가 되셨도다!" 하나님이 육체가 되신 사건이 크고 놀라운 경건의 신비라고 말하고 있다. 그러므로 하나님의 그 아들은 태초부터 하나님의 그 아들로 계신 제2위의 성자 하나님이 오신 것이 아니라 홀로 한 분이신 여호와 하나님이 육체가 되시면서 받으신 칭호요, 타이틀인 것이다.

3) 시제와 인칭

성경은 일관성 있게 그 복음을 선포하고 있다. 창세기부터 계시록까지 그 복음이다! 시제와 인칭이 다를 뿐이지 동일한 그 복음을 선포하고 있다: **그 복음은 하나님의 그 아들에 관한 약속이다.** 모세의 글과 시편과 선지자의 글을 통해 여호와 하나님이 사람 되실 것을 약속하신다. 구약 성경에서는 항상 미래형으로 그 복음을 선포하셨다. 선지자들이 선포할 때에는 3인칭 미래형, 때로는 여호와 하나님께서 선지자들을 통해 직접 말씀하실 때가 있으시다. 그럴 때에는 1인칭 미래형이다. 그러므로 구약에서 그 복음을 선포할 때에는 여호와 하나님이 사람 되실 것과 또 사람 되셔서 고난 받으실 것과 우리를 위해 죽으실 것 그리고 사망을 삼키고 승리하실 것을 약속하셨다. 구약에서는 이것을 시각적이고 모형적인 방법으로 미리 약속하기도 하셨는데 그것이 성전과 제사제도와 절기이다.

신약을 열면 구약에서의 약속들이 예수 그리스도 안에서 이루어진다. 그러므로 예수님이 선포하신 그 복음은 항상 1인칭이고 시제는 현재와 미래형으로 나뉘어진다. 1인칭 현재형은 "내가 그니라"를 선포하실 때이고 죽고 부활하실 것을 선포하실 때에는 1인칭 미래형인 것이다. 예수님께서 행하신 모든 기적들은 전능하신 하나님만 행하실 수 있는 기적들로서 "내가 그니라"를 선포하신 것이다: 물 위를 걸으시고, 풍랑을 잠잠케 하시고, 각종 병자들을 고치시고, 귀신들을 쫓아내시고, 귀머거리가 듣게 하시고, 앉은뱅이가 일어나며, 소경이 보게 되고, 문둥병자들이 깨끗해지고, 물이 포도주가 되며, 물고기 두 마리와 떡 다섯 개로 오천 명을 먹이시고 열두 광주리를 남게 하시는 기적, 그리고 죽은 자를 살리시는 이런 모든 기적들은 "내가 그니라—I AM HE"를 선포하신 것이다. 내가 하나님의 그 아들이다. 나는 처음부터 너희에게 말하여 온 자니라. 나와 아버지는 하나다. 나를 본 자는 아버지를 보았다, 나를 믿는 자는 아버지를 믿는 것이다. 나는 부활이요 생명이다. 내가 길이요 진리요 생명이다. 내가 곧 그 진리이다. 나는 생명의 떡이다. 너희가 나를 죄인들의 손에 넘겨줄 것이고 내가 많은 고난을 받고 죽임을 당하고 사흘만에 다시 살아날 것이다. 이렇게 말씀하신 것이 다 그 복음을 선포하신 것이다.

사도들이 선포한 그 복음은 시제가 항상 3인칭 과거형이다. 하나님이 이미 사람 되어 오셨고, 우리를 위해 죽고 부활하셨기 때문이다. 예수님이 부활 승천하신 후에는 성령께서 강림하셔서 예수의 부활을 목격한 사람들에게 임하셔서 그들을 통해 예수 부활을 선포하는 부활의 증인들이 되게 하셨다. 그래서 신약시대부터는 예수가 죽은 자 가운데 부활하셔서 이분이 다윗의 그 아들로 오신 하나님의 그 아들 그리스도이심을 선포하는 것이 그 복음 선포인 것이다.

하나님의 그 아들에 관한 약속은 기묘자, 모사, 전능하신 하나님, 영존하시는 아버지, 평강의 왕이신 여호와 하나님이 사람이 되시겠다는 약속을 하신 것이다. 창세기부터 계시록까지 하나님은 여호와 한 분이시다. 그래서 구약에서는 하나님의 그 아들에 관한 개념이 없다. 오직 여호와 하나님만 등장하다가 신약을 열면 예수 그리스도만 등장하면서 예수께서 하나님의 그 아들 그리스도이심을 믿으라고 하는 것이다. 왜 그런가? 예수는 하나님이 사람 되신 분이시기 때문이다.

4) 고니야 저주의 중요성

하나님이 한 아기로, 한 아들로 오실 때에는 인간 아버지를 통해서 오시는 것이 아니다. 인간 아버지가 있었다면 그는 사람의 아들이지 하나님의 아들이 될 수가 없는 것이다. 하나님의 그 아들은 하나님이 친히 육체가 되신 것이기 때문에 인간 아버지가 있어서는 절대 안 될 일이다. 그러므로 동정녀 탄생을 해야 하는 것이다.

하나님께서 사람이 되시기 위해서 택하신 동정녀 마리아는 다윗의 아들 중 나단의 혈통에서 등장하는 처녀였다. 그렇다면 예수께서는 다윗의 왕권을 계승한 아들 솔로몬의 라인을 통해서 오시지 않았는데 어떻게 다윗의 보좌에 앉으시기에 합당할 수가 있는가?

하나님은 이 부분을 미리 아시고 예레미야 22장 24-30절에서 여고냐를 이렇게 저주하신다:

"나의 삶을 두고 맹세하노니 유다 왕 여호야김의 아들 고니야가 비록 내 오른손의 인장반지라 할지라도 내가 빼어, 나 여호와의 말이라, 네 생명을 찾는 자의 손과 너의 두려워하는 자의 손 곧 바벨론 왕 느부갓네살의 손과 갈대아인의 손에 주리라. 내가 너와 너를 낳은 어미를 너희가 나지 아니한 다른 지방에 쫓아내리니 너희가 거기서 죽고 너희 마음에 돌아오기를 사모하는 땅에는 돌아오지 못하리라. 이 사람 고니야는 천대받는 부서진 우상인가? 좋지 않은 그릇이냐? 어찌하여 그와 그 자손이 쫓겨나서 알지 못하는 땅에 들어갔는고? 땅이여 땅이여 땅이여, 나 여호와의 말을 들을지어다. 나 여호와가 이같이 말하노라. 너희는 이 사람이 자식이 없겠고 그 평생에 형통치 못할 자라 기록하라. 이는 그 자손 중 형통하여 다윗의 위에 앉아 유다를 다스릴 사람이 다시는 없을 것임이니라."

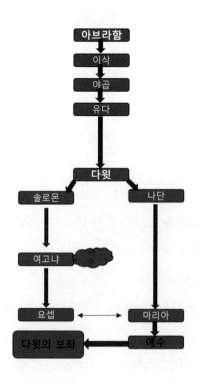

여고냐는 이미 부인도 있었고 자녀들도 있었다, 그런데 30절에: "이는 그 자손 중 형통하여 다윗의 위에 앉아 유다를 다스릴 사람이 다시는 없을 것"이라는 것이다.

실제로 여고냐는 바벨론으로 잡혀가고 여고냐를 대신하여 여고냐의 삼촌인 시드기야가 유다를 다스리다 시드기야 11년에 바벨론에 의해 유다는 멸망하였고, 그 이후로 여고냐의 자손으로 다윗의 보좌에 앉아 유다를 다스린 사람이 없다.

바벨론 포로 70년을 마치면서 포로들이 예루살렘에 돌아와 성전을 재건하고 예루살렘에 거주하기 시작하지만 유다가 바벨론에 의해 멸망한 후 예루살렘은 이방인들의 통치를 받게 된다. 이방인의 때가 시작되어 다윗의 자손 되신 예수님이 재림하셔서 다윗의 보좌에 앉으시기까지 이방인의 때는 계속되는 것이다(누가복음 21:24). 바벨론의 통치가 끝나자 바사의 통치를 받고 바사의 통치가 끝나자 헬라의 통치를 받고 헬라의 통치기간에 마카비 혁명으로 잠시 독립을 해서 하스모니안가의 통치가 있었으나 그리 길지 못하였고, 로마의 통치를 받게 된다.

예수님이 탄생하실 때에 유다는 로마의 식민지였고, 에돔 사람 헤롯이 로마 황제의 허락을 받아 유대인들의 왕 노릇을 하게 되고 자신의 정당성을 주장하기 위해 본부인과 이혼을 하고 하스모니안 집안의 딸인 미리암네와 결혼을 해서 자신이 유대인의 왕 노릇 하는 것을 정당화하려고 노력한다.

바로 이 헤롯 왕 때에 예수님께서 탄생을 하시게 된다. 마태복음 1장에 나오는 족보를 보면 요셉은 아브라함과 다윗의 자손으로서 솔로몬의 혈통으로 합법적으로 왕위를 계승할 수 있는 여고냐의 직계 자손 혈통으로 태어나게 된다.

같은 다윗의 자손이지만 솔로몬의 형제 나단의 혈통에서 태어난 마리아와 요셉은 정혼하게 되는데, 마리아가 요셉과 동거하기 전에 이미 성령으로 잉태하게 되고, 이를 가브리엘로부터 현몽을 받은 요셉은 마리아를 데려와 아내를 삼고 예수님이 탄생하시기까지 동침하지 않는다. 예수님이 태어났을 때 요셉의 아들로 호적에 올랐지만 혈통으로는 요셉과 아무 상관이 없다. 이 사실은 매우 중요하다. 요셉은 유다왕 여고냐의 직계 자손으로 태어난 다윗의 자손이다. 합법적으로 다윗의 보좌를 계승할 수 있는 혈통이다. 그러나 예레미야서에서 여호와 하나님은 여고냐를 저주하여 여고냐의 혈통으로서는 다윗의 위에 앉아 유다를 다스릴 사람이 다시는 없을 것이라고 명하셨다.

이것은 딜레마가 아닐 수가 없다. 다윗에게는 한 아들을 주셔서 다윗의 보좌에 앉아 영원히 이스라엘을 다스리게 하시겠다고 했는데, 여고냐에게는 여고냐의 자손으로서는 다윗의 위에 앉아 유다를 다스릴 사람이 다시는 없겠다고 하셨으니 누가 유대인의 왕이 되어 다윗의 보좌에 앉을 수 있다는 말인가?

여고냐 저주 이후에 유대인의 왕이 될 수 있는 사람의 자격 조건은 이렇다: 1) 다윗의 혈통이라야 한다 2) 그러나 여고냐의 혈통이 아니라야 한다 3) 그러면서도 합법적으로 왕위에 오를 수 있는 여고냐의 가문에 아들로 호적에 등록이 되어야 한다.

예수는 이 세 가지 조건을 모두 충족하고 있다. 마리아의 라인을 통해 예수는 다윗의 직계 혈통이다. 여고냐의 혈통이 아니지만 마리아가 요셉과 정혼하여 여고냐의 직계 자손인 요셉의 아들로 호적에 등록이 되었으므로 여고냐의 저주를 피해 다윗의 보좌에 앉으실 수 있는 모든 조건을 갖춘 것이다. 그리고 다윗의 보좌에 영원히 앉으실 수 있는 것이다.

예레미야 22장에서 여고냐에게 이런 저주를 내린 것은 하나님이 사람이 되시기 위해 절대적으로 필요한 저주였다. 이 저주가 없었더라면 여고냐의 혈육 중 누군가가 다윗의 보좌에 앉아야 한다. 여고냐의 혈통으로 태어난 사람은 아버지가 사람이기 때문에 아무도 하나님의 그 아들이 될 수가 없다. 그런데 여고냐의 저주를 통해 하나님은 다윗 가문에 한 동정녀를 택하시고 그녀의 몸에서 사람으로 만들어지셔서 이 땅에 육체로 오셨던 것이며, 여고냐에게 임한 저주를 피해 여고냐의 피를 받지 않고 여고냐의 직계 후손인 요셉의 아들로 호적에 올라 다윗의 보좌에 앉을 수 있는 모든 자격을 갖추게 된 것이다. 그러므로 예수님은 하나님의 그 아들이 되신 동시에 다윗의 그 아들이 되신 것이다. 그래서 마태복음 2장 2절에 "유대인의 왕으로 나신 이가" 된 것이다.

이렇게 그 복음의 첫번째 약속은 성취가 되었다—그 복음은 하나님이 그의 선지자들을 통하여 성경에 미리 약속한 그의 아들에 관한 것으로 그가 육신으로는 다윗의 혈통에서 나셨으나 성결의 영으로는 죽은 자들 가운데서 부활하시어 능력으로 하나님의 아들로 인정되셨으니 곧 예수 그리스도 우리 주님이시라!(롬 1:2-4)

그 복음은 다윗의 뿌리가 되시는 하나님께서 친히 자기를 비워 종의 형체를 가져 사람의 모양으로 오실 때에 육신으로 다윗의 혈통에서 나시겠다는 약속이었고, 그 약속은 동정녀 마리아를 통해 다윗의 혈통이 되시고 요셉의 아들로 호적에 오름으로 여고냐에게 임한 저주를 피해 다윗의 보좌에 앉을 유대인의 왕으로 나신 것이다.

5) 언제부터 "하나님의 그 아들"이신가?

그 천사가 말하되 "마리아여, 두려워 말라. 네가 하나님께 은총을 입었느니라. 보라, 네가 잉태하여 아들을 낳으리니 그의 이름을 **예수**라 하라. 저가 큰 자가 되고 '**지존자의 그 아들**'이라 일컬음을 받을 것이요, 대주재 하나님께서 그 조상 다윗의 보좌를 저에게 주시리니 저가 야곱의 집을 영원히 다스리실 것이며 그의 나라가 무궁하리라" 하매 마리아가 천사에게 말하되 "나는 남자를 알지 못하니, 어찌 이 일이 있으리이까?" 천사가 대답하되 "성령이 네게 임하시고 지존자의 능력이 너를 덮으시리니, 그러므로 네게서 나실 바 거룩한 자를 '**하나님의 그 아들**'이라 일컬으리라."(눅 1:30-35)

"하나님의 그 아들이라 일컬으리라"[3]는 시제가 분명하게 미래형이다. 그러므로 "하나님의 그 아들"이라는 타이틀은 예수께서 탄생하시면서부터 사용되는 타이틀이다.

하나님께서 사람으로 이 세상에 오시지 않았다면 하나님의 그 아들이란 타이틀은 없는 것이다. 오직 하나님만 존재하는 것이다. 그러나 하나님이 사람 되실 때에 인간에 의하여 탄생이 된 것이 아니라 하나님에 의하여 탄생이 되셨기 때문에 하나님의 그 아들이라 불리게 되는 것이다.

하나님은 이때부터 하나님이시며 동시에 하나님의 그 아들이 되신 것이다. 계시록 22장 16절에 "나 예수는 다윗의 (그) 뿌리요 (그) 자손이니……"와 마찬가지인 것이다.

6) 그 복음의 신비

여기서 우리는 당연한 질문이 생긴다: 하나님이 사람이 되셨으면 하늘에 하나님은 안 계신 것인가? 하는 질문이다. 이것은 지극히 인간의 한계

---

3 **shall be called the Son of God**—κληθήσεται υἱὸς Θεοῦ—(καλέω 의 3rd person singular future passive indicative)

안에서 하나님을 이해하려고 하는 질문이다. 하나님은 영이시다. 사실 우리는 하나님이 영이시라는 이 말씀도 이해할 수 없는 사람들이다. 그런데 하나님이 성육신 하신 사건을 우리의 지혜의 한계로 이해하려고 하는 것이다. 하나님이 사람이 되실 때에 영이신 하나님이 사람으로 변해서 하늘에 하나님은 없어지고 사람 되신 하나님만 계시게 된 것이 아니다. 하나님은 영이시고 만물에 충만하시고 영원히 존재하신다. 그러므로 존재하지 않으시는 순간이 없으시다. 그러나 우리에게는 신비이고 하나님께는 하나님의 지혜와 능력으로 인간 아무도 깨달을 수 없는, 오직 하나님만 하실 수 있는 가장 신비스러운 방법으로 하나님의 말씀이 사람이 되신 것이다. 그것은 신비 중의 신비이고 인간은 아무도 그 신비를 풀 수가 없는, 참으로 기이하고 놀라운 경건의 신비인 것이다. 그래서 우리의 말로 굳이 표현하자면 하늘에 하나님이 계시니 아버지가 계신 것이고 또 동일하신 하나님이 한 아기로, 한 아들로 만들어져서 이 땅에 오셨으니 하나님의 그 아들이 되신 것이다.

그러므로 예수는 하나님이시며 동시에 하나님의 그 아들이시고, 다윗의 그 뿌리이시며 동시에 다윗의 그 자손이 되신 것이다. 이것을 누가 어떻게 설명할 수 있겠는가? 크고 놀라운 경건의 신비가 아닐 수 없다.

에베소서 6장 19절에는 "그 복음의 그 비밀—the mystery of the Gospel" 골로새서 4장 3절에는 "그리스도의 그 비밀—the mystery of Christ"이라고 표현했다. 비밀이라는 말은 숨겨진 것, 가려진 것, 베일에 쌓여서 신비한 것, 이해하기 힘든 것, 설명하기 힘든 것, 비밀, 신비……. 그 복음의 비밀은 그 복음이 비밀스럽다는 것이다. 그리스도의 그 비밀은 그리스도가 비밀스럽다는 것이다. 그 복음이 그리스도에 관한 것이기 때문이다.

신비스럽고 비밀스러운 것이 그 복음이며 그 복음은 곧 그리스도에 관한 것이다: "신비 속에 감추인 하나님의 지혜!"(고전 2:7), "**그리스도**는 실로 창세 전에 예정되신 자로서, 이 마지막 때에 너희를 위하여 나타낸 바 되셨으니"(벧전 1:20), "나의 복음과 **예수 그리스도**를 전파함은 영세 전부터 감추었다가 이제는 나타내신 바 되었으며……."(롬 16:25-26), 고린도전서 1장 21절에는 "세상이 자기의 지혜로 하나님을 알지 못하므로……." 고린도전서 2장 8절에는 "이 지혜는 이 세대의 관원이 하나도 알지 못하였으니……." 그 복음 즉 그리스도는 세상의 지혜로 알 수 없는 비밀이라는 이야기다. 하나님께서 밝혀 주시지 않으면 깨닫지 못하는 일이다.

　비밀은 그 비밀을 아는 사람이 말해 주지 않으면 밝혀지지 않는 것이다. 무엇이 그 복음이라고 했나? 하나님이 사람 되신 사건이 그 복음이다. 그리스도가 무슨 말인가? 사전적인 뜻은 기름부음을 받은 자이다. 그러나 성경에서 내포하고 있는 그리스도의 뜻은 하나님이 사람 되신 분을 그리스도라고 한다. 다윗의 그 뿌리가 다윗의 그 자손 되신 분을 그리스도라 부르는 것이다. 그리스도가 누구인가? 예수께서 그리스도이시다. 예수가 그리스도란 말은 예수가 여호와 하나님이 사람 되신 분 즉 다윗의 그 뿌리가 다윗의 그 자손 되신 분이라는 말이다. 이것이 그 비밀인 것이다. 이 일을 언제 계획하셨다고 했나? 창세 전에 계획하셨다고 한다.

　"육신으로 하면 **그리스도**가 저희에게서 나셨으니 저는 만물 위에 계셔서 세세에 찬송 받으실 **하나님**이시니라. 아멘"(롬 9:5)

　만물 위에 계셔서 세세에 찬송 받으실 하나님이 자신을 비워 종의 형체를 가져 사람이 돼서 오신 것, 이것이 가장 크고 놀라운 비밀이란 것이다: "크도다. 경건의 비밀이여, 그렇지 않다 하는 이 없도다. 하나님이 육신으로 나타난 바 되시고, 성령으로 의롭다 함을 입으시고, 천사들에게 보이시고, 만국에서 전파되시고, 세상에서 믿은 바 되시고, 영광 가운데서 올리우셨도다!"(딤전 3:16)

7) 부활로 모든 것을 확증하셨다

그 복음—하나님이 사람 되신 이 소식이 얼마나 크고 놀라운 비밀인가? 너무나 신비로워서 이분을 알아볼 수 있는 사람이 아무도 없는 것이다. 그래서 이 신비를 단번에 밝혀 주시는 사건을 주셨으니, 그것이 바로 부활 사건인 것이다.

"그 복음은 **하나님**이 선지자들을 통하여 성경에 미리 약속하신 그의 **아들**에 관한 것으로 그가 육신으로는 다윗의 혈통에서 나셨으나 **성결의 영**으로 죽은 자들 가운데서 부활하시어 능력으로 **하나님의 아들**로 인정되셨으니 곧 **예수 그리스도** 우리 **주님**이시라"(롬 1:2-4)

하나님이 사람 되신 사건이 그 복음이고, 그 복음은 그 비밀이고, 그 신비이다. 그런데, 부활로 이 비밀, 그 복음의 그 비밀, 그리스도의 그 비밀을 단번에 밝혀 주신 것이다. 부활하신 예수님을 친히 만난 사람들만 예수님을 "나의 주, 나의 하나님"으로 마음에 믿고 영접할 수 있는 것이다. 예수의 부활사건 앞에서 부활하신 예수님을 만나지 못하면 그 복음의 그 비밀, 그리스도의 그 비밀은 알 수 없는 것이다.

예수님은 그렇게 세상에 오셨으나 세상은 그를 알아보지 못했다. 세상이 그를 알아보지 못하는 것은 너무나 당연한 일이다. 우리와 똑같은 사람을 누가 감히 하나님이 사람 되신 분이라고 알아보겠는가?

이 일이야 말로 신비 속에 감추인 하나님의 지혜이고 이는 하나님이 우리를 위하여 만세전에 예정하신 것이었다: "이 지혜는 이 세대의 관원들이 하나도 알지 못하였으니 만일 알았더라면 영광의 주님을 십자가에 못박지 아니하였을 것이다"(고전 2:8)

아무도 알아보지 못하는 것이 하나님의 뜻이다. 그렇게 해야 사람 되신 하나님의 그 아들이 인류의 죄를 대속하는 대속의 죽음을 죽으실 수 있는 것이었다. 하나님이 사람이 되셔서 인간의 죄를 대신하여 십자가에 죽으시고 장사 지낸 바 되었다가 사흘만에 다시 살아나실 것이라고 하는 것은 사람들이 귀로 들어 보지도 못하고, 눈으로 보지도 못한 것이며, 마음으로 생각지도 못한 신비스러운 일이었다(고전 2:9).

이러한 일들이 너무나 신비스러운 일들이기 때문에 사람들은 자기의 지혜로 이렇게 크고 영광스럽고 신비스러운 일을 알 방법이 없는 것이다. 그래서 하나님은 또 다른 신비스러운 사건을 통해 한순간에 하나님이 사람 되신 이 엄청나고 놀라운 일을 한눈에 알아볼 수 있게 하셨다. 십자가에 달려 죽은 예수가 죽은 지 삼 일만에 다시 살아나는 사건이다!

예수님은 자신이 부활이요 생명이라고 말씀하셨다. 자신이 정말 부활이고 생명이라는 것을 말로만 해서는 증명이 되지 않는다. 증명할 방법은 오직 죽었다 다시 살아나는 것이다. 예수님은 자신이 하신 말씀이 하나도 거짓이 없고 모두가 다 진실임을 증명하셨다. 죽은 자 가운데서 사흘만에 부활하셔서 부활의 능력으로 자신이 하나님의 그 아들 곧 하나님이 사람 되신 분이심을 증명하신 것이다.

그래서 그 복음은 하나님의 그 아들에 관한 약속인데 첫 번째 약속이 그가 육신으로는 다윗의 혈통으로 오시는 것이고 두번째는 죽은 자 가운데서 부활하셔서 능력으로 하나님의 그 아들로 인정되는 것이다: "성결의 영으로는 죽은 자들 가운데서 부활하시어 능력으로 하나님의 아들로 인정되셨으니 곧 예수 그리스도 우리 주님이시라"(롬 1:4)

부활의 능력이 아니면 아무도 하나님의 그 아들로 인정되지 않는다. 아무리 크고 놀라운 기적들을 베풀었다 할지라도 죽은 자 가운데서 살아날 수 없다면 하나님의 그 아들이 아닌 것이다. 부활로 예수께서 다윗의 그 뿌리가 다윗의 그 자손 되심을 증명한 것이다. 부활로 예수의 십자가는 대속의 죽음임을 증명한 것이다. 부활로 예수는 자신이 동정녀 탄생하셨음을 증명하신 것이다. 부활로 예수는 자신이 전능자 하나님, 영존하시는 아버지, 평강의 왕이 한 아기로 나시고 한 아들로 주신 바 된 자이심을 증명하신 것이다. 그리고 이 신비가 곧 그 복음인 것이다.

Ⅱ부 :

그 복음 신학 ——.

신학은 theos와 ology가 합쳐진 단어이다. 주제넘는 표현이긴 하나 신을 논하는 학문이다. 인간이 어떻게 자기를 창조하신 하나님을 논할 수 있다는 말인가? 하지만 하나님은 하나님 자신에 대해서 알아 갈 수 있도록 우리에게 자신을 계시해 주셨다. 그 특별한 문서가 바로 성경이다.

나는 미국 텍사스주 달라스에 있는 달라스 신학교를 졸업했다. 세대주의 신학의 대표적인 신학교이다. 그러나 내가 지금 쓰고 있는 신학의 내용은 세대주의도 개혁주의도 그 어떤 주의도 아닌 그 복음 위에 그 복음을 중심으로 신학적인 용어들을 사용하지 않고 모두가 이해할 수 있는 언어로 다시 정리해서 쓰고 있다. 일부러 그렇게 쓰는 것이 아니다. 그 복음이 깨달아지니 신학적인 교리들이 다 그 복음이기 때문이다.

하나님은 그 복음을 너무나 쉽고 단순하게 하셨다. 그러면서도 너무나 심오하고 그 깊이와 넓이와 높이와 크기가 측량이 되지 않는다. 그러므로 신학적인 교리들 역시 너무나 쉽고 간단하면서도 심오하게 하셨다. 그러나 그 복음을 깨닫지 못하면 우리가 알 수 없는 영역을 설명해야 하기 때문에 어렵고 복잡하게 설명할 수밖에 없는 것이다.

어떤 신학적인 교리도 그 복음 위에 세워지지 않으면 Sound Doctrine—바른 교리가 될 수 없다. 모든 신학의 기초와 핵심은 그 복음이다. 그러므로 모든 교리들이 그 복음으로 연결되어지고 그 복음을 더 깊이 설명하는 것이 되는 것이다. 여기에는 어거스틴, 루터, 칼뱅, 발트, 불트만, 쉐이퍼 등등 우리가 알고 있는 신학자들 그 누구의 말이나 글보다 하나님의 말씀인 성경이 정확한 길잡이가 된다.

3과.
성경에 대하여

먼저 성경에 대해서부터 생각을 해 보자. 하나님에 대한 계시는 자연적인 계시와 특별 계시가 있다. 하나님이 만드신 만물에 하나님의 신성과 능력이 보여진다는 것은 너무나도 당연한 이치이다. 이것을 자연 계시라고 말한다, 그러나 자연 계시만 가지고는 하나님이 누구이시며 어떤 하나님이신지 알 수가 없는 일이다. 그래서 하나님은 자신에 관한 것뿐만 아니라 세상과 인류에 대해서도 특별히 계시해 주신 것이 바로 성경이다. 그러므로 우리는 하나님과 하나님의 계획을 알기 위해서는 성경으로 가야만 한다.

1) 성경의 저자와 쓰여진 배경

성경은 책이다. 책은 저자가 있다. 그리고 저자는 항상 의도를 가지고 책을 쓰며, 분명한 주제가 있고, 알리려고 하는 핵심적인 내용들이 있다.

성경은 다른 책들과는 다르다. 분명하게 차별을 두어야 하는 책이다. 성경은 한 권의 책이지만 66권의 책들이 모여 한 권의 책이 된 것이다. 그리고 두 개의 볼륨으로 되어 있다: 구약과 신약이다.

구약은 모두 39권으로 되어 있고, 율법서와 역사서와 시가서와 예언서로 나뉘어져 있다. 신약은 총 27권으로 예수님의 생애를 기록한 복음서와 복음서를 이어 처음 교회가 시작된 배경을 그린 교회사와 교회와 개인들에게 보낸 편지들과 한 권의 예언서로 되어 있다.

성경의 첫 번째 책은 창세기로서 약 3,500년 전인 B.C. 1,500년경에 모세에 의해 기록되어졌다. 그리고 마지막 책인 요한계시록은 사도요한에 의하여 A.D. 95년경에 기록되어졌다. 성경은 약 1,500년에 걸쳐 40명이 넘는 사람들에 의하여 기록되어졌다.

"먼저 이것을 알지니 곧 성경의 모든 예언은 사사로이 쓰여진 것이 아니니 이는 전에 주신 예언이 사람의 뜻으로 난 것이 아니요, 오직 하나님의 거룩한 사람들이 성령의 인도하심을 받아 말한 것임이니라"(벧후 1:20-21)

"모든 성경은 하나님이 하신 말씀으로 특히 교훈과 책망과 바르게 함과 의로 교육하기에 유익하니……"(딤후 3:16)

성경은 사람들이 썼지만 자기 임의대로 쓴 것이 아니라 성령의 인도하심을 받아 말한 것을 기록한 것이다. 그러므로 궁극적인 저자는 성령이신 것이다.

이 세상의 어떤 책이 40명이 넘는 사람들에 의해서 1,500년에 걸쳐 쓰여질 수 있는가? 이 세상 어떤 기관에서 3,500년 전에 그리고 2,000년 전에 쓰여진 기록물을 아직도 읽고, 연구하며, 인용하고, 적용하며 가르치는가? 오직 성경뿐이다.

성경 66권을 요약하고 요약해서 엑기스를 뽑으면 그 복음이 된다. 그 복음은 하나님께서 그의 선지자들을 통하여 성경에 미리 약속하신 그의 아들에 관한 것이다. 그러므로 성경은 하나님의 그 아들 예수 그리스도에 관한 책이다. "너희가 성경에서 영생을 얻는 줄 생각하고 성경을 상고 하 거니와 이 성경이 곧 내게 대하여 증거하는 것이니라"(요 5:39) 성경은 예수 그리스도에 대하여 증거하는 책이다.

"이분에 대하여는 모든 선지자들도 증거하여 '누구든지 저를 믿는 자마 다 그의 이름을 힘입어 죄 사함을 받는다' 하였느니라"(행 10:43)

"이에 모세로부터 시작하여 및 모든 선지자의 글에서와 모든 성경에 쓴 바, 자기에 관한 것들을 그들에게 자세히 설명하시니라…… 예수께서 다 시 그들에게 이르시되 '내가 너희와 아직 함께 있을 때에 너희에게 말한 바 곧 '모세의 율법과 선지자의 글과 시편에 나를 가리켜 기록된 모든 것 이 이루어져야 하리라' 한 말이 이것이라'"(눅 24:27, 44)

성경은 하나님께서 인간에게 주신 가장 큰 선물 중에 하나이다. 제일 큰 선물은 하나님이 친히 이 땅에 우리가 보고 듣고 주목하고 손으로 만져 볼 수 있도록 사람이 되어 오신 것이고, 두 번째 큰 선물은 하나님의 말씀 이 우리 눈으로 읽고 이해할 수 있는 우리의 언어로 기록해서 책으로 주 신 것이다.

성경책 안에는 하나님께서 하신 말씀 외에도 사람들이 한 말들과 짐승 들이 한 말도 포함되어 있지만 모두가 다 하나님의 계획과 하나님의 섭리 와 감동에 의해 기록된 내용들이다.

오직 성경을 통해서만 하나님이 누구신지, 무엇을 하셨는지, 왜 하셨는 지, 또 무엇을 하실 것인지를 알 수 있다. 그러므로 성경 외에 그 어떤 문 헌을 통해서도 하나님을 발견할 수 없는 것이다.

2) 성경을 믿을 수 있는 근거 - 예수의 부활

그렇다면 성경을 믿을 수 있는 근거는 무엇인가? 성경에는 특정한 인물에 관하여 집중적으로 예언을 했다. 그분이 바로 하나님의 그 아들 예수 그리스도이시다. 하나님의 그 아들이란 하나님이 사람 되신 분을 의미한다. 이분의 출생에 관하여, 어떤 삶을 사실 것과 또 어떤 죽음을 죽으실 것과 그리고 죽은 후에 삼 일만에 다시 살아날 것에 대해서 상세하게 미리 약속을 하셨다.

성경의 모든 예언의 내용이 정확하게 성취되었다는 것을 증명해 주는 사건은 예수님의 부활 사건이다. 예수님이 부활하지 않았더라면 그분이 십자가에 죽으신 것으로는 아무것도 증명할 수 없다.

(1) 부활이 없다면 성경은 어떻게 변할까?

만약 부활이 없다면 부활에 관한 기록이 성경에 없어야 할 것이며, 요나 이야기도 없을 것이고, 모세의 글과, 시편과 선지자의 글에서 부활을 예표하는 글들이 없어야 한다. 예수님도 자신이 부활이요 생명이라고 말하지 말아야 하고, 요나의 표적밖에 보일 표적이 없다는 말도 없어야 하고, 성전을 헐면 사흘만에 다시 일으키신다는 말도 없어야 하고, 자신이 많은 고난을 받고 죽임을 당하고 제삼일에 살아날 것이라는 말씀도 없어야 한다. 또한 부활이 없기 때문에 예수님이 아버지의 영광으로 다시 오신다는 말씀도 없어야 한다.

부활이 없다면 사도행전은 있을 수 없게 된다. 왜냐하면 오순절 성령 강림이 없게 되고, 성령강림이 없으면 사도들이 성령께서 말하게 하심을 따라 그 복음 선포하는 일도 없게 되기 때문이다. 사도행전이 없으면 아무도 그 복음 선포하는 사람들이 없으므로 교회는 생기지 않는다. 그리고 사울이 예수의 부활을 증거하는 사람들을 잡으러 다메섹에 가는 일도 없게 되고, 길에서 부활하신 예수를 만날 일도 없으므로 바울의 전도 여행도 없게 되고, 이방 교회들이 세워지는 일도 없게 되고, 바울이 누가를 만날 일도 없게 된다. 그러므로 사도행전도 쓰여지지 않게 되고 누가복음도 없게 된다. 그리고 바울 서신서도 없게 된다. 예수의 제자들도 각기 자기들의 옛 직업으로 돌아갔을 것이므로 일반 서신서들도 없게 된다. 그렇다면 복음서는 쓰여졌을까?

마태복음은 예수가 아브라함과 다윗의 언약을 따라 아브라함의 자손, 다윗의 자손으로 다윗의 보좌에 영원히 앉으실 하나님의 그 아들로 증명하기 위해 썼는데, 예수가 부활하지 않았다면 예수를 아브라함의 자손, 다윗의 자손으로 증명할 방법이 없기 때문에 마태복음도 기록되지 않게 되었을 것이다.

마가복음 역시 있을 수 없는 것이 분명하다. 마가는 예수 그리스도를 하나님의 그 아들 그 복음의 시작이라고 정의 내렸는데, 부활이 없다면 예수를 하나님의 그 아들이라고 할 수도 없고 그 복음도 아니기 때문에 마가복음을 써내려 갈 수 없을 것이다. 그러므로 마가복음도 없을 것이 분명하다.

누가복음은 바울이 있어야 하는데, 바울이 등장하지 못하기 때문에 누가복음도, 사도행전도 없게 된다.

요한복음은 자신이 복음서를 기록한 이유를 20장 31절에 "오직 이것을 기록함은 너희로 예수께서 하나님의 그 아들 그리스도이심을 믿게 하려 함이요 또 너희로 믿고 그의 이름 안에서 생명을 얻게 하려 함이니라"고 했는데, 예수님의 부활 사건이 없다면, 예수님을 부활이요 생명이라고 한 것이 거짓이고, 예수님을 하나님의 그 아들 그리스도로 증명할 수 없기 때문에 요한복음을 쓸 수 없게 되는 것이다.

그뿐 아니라 요한 일, 이, 삼서도 없을 것이고, 요한계시록도 예수님이 부활하지 않았기 때문에 다시 오실 이유도 없으므로 계시가 없었을 것이고 그러므로 기록될 수가 없게 된다.

야고보서는 예수님의 동생인 야고보가 쓴 것인데, 예수님의 부활이 없다면 야고보는 예수를 정신 나간 사람—미쳤다고 했던 사람인데, 예수를 하나님의 아들로 고백할 수 없게 되고, 야고보서를 쓸 수도 없게 된다.

히브리서 역시 흩어진 히브리 성도들에게 쓴 것인데, 예수 믿은 유대인들이 없었고, 초대 교회도 생겨나지 않았기 때문에 히브리서도 쓰여지지 않게 된다.

베드로전후서 역시 베드로가 선포할 메시지도 없고, 다시 고기 잡으러 갔을 것이 뻔하므로 베드로전후서 역시 쓰여지지 않았을 것이다.

유다서 역시 예수를 유일하신 주재 하나님으로 고백하고 있는데, 부활이 없다면 예수를 유일하신 주재 하나님으로 믿을 수 없기 때문에 쓰여지지 않았을 것이다.

그렇다. 예수의 부활이 없다면 신약 성경은 쓰여질 수가 없는 것이다.

(2) 부활이 없다면 기독교와 교회는 없는 것이다

기독교의 경전은 구약과 신약을 포함한 성경 전체를 사용하고 있다. 그러나 부활이 없다면 신약성경은 기록되지 못하게 된다. 그뿐 아니라 기독교는 예수께서 하나님의 그 아들 그리스도이심이 확증되면서 시작된 것인데, 예수가 부활하지 않았다면 예수는 하나님의 그 아들 그리스도가 아니기 때문에 그리스도교 즉, 기독교는 생길 수 없는 것이다. 예수를 따르던 제자들은 한결같이 "주와 함께 죽을지언정 주를 부인하지 않겠나이다" 하고 장담을 했지만 모두 다 "예수를 버리고 도망"했다. 그들은 혼동과 두려움에 떨다 모두 흩어져서 제 갈 길로 갔을 것이며, 오순절 성령 강림의 역사도 없었을 것이고, 제자들이 선포할 메시지도 없으므로 교회 공동체도 세워질 수 없게 된다. 예수님이 세우시겠다고 한 그 교회는 음부의 권세가 이기지 못하는 교회인데, 예수님 자신이 음부의 권세를 이기지 못했기 때문에 그 교회도 세울 수 없게 되는 것이다.

결국 부활이 없으면 그 교회도 탄생하지 못하고, 기독교는 생겨나지 못하는 것이다. 그러므로 기독교의 신학적 교리들도 없게 되는 것이다.

(3) 부활이 없다면 모든 것이 어떻게 변할까?

부활이 없다면 예수도 부활하지 않았을 것이고, 예수님이 부활하지 않았다면 우리의 믿음도 헛되고, 인류는 여전히 죄 가운데 있게 되고 우리는 가장 불쌍한 사람들이 되는 것이다.

부활이 없다면 전능자가 계시다는 증거도 없게 되고, 세상은 온통 사람들이 만들어 낸 종교와 철학과 미신들로 가득 차게 될 것이다.

그러므로 부활이 없는 기독교를 생각할 수 있는가? 부활이 없는 기독교는 기독교가 아닌 것이다. 그렇다면 기독교 신학의 중심에 부활이 있어야 마땅한 일이 아닐까?

성경에 아무리 좋은 이야기들이 많이 있어도 부활이 없으면 생명이 없는 것이므로 아무것도 아니게 된다. 아무리 하나님이 우리를 사랑한다고 하셔도 부활이 없으면 그분의 사랑은 아무것도 아닌 것이 되고 인류는 마귀의 손에서 영원히 종 노릇 하다가 망하게 되는 것이다. 부활 때문에 마귀가 멸해졌고, 부활 때문에 영원한 하나님의 의가 드러났고, 부활로 우리를 거듭나게 하시고 의롭다 하시는 것이다. 그러므로 부활로 모든 것이 의미 있어지는 것이다.

부활이 없다면 신론에서 하나님을 어떻게 증명할 것인가? 하나님이 알라인지, 석가인지, 제우스인지 어떻게 알 수 있는가? 그러므로 부활이 없다면 신론도 하나의 철학에 불과하게 된다.

부활이 없다면 예수가 그리스도라고 어떻게 증명할 것인가? 예수는 부활하지 않았기 때문에 그리스도가 될 수 없는 것이다. 그러므로 기독론도 없게 된다.

부활이 없다면 성령의 역사도 없게 된다. 그리스도께서 부활 승천하셔야 성령이 오시는데, 예수가 부활하지 않았기 때문에 성령이 오실 이유도 없고, 오셔서 할 사역도 없게 되므로 성령에 대해서도 알 수 없다.

부활이 없다면 구원을 어떻게 받을 것인가? 구원받는 유일한 방법이 예수의 부활을 마음에 믿어 구원받는 것인데, 부활이 없으면 예수의 십자가의 죽음이 자기의 죄 때문에 죽은 것이지 인류의 죄를 대속한 죽음이 아닌 것이다. 그리고 마귀가 멸해지지 않아서 마귀가 영원히 왕 노릇 하기 때문에 아무도 구원받을 수 없는 것이다. 그러므로 구원론도 없게 된다.

부활이 없다면 교회가 생기지 않았기 때문에 교회론도 없게 된다.

부활이 없다면 그리스도께서 다시 오신다는 약속도 없으므로 종말도 없게 된다.

부활이 없다면 인간은 영원히 죄의 문제를 해결하지 못해 죄인으로 살다 죽어 심판을 받고 영원 형벌을 받는 것으로 끝나게 된다. 그러므로 하나님의 형상을 회복하지 못한 인간은 죄인으로 영원히 남게 된다.

이처럼 부활은 기독교의 핵심이다. 부활이 없다면 기독교는 존재할 수 없는 것이다. 만약 교회들이 부활을 선포하지 않는다면 하나님의 교회인지 의문을 가져야 할 것이다.

(4) 부활 사건이 모든 것을 결정짓는다

예수께서 부활하셨기 때문에 성경에 기록된 그분에 관한 모든 것이 역사적이고 문자적으로 성취되었다는 것을 알 수 있다. 예수님께서 부활하셨기 때문에 예수님이 동정녀 탄생하신 것도 알 수 있으며, 다윗의 자손으로 오신 하나님의 그 아들이라는 것도 증명이 되는 것이다. 십자가의 죽음이 자신의 죄 때문이 아니라 인류의 죄를 대속하기 위한 유월절 하나님의 어린양의 대속의 죽음이라는 것도 증명이 되는 것이며 절기의 순서를 따라 초실절에 부활하셨고 오순절에는 성령께서 강림하셔서 제자들이 예수님의 부활을 선포하기 시작했다. 그 결과로 예루살렘에 첫 번째 교회가 생겼으며, 예수님이 부활하셨기 때문에 교회를 핍박하던 사울이 부활하신 예수님을 만나고 핍박하던 자에서 예수의 부활을 증거하는 부활의 증인이 되었으며 그의 전도여행을 통해 이방 교회들이 세워졌고, 13개의 서신서들이 쓰여졌으며 또 다른 제자들에 의해 복음서들과 다른 서신서들이 쓰여진 것이고 기독교가 탄생한 것이다.

이런 모든 사실을 기록하고 있는 성경은 예수님의 부활이 있기 때문에 믿을 수 있는 책이고 하나님의 섭리와 감동으로 쓰여진 하나님의 말씀이라고 할 수 있는 것이다.

3) 성경의 기능

"또 네가 어려서부터 성경을 알았나니, 이 성경은 능히 너로 하여금 그리스도 예수 안에 있는 그 믿음으로 말미암아 구원에 이르는 지혜가 있게 하느니라. 모든 성경은 하나님이 하신 말씀으로 특히 교훈과 책망과 바르게 함과 의로 교육하기에 유익하니 이는 하나님의 사람으로 온전케 하며 모든 선한 일에 온전히 구비되게 하려 함이니라"(딤후 3:15-17)

"너희가 성경에서 영생을 얻는 줄 생각하고 성경을 상고하거니와 이 성경이 곧 내게 대하여 증거하는 것이니라"(요 5:39)

그 복음은 하나님이 선지자들을 통하여 성경에 미리 약속하신 그의 아들에 관한 것으로……(롬 1:2).

성경은 두 가지 기능이 있다: 먼저는 우리에게 영생을 주시기 위함이고 두 번째는 하나님의 사람으로 온전케 구비시키는 것이다.

그러므로 성경을 통해 먼저 깨달아야 할 것은 그 복음이다. 그 복음이 마음에 깨달아져야 마음에 믿어지는 것이다. 그 복음이 마음에 깨달아지고 믿어지면 구원을 받고 하나님의 자녀가 되며 성령의 인침을 받고 인도하심을 받게 되어 하나님의 사람으로 온전케 된다.

"진리의 영이 오시면 그가 너희를 모든 진리 가운데로 인도하시리니"(요 16:13), "저희를 아버지의 진리로 거룩하게 하옵소서. 아버지의 말씀은 진리니이다"(요 17:17) 성령의 인도하심을 받는 사람들은 진리로 인도함을 받게 된다. 진리는 하나님의 말씀이 진리이다. 성경은 기록된 하나님의 말씀이기 때문에 성령의 인도하심을 받는 사람들은 성경으로 인도함을 받게 되고 창세기부터 계시록까지 성경을 읽고 또 읽게 되며 그 복음의 깊이를 더해서 예수 그리스도를 아는 지식과 은혜에서 자라서 그 복음을 선포하고 부활의 증인의 삶을 살도록 인도함을 받게 된다.

"형제들아, 이제 내가 너희를 하나님과 및 그 은혜의 말씀에 부탁하노니, 그 말씀이 너희를 능히 세우시고 거룩케 하심을 입은 모든 자 가운데서 너희에게 기업이 있게 하시리라"(행 20:32)

성령의 인도하심을 받으면 당연히 성경으로 가게 된다. 우리를 능히 세우고 거룩하게 하는 것은 오직 하나님의 말씀이다. 예수님이 주시는 생명의 풍성함과 그분과의 사귐은 그분의 말씀으로 갖는 것이다. 그분의 말씀으로 그리스도 안에서 계속 자라서 신의 성품에 참여하는 자로, 성령의 열매를 풍성히 맺는 자로, 부활의 증인으로, 그리스도를 세상에 드러내는 자로, 예수 그리스도의 거룩한 신부로 준비하게 되는 것이다.

4과.
하나님에 대하여

조직신학에서 하나님에 대한 교리를 "신론"이라 명하고 영어로는 Theology Proper라고 부른다. 피조물인 인간이 창조주이신 하나님을 자신의 지혜로 파악하고 논하고 정의를 내린다면 그 하나님은 이미 전능자가 아닌 것이다. 왜냐하면 불완전하고 한계가 있고 죄인 된 인간이 자기를 창조한 창조주 하나님을 자기의 지혜로 파악하고 알아 버렸기 때문이다.

피조물이고 불완전하고 죄인 된 인간은 하나님을 온전히 파악할 수도 없고 우리의 지혜와 언어의 한계 안에서 하나님의 본질에 대해서 정의를 내리거나 온전히 파악할 수도 없다. 그런데 "신학"이라는 이름 하에 많은 사람들이 자신들의 주제를 넘어 인간의 지혜와 언어의 한계로 하나님의 본질을 정의 내리고 자신들이 만들어 놓은 교리를 부정할 때에는 이단이라고 정죄하는 오류를 범하고 있다.

종교마다 자신들이 섬기는 신들이 있다. 모두들 자기들이 섬기는 신이 참 신이라고 믿고 가르친다. 어떤 종교에서는 다신론을 주장한다. 어떤 종교에서는 범신론을 주장하기도 하고 어떤 종교에서는 유일신을 주장한다. 어떤 이들은 신이 존재하지만 우리가 알 수 없고 우리와 상관이 없다고 생각하기도 한다. 어떤 이들은 신이 없다고 주장하기도 한다. 그러나

신이 존재하는 이상 신이 없다는 것을 증명하는 것은 불가능하다. 그렇기 때문에 질문해 봐야 한다: 각 종교마다 섬기는 신들이 참 신이라는 증거가 어디 있는가? 만약 증거가 없다면 어떻게 신으로 섬길 것인가를 질문해야 한다.

증거가 없다면 신학이 철학과 다를 바가 무엇인가? 증거 없는 신론은 이름만 신학이지 철학이다. 형이상학적으로 자기들도 알지 못하는 이야기를 하나의 학문이라고 내세우는 것이다. 그리고 아무런 증거도 없이 무조건 믿는(blind faith) 소경 믿음을 가지고 소경인도자가 되어 따르는 자들과 함께 모두 구덩이에 빠지게 된다.

전능자가 계시고 만물을 창조하신 조물주가 계시다면 자신이 참 신이라는 증거를 제시해 주셔야 한다. 힌두교에도 이슬람교에도 그 어떤 종교에도 자기들이 섬기는 신이 참 신이라는 증거를 제시하지 못한다. 이유는 간단하다. 그들이 섬기는 신이 참 신이 아니기 때문이다.

참 신은 자신이 유일하고 참된 신이라는 것을 객관적으로 증명해 주고 증거를 제시해야만 한다. 증거가 없이 믿는 것은 참된 신앙이 될 수 없다. 그러므로 거짓 종교에 불과한 것이다.

기독교는 참되고 유일한 신을 믿는다. 그분은 눈에 보이지 않게 막연하게 존재하시는 분이 아니라 친히 우리가 알아들을 수 있도록 선지자들을 통해 여러 모양으로 자신을 계시하시다가 마지막에는 자신이 친히 사람이 되어 우리에게 보이시고 인간이 해결하지 못하는 죄의 문제를 해결해 주셨다. 그리고 영생을 우리에게 주시고, 자신을 믿을 수 있도록 역사에 증거를 남겨 주셔서 객관적인 확실한 증거를 가지고 자신이 전능자이심을 믿을 수 있도록 하셨다. 하나님은 그것을 그 복음이라고 가르쳐 주셨다.

우리가 주장하는 신론은 형이상학적인 것도 아니고, 철학적인 것도 아니고, 개념적인 것도 아니다. 너무나도 확실한 역사적인 사실, 객관적인 증거를 가지고 모든 사람들이 전능자이시고 우리를 심판하실 하나님을 알고 믿는 것이다. 그렇다고 우리가 하나님의 본질을 다 이해할 수 있다는 것이 아니다. 인간은 아무도 하나님의 본질을 온전히 이해할 수 없다. 하나님은 영이시고, 하나님은 전능자이시다. 그러므로 하나님의 본질을 우리의 이성과 언어로 온전히 이해할 수 없다. 하나님이 우리에게 계시해 주신 범위 내에서만 그분이 누구이신지 어떤 하나님이신지 알 수 있는 것이다. 그 이상은 우리가 이해할 수 없는 신비로 남겨 두어야 한다. 그렇게 하지 않으면 우리가 하나님 노릇 하게 되며, 전능하신 하나님을 사람의 말과 이성으로 만들어 놓은 틀 안에 가두는 죄를 범하게 되는 것이다.

하나님의 존재 방식은 우리에게는 신비이며 비밀이다. 그러므로 우리는 겸손하게 하나님께서 알려 주신 부분에 대해서만 아는 것으로 만족하고 나머지는 신비 그 자체로 남겨 두어야 한다. 그리고 모든 신학적인 교리는 그 복음에 기초해야 한다. 그 복음에 기초하면 신론도, 기독론도, 성령론도, 인간론과 구원론, 그리고 교회론과, 종말론까지 모두가 다 그 복음인 것이다. 그 복음과 신학적 교리들은 일관성 있게 하나됨을 보여 준다. 그러므로 모든 신학 교리 속에서 그 복음은 핵심이다.

그 복음의 관점에서의 신론은 전능하신 하나님이 계시냐? 하는 질문에 관한 것이며, 전능하신 하나님이 계시다면 전능하신 하나님은 누구이신가? 에 관한 것이다. 하나님은 사람의 눈에 보이지 않는데 정말 하나님이 계신 것인가 하는 질문이 신론에 관한 것이라면 그 복음이 바로 그 질문에 대한 정답이다. 왜냐하면 사도들이 선포한 그 복음은 전능자 하나님이 계시다는 증거를 선포한 것이고, 전능자 하나님이 누구신가를 선포하기 때문이다.

1) 전능자라는 증거

하나님은 영이시다. 우리는 혈과 육으로 존재하기 때문에 이것을 설명할 수 있는 사람은 아무도 없다. 신은 사람들의 눈에 보이지 않고 아무도 신을 본 사람들이 없기 때문에 나온 접근 방법이 "그렇기 때문에 '믿음'이 필요하다"는 것이다. 하나님이 우리 눈에 보이면 왜 믿으라고 하시겠느냐? 눈에 안보이기 때문에 믿음이 필요한 것이다. 그래서 '무조건 믿으면 된다'는 것이다. 그럴 듯한데, 무조건 믿는 것은 blind faith—소경 믿음, 즉 거짓 믿음이다.

아무런 증거도 없이 무조건 믿어야 하는 일이라면 어느 종교에서 이야기하는 신을 믿어야 하는가? 증거가 없을 때에는 목소리 큰 종교가 이기는 것이다.

전능자가 계신다면, 그분은 우리에게 자신이 전능자라는 증거를 제시해야 될 것이다. 그래서 그 증거를 가지고 정확하게 알고 확실하게 믿을 수 있게 하셔야 하는 것이다.

그 복음은 바로 전능자 하나님이 계시다는 증거를 제시하는 것이다. 그러므로 그 복음은 논쟁이나 설득이 아니라 언제나 선포이다. 전능하신 하나님이 계시다는 증거를 선포하는 것이 그 복음이다.

"나 **여호와**가 말하노니 너희는 소송을 일으키라. 야곱의 **왕**이 말하노니 너희는 확실한 증거를 보이라. 그들로 주장을 내어 놓고 그 될 일을 우리에게 보이게 하라. 또 그들로 이전 일의 어떠한 것도 보이게 하여 우리로 연구하여 그 결국을 알게 하라. 혹은 장래사를 보이며 미래 일을 진술하게 하라. 그러면 너희가 신들임을 우리가 알리라. 또 복을 내리든지 화를 내리게 하라. 그러면 우리가 함께 보고 놀라리라"(사 41:21-23)

하나님은 우상 숭배하는 이스라엘 백성들에게 그들이 섬기는 우상들이 신이라는 확실한 증거를 보이라고 요구하신다. 확실한 증거를 요구하시는 분이 확실한 증거를 보여 주지 않는다면 얼마나 큰 모순인가? 확실한 증거로 요구하신 것이 미래 일을 예언하라는 것이고, 과거사를 연구하여 그들이 예언한 일들이 역사 속에서 어떻게 성취되었는지를 확인하자는 것이다.

"그 복음은 **하나님**이 선지자들을 통하여 성경에 미리 약속하신 그의 **아들**에 관한 것으로 그가 육신으로는 다윗의 혈통에서 나셨으나 **성결의 영**으로 죽은 자들 가운데서 부활하시어 능력으로 **하나님의 아들**로 인정되셨으니 곧 **예수 그리스도** 우리 **주님**이시라"(롬 1:2-4)

그 복음은 하나님께서 성경에 미리 약속하신 것이다. 성경에 미리 약속하신 이유는 그분이 전능자 하나님이시라는 것을 우리로 역사 속에서 확인하고 믿게 하기 위해서이다. 성경에 미리 약속하지 않으셨다면 하나님께서 이 모든 것을 계획하시고 이루셨다고 하기 보다는 우연히 모든 일이 이루어 졌다고 할 것이다. 그러므로 하나님은 자신이 행하실 일들에 대하여 미리 약속하시고 약속하신 것들을 역사 속에서 정확하게 성취하신다.

성경에 미리 약속하신 것들은 많이 있다. 사람들에 대해서, 나라에 대해서, 또한 미래에 생길 일들과 종말에 대해서……. 그러나 가장 중요한 약속은 하나님의 그 아들, 메시아 곧 그리스도에 대한 약속이다. 성경은 메시아 한 사람에 대한 약속에 집중되어 있다. 메시아가 언제 태어나실지, 어디서 태어나실지, 어느 지파에서 누구의 자손으로 태어나실지, 그리고 어떤 사역을 하실지, 어떠한 죽음으로 죽으실지, 그리고 죽은 지 삼 일만에 다시 살아날 것과 다시 오실 것까지…….

누가 태어날 것을 미리 계획하고 태어나는 사람이 있는가? 누가 여자나 남자로 태어날 것을 미리 계획하고 태어나는 사람이 있는가? 누가 자신이 어느 시대에 어느 민족 어느 혈통에 태어날 것을 미리 알고 계획하고 태어나는 사람이 있는가? 어느 누가 자신의 죽음을 비참한 십자가의 죽음으로 미리 계획하고 태어날 사람이 있겠는가?

만약 누군가 이 모든 것을 계획하고 태어나신 분이 있다면, 그분은 사람으로 존재하기 전에 이미 사람이 아닌 다른 형태로 존재하고 계셔야 하는 분이다. 그리고 이 모든 계획을 이룰 수 있는 능력을 가지셔야 한다.

이 약속을 하신 분이 누구인가? 기묘자이시며, 모사이시며, 전능하신 하나님이시고, 영존하시는 아버지시고, 평강의 왕이시고, 다윗의 뿌리이시다. 태초에 만물을 창조하신 전능자 하나님이 자신이 한 아기로, 한 아들로, 다윗의 혈통에서 다윗의 자손으로 오실 것을 미리 약속하셨다. 그 복음은 바로 전능하신 하나님이 사람 되실 것을 성경에 미리 약속하신 것이다.

그리고 그 약속은 한 가지 사건으로 모든 것을 증명하게 하셨는데 바로 "부활" 사건이다. "그 복음은 **하나님**이 선지자들을 통하여 성경에 미리 약속하신 그의 **아들**에 관한 것으로 그가 육신으로는 다윗의 혈통에서 나셨으나 **성결의 영**으로 죽은 자들 가운데서 부활하시어 능력으로 **하나님의**

그 아들로 인정되셨으니 곧 **예수 그리스도** 우리 **주님**이시라"(롬 1:2-4) 부활의 능력으로만 하나님의 그 아들로 인정이 되시는 것이다.

　"이는 **하나님**이 정하신 한 사람으로 하여금 세상을 공의로 심판할 날을 작정하시고 저를 죽은 자 가운데서 살리심으로 모든 사람에게 확실한 증거를 주셨음이니라"(행 17:31)

　하나님께서 우리에게 주신 확실한 증거는 "저를 죽은 자 가운데서 살리신" 것이다. 바로 예수의 부활 사건이다.

2) 부활에 대한 약속과 증거

　"**여호와**께서 사망을 삼키시고 승리하실 것이요, **대주재 여호와**께서 모든 얼굴에서 눈물을 씻기시며 그 백성의 수치를 온 천하에서 제하시리라. **여호와**께서 말씀하셨느니라. 그 날에 사람들이 '보라, 이는 우리의 **하나님**이시라. 우리가 그를 기다렸으니 그가 우리를 구원하시리라. 이는 **여호와**시라. 우리가 그를 기다렸으니 우리는 그의 구원을 기뻐하며 즐거워하리라' 할 것이며……"(사 25:8-9)

　"여호와께서 사망을 삼키고 승리하실 것이요"라는 약속은 분명하게 부활에 대한 약속이다. 신약에 와서 실제로 사망을 삼키고 승리하신 분은 누구인가? 예수 그리스도이시다. 예수께서 자신이 곧 부활이요 생명이라고 증거하셨다. 디모데후서 1장 9-10절에 "**하나님**이 우리를 구원하사 거룩한 소명으로 우리를 부르심은 우리의 행위를 따라하심이 아니요, 오직 **하나님** 자신의 뜻과 영원 전부터 **그리스도 예수** 안에서 우리에게 주시는 은혜를 따라하심이라. 그러나 이제는 이 은혜가 우리 **구주 예수** 그리스도의 오심을 통하여 나타났으니, 저가 사망을 폐하시고 그 복음으로 말미암아 생명과 죽지 아니함을 드러내신지라." 사망을 폐하시고 생명과 죽지 아니함을 드러내신 분이 예수 그리스도이시다. 사망을 폐하고 생명과 죽지 아니함을 드러냈다는 것이 곧 사망을 삼키고 승리하신 것이 아니고 무엇인가?

예수님이 사망을 삼키고 부활로 승리하시기 전까지는 예수가 누구인지 알아보는 사람들이 없었다. 예수께서 부활로 사망을 삼키고 승리하신 후에야 비로소 사람들이 "이분이 우리의 하나님이시다!"라고 알아보게 되었던 것이다. 도마 역시 부활하신 예수님을 만났을 때 "나의 주, 나의 하나님이시니이다"(요 20:28)라고 고백했던 것이다. 그리고 교회를 열심히 핍박하던 청년 사울도 부활하신 예수님을 만나고 난 후에 예수님이 만물위에 계셔서 세세에 찬송받으실 하나님(롬 9:5)이시라고 고백했던 것이다.

3) 역사적 사실 - 객관적 증거

예수의 부활은 역사적 사실이며 그렇기 때문에 모든 사람들이 믿을 수 있는 확실한 증거가 된다.

신이 없다고 주장하는 무신론 학자들도 사울이 역사적인 사람이란 것을 인정한다. 무신론자들과 성경을 비평하는 학자들도 로마서, 고린도전후서, 갈라디아서, 빌레몬서는 바울이 저자라고 인정을 한다. 그렇다면 바울이 역사적인 인물이고 로마서, 고린도전후서, 갈라디아서의 저자라면, 고

린도전서 15장에서 바울은 예수의 부활에 대하여 이렇게 이야기한다:

1형제들아, 내가 너희에게 전한 그 복음을 너희로 알게 하노니, 이는 너희가 받은 것이요 또 그 가운데 선 것이라. 2너희가 만일 내가 전한 그 복음을 굳게 지키고 헛되이 믿지 아니하였으면 이로 말미암아 또한 구원을 받느니라. 3내가 받은 것을 먼저 너희에게 전하였나니, 이는 성경대로 **그리스도**께서 우리 죄를 인하여 죽으시고 4장사 지내신 바 되었다가, 성경대로 사흘 만에 다시 살아나사 5게바에게 보이시고 후에 열두 제자에게와 6그 후에 오백여 형제에게 일시에 보이셨나니, 그중에 지금까지 상당수가 살아 있고 어떤 이는 또한 잠들었으며 7그 후에 야고보에게 보이셨으며, 그 후에 모든 사도에게와 8맨 나중에 만삭되지 못하여 난 자 같은 내게도 보이셨으니 9나는 사도들 중에 가장 작은 자라. 내가 **하나님**의 교회를 핍박하였으므로 사도라 칭함 받기를 감당 못할 자로라. 10그러나 나의 나 된 것은 **하나님**의 은혜로 된 것이니, 내게 주신 그의 은혜가 헛되지 아니하여 내가 모든 사도보다 더 많이 수고하였으나, 그것 역시 내가 아니요 오직 나와 함께 하신 **하나님**의 은혜니라. 11그러므로 내나 저희나 이같이 우리가 전파하매, 이같이 너희도 믿었느니라. 12그러나 '**그리스도**께서 죽은 자 가운데서 다시 사셨다' 전파되었거늘, 어찌하여 너희 중에 어떤 이들은 죽은 자의 부활이 없다 하느냐?(고전 15:1-12).

예수의 부활은 성경대로 이루어진 사건이라는 사실이다. 그리고 부활하신 예수를 만난 사람들은 바울을 포함하여 5백 명이 넘는다. 그런데 바울은 자신이 어떤 사람이었다고 고백하는가? "나는 사도들 중에 가장 작은 자라. 내가 **하나님**의 교회를 핍박하였으므로 사도라 칭함 받기를 감당 못할 자로라." 바울은 하나님의 교회를 핍박하던 자였다. 하나님의 교회가 어떻게 생겨졌는가?

예수의 부활이 없었다면 그리스도의 교회는 탄생할 수 없는 것이다. 그리스도 교회 자체가 바로 그 역사성을 가지고 있다. 그리스도의 교회는 바로 예수 그리스도의 부활 사건을 계기로 성령께서 강림하셔서 사도들의 입을 열어 예수의 부활을 선포함으로 회개하고 예수의 부활을 마음에 믿은 사람들이 모여서 시작되었다. 예수의 부활이 없었다면 선포할 내용도 없고, 믿을 대상도 없으므로 그리스도의 교회는 생길 수 없는 것이다.

예수의 부활로 인해 교회는 탄생했고, 그들은 모두 예수의 부활을 선포했다. 유대교에 극심한 열심을 가졌던 사울은 예수의 부활을 외치는 이 무리들이 유대교를 거스른다고 확신을 했고, 그래서 교회를 핍박하는데 앞장을 서게 된다. 다메섹에 있는 그리스도인들을 핍박하기 위해 대제사장의 공문을 받아 가는 길에 부활하신 예수님을 만나게 되고 한순간 사울의 인생은 교회를 핍박하던 자에서 예수의 부활을 선포하는 사도로 변하게 된 것이다.

가말리엘의 문하생으로 유대교를 신봉하던 유대교 랍비 사울이 어떻게 한 순간 자신이 그렇게 싫어하고 핍박하던 예수를 자신의 하나님으로 믿고 예수의 부활을 선포하며 목숨까지 바칠 수 있었는가? 부활하신 예수를 정말 만나지 않았다면 그렇게 될 수 없는 일이다.

우리가 아무리 믿기 싫어도 역사적 사실을 부인하지는 못한다. 예수님의 십자가 사건과 부활 사건은 역사적 사실이다. 역사적 사실은 객관적인 것이다. 그러므로 예수의 부활은 예수께서 성육신 하신 하나님이란 사실을 입증하는 역사적 사건으로써 모든 사람에게 믿을 만한 확실한 증거인 것이다.

4) 부활로 확증된 사실들

　예수의 부활이 역사적 사실이기 때문에 부활로 확증된 많은 일들이 있다. 먼저 예수의 부활을 미리 약속하고 기록한 성경이 하나님의 말씀임을 확증해 준다. 만약 성경은 예수의 부활을 미리 약속했는데 그런 일이 일어나지 않았다면 아직도 우리는 그런 일을 기다려야 하거나, 아니면 성경이 믿을 만하지 못한 책이 되는 것이다.

　예수의 부활로 동정녀 탄생도 확증이 된다. 부활로 예수는 하나님의 아들이심이 확증이 되는데, 하나님의 아들이란 표현은 인간 아버지가 없이 동정녀를 통해 하나님이 아버지 되신다는 이야기다. 만약 예수의 탄생이 요셉과 마리아의 동침을 통해 태어난 것이라면, 요셉이 아버지이고 하나님이 아버지가 아니다. 그러므로 하나님의 그 아들이 아니라 평범한 사람의 아들인 것이다. 그렇다면 모든 사람들과 같이 예수도 죽음이 최후이고 부활하지 못했을 것이다. 부활이라는 역사적 사실을 통해 예수의 탄생이 동정녀의 몸에서 탄생하신 것임을 증명해 준다.

　예수의 부활로 예수의 십자가의 죽음은 자신의 죄로 인해 죽은 죽음이 아니라 죄가 없으신 분이 인류의 죄를 대속하기 위한 속죄의 제사로써의 죽음임을 증명한 것이다. 예수가 십자가에 죽은 것으로 끝이 나고 부활하지 못했다면 예수의 십자가는 다른 사람들이 십자가에서 죽은 것과 다를 바가 없다. 그의 죽음이 인류의 죄를 대속한 죽음이라는 것을 어떻게 증명하겠는가? 그러나 그가 부활하심으로 말미암아 그의 십자가의 죽음은 인류의 죄를 인하여 속죄의 제사를 드린 대속의 죽음인 것이 확증된 것이다. 그러므로 십자가에서 흘리신 예수의 피는 그를 믿는 모든 사람들의 죄를 속하는 보혈의 능력이 되는 것이다.

예수의 부활로 또 확증된 것이 있다. 예수께서 하나님의 그 아들 그리스도이심이 확증되었다. 예수님이 부활하지 못했으면 그는 하나님의 그 아들 그리스도가 될 수 없는 것이다. 하나님의 그 아들로 확증되기 위해서는 부활의 능력이 있어야 하는데, 예수께서 죽은 자 가운데서 사흘만에 부활하심으로 말미암아 부활의 능력으로 하나님의 그 아들이심이 인정된 것이다.

예수의 부활로 예수님 자신이 부활이요 생명이라고 하신 말씀이 사실임을 확증하셨다. 예수님이 부활이요 생명이라면 예수님이 곧 영원한 생명의 근원이시다. 그러므로 예수님이 전능하신 하나님, 영존하시는 아버지가 사람 되신 분이심을 확증하는 것이다.

예수의 부활로 또 확증된 것이 있다. 예수의 재림을 확증한 것이다. 예수께서 부활 승천하심으로 말미암아 그분이 다시 오시리라 하신 약속이 이루어질 수밖에 없다는 것을 확증한 것이다. 예수가 부활하지 못했으면 재림은 있을 수가 없다. 그러나 그분이 부활하셨고, 승천하셨기 때문에, 다시 오시리라는 약속은 이루어질 수밖에 없는 것이다.

5) 하나님의 성호: 여호와, 예수

하나님께 고유한 이름이 있으시다. 출애굽기 3장 13절에 모세는 하나님께 이렇게 묻는다: "보옵소서, 내가 이스라엘 자손에게 가서 '너희 조상의 하나님이 나를 너희에게 보내셨다' 하면 그들이 내게 묻기를 '그의 이름이 무엇이냐?' 하리니 내가 무엇이라고 그들에게 말하리이까?"

이 질문에 대해 하나님께서 이렇게 대답하신다: "나는 나이니라—에흐예 아쉐르 에흐예" "I AM THAT I AM!" 우리가 하나님을 부를 때 "나는 하나님이시여" 하고 부르면, 나를 하나님이라고 하는 것인지, "나는"이라는 하나님을 부르는 것인지 매우 헷갈리게 될 것이다. 그래서 너희가 나를 부를 때에는 "나는"이라고 부르지 말고, "여호와"라고 부르라고 하셨다. "**하나님**이 또 모세에게 이르시되 "너는 이같이 이스라엘 자손에게 '나를 너희에게 보내신 이는 **여호와** 곧 너희 조상의 **하나님** 즉 아브라함의 **하나님** 이삭의 **하나님** 야곱의 **하나님**이라' 하라. 이는 영원한 나의 이름이요 대대로 나의 기념이 되리라."

영원한 하나님의 이름, 대대로 기념이 되는 하나님의 이름은 여호와라는 것이다. 여호와는 "나는"의 삼인칭 단수로써 "그는"이라고 부르라는 것이다: HE IS, HE WAS, HE IS TO COME, THE FIRST AND THE LAST, THE BEGINNING AND THE END, THE ALPHA AND THE OMEGA—이제도 계시고, 전에도 계셨고, 장차 오실 이, 처음과 나중, 시작과 끝, 알파와 오메가라는 의미를 가지고 있다. 모든 것의 근원이시라는 뜻이다. 만물이 그에게서 나오고 그로 말미암고 그에게로 돌아간다는 뜻이다.

여호와 하나님은 몇 분이신가? 신명기 6장 4절에 "들으라, 이스라엘아! 우리 하나님 여호와는 한 분 여호와시니." 여호와 하나님은 한 분이시다. 그런데 하나님이 사람 되신 분이 예수 그리스도시라면 한 분 여호와 하나님이 사람 되신 것이다.

만약 구약의 여호와 하나님이 신약의 예수님과 다른 분이라면 여호와 하나님이 두 분이라는 이야기가 된다. 왜냐하면 예수님도 자신을 "이제도 계시고, 전에도 계셨고, 장차 오실 이, 처음과 나중, 시작과 끝, 알파와 오메가"(계 1:8, 11, 17, 18; 2:8; 21:6; 22:13)라고 말씀하시기 때문이다.

그러나 구약의 여호와 하나님과 신약의 예수님이 동일한 분이라면 신명기 6장 4절 말씀이 정확하게 맞는 것이다. 우리 하나님 여호와는 한 분 여호와이시다. 구약의 여호와 하나님이 우리를 구원하기 위해 사람 되신 분이 바로 예수 그리스도이신 것이다. 계시록 1장 17-18절에 "내가 그를 볼 때에 그의 발 앞에 엎드러져 죽은 자 같이 되매, 그가 오른손을 내게 얹고 내게 이르시되 두려워 말라. 나는 **처음**이요 **나중**이니 곧 산 자라. 그러나 내가 죽었었노라. 보라, 내가 진실로 세세 무궁토록 살아 있어, 음부와 사망의 열쇠를 가지고 있나니"라고 하셨다.

예수님께서 자신을 "나는 **처음**이요 **나중**이니 곧 산 자라. 그러나 **내가 죽었었노라.**" 죽었다가 다시 사셔서 세세 무궁토록 살아 계신 분이 누구신가? 예수 그리스도이시다. 사람 되시기 전에 그분의 이름은 여호와—처음과 나중, 시작과 끝, 지금도 계시고, 전에도 계셨고, 장차 오실 이셨던 것이다. 그러므로 예수(여호와는 구원)는 여호와 하나님이 사람 되셨을 때에 받으신 이름으로 사람 되시기 전에는 구약의 여호와 하나님이신 것이다.

예수님은 요한복음 8장 24절에서 "너희가 만일 내가 그인 줄 믿지 아니하면 너희가 너희 죄 가운데서 죽으리라"고 하셨다. 그리고 8장 25절에 "나는 처음부터 너희에게 말하여 온 자니라"—처음부터 말하여 온 자가 누구인가? 이사야 43장 13절에 "과연 태초로부터 내가 그니 내 손에서 능히 건질 자가 없도다."라고 하신 여호와 하나님이 곧 예수님이라는 말씀이다.

"너희 조상 아브라함은 나의 때 볼 것을 즐거워하다가 역시 보고 또한 기뻐하였느니라"(요 8:56)—"나의 때 볼 것을 즐거워하다가"라는 게 무슨 말인가? 여호와 하나님이 사람 되시고 이삭이 바쳐지듯, 여호와께서 친히 보이셔서 (여호와 이레—보이실 여호와) 모리아 산에서 죽고 부활하신 것을 미리 보고 즐거워했다는 것이다. 여호와께서 이 산에서 친히 보이시리라고 약속하셨는데, 모리아 산에서 보이신 여호와는 예수 그리스도이신 것이다. 이 말에 대해 유대인들이 "네가 아직 오십도 못되었는데, 정말 네가 아브라함을 보았느냐?"고 묻자 예수님은 이렇게 대답하셨다: Ἀμὴν ἀμὴν λέγω ὑμῖν, πρὶν Ἀβραὰμ χενέσθαι, ἐγώ εἰμι.—"Truly, truly I say to you, before Abraham was, I AM!"—"진실로 진실로 내가 너희에게 이르노니, 아브라함이 있기 전에 나는 I AM이니라."—나는 여호와니라 이 말씀을 하시는 것이다.

"나와 아버지는 하나이니라"(요 10:30)라는 말씀은 예수님과 영존하시는 아버지는 같은 분이라는 것이다: 영존하시는 아버지가 한 아기로, 한 아들로 오셨을 때, 하나님이 하나님의 아들이 되신 것이고, 다윗의 뿌리가 다윗의 자손이 되신 것이다. 이것이 바로 그 복음의 신비인 것이다.

요한은 이사야 6장 1-10절에서 이사야가 여호와 하나님의 영광을 본 것을 인용하면서 "이사야가 이렇게 말한 것은 예수의 영광을 본 후에 그를 가리켜 말한 것이라."(요 12:41, 전수성경)고 기록하고 있다.

6) 창조주 하나님: 여호와, 예수

전능자이신 하나님은 하늘과 땅을 창조하신 창조주이시다. "태초에 **하나님**이 하늘과 땅을 창조하시니라"(창 1:1) 창세기 2장 4절부터는 천지를 창조하신 하나님이 여호와 하나님이심을 밝혀 주고 있다. 이사야 40장 26절, 28절 42장 5절에서도 창조하신 하나님은 여호와이심을 계시해 준다. 그런데 요한복음 1장 1-3절에 보면 "태초에 그 **말씀**이 계시니라. 그 **말씀**이 **하나님**과 함께 계셨으니 그 **말씀**은 곧 **하나님**이시니라. 그가 태초에 **하나님**과 함께 계셨고 만물이 그로 말미암아 지은바 되었으니, 지은 것이 하나도 그가 없이는 된 것이 없느니라." 그리고 14절에 "그 **말씀**이 육신이 되어 우리 가운데 거하시매, 우리가 그의 영광을 보니 **아버지**의 **독생자**의 영광이요, 은혜와 진리가 충만하더라."—그 말씀이 하나님이신데 그 말씀이 육신이 되셨다. 그렇다면 하나님이 육신이 되신 것이고 육신이 되신 하나님은 예수님이다. 그렇다면 예수님은 창세기 1장 1절에 태초에 하늘과 땅을 창조하신 하나님이시고, 창세기 2장 4절에 나오는 여호와 하나님이신 것이다.

창조주가 계시다는 것은 매우 상식적이고 논리적인 것이다: "창세로부터 **하나님**의 보이지 아니하는 것들 곧 그의 영원하신 능력과 **신격**이 그 만드신 만물에 분명히 보여 알게 되나니, 그러므로 저희가 핑계치 못하느니라"(롬 1:20)

"집마다 지은 이가 있으되 이 모든 것을 지으신 이는 **하나님**이시니라"(히 3:4)

이 두 구절을 살펴보면, 창조는 논리적이고 상식적이다. 집이 있다는 것은 집을 지은이가 있다는 이야기다. 눈에 보이는 어떤 물건이 있다는 것은 그 물건을 만든 사람이 있다는 이야기다. 그리고 우리 눈에 나타나는 그 물건에는 그 물건을 만든 사람의 지혜와 능력이 나타나는 것이 지극히 상식적인 것이다.

하나님의 영원하신 능력과 신성—하나님의 지혜와 능력과 솜씨는 하나님이 만드신 만물에 분명히 보여 알게 됨으로 아무도 만물을 창조하신 창조주 하나님이 안 계시다고 말할 수 없는 것이다.

그러나 만물이 나타내는 것은 그 만물을 조성하시고 만드신 창조주가 존재한다는 사실과 그분의 솜씨, 지혜와, 능력과 영광을 드러내는 것이지 그분이 누구신지를 드러내지는 않는다. 그러므로 만물을 창조하신 창조주 하나님이 누구신가를 우리에게 계시해 주시지 않는 이상 사람들은 만물을 창조하신 창조주 하나님이 누구신지를 알 방법이 없다. 그렇게 되면 종교들마다 자기들이 섬기는 신이 진짜 신이고, 자기들의 신이 만물을 창조한 창조주라고 우기게 되면 아무런 증거도 없이 목소리 큰 종교가 이기게 되는 것이다.

그러므로 전능자 하나님이 정말 존재하시고, 그분이 우리가 보는 만물을 창조하신 창조주 하나님이시라면 우리가 그분을 바로 알고 섬길 수 있도록 자신을 계시해 보여 주셔야 하는 것이다.

창세기 2장에서 만물을 창조하신 창조주 하나님은 여호와 하나님이라고 계시해 주시기 시작한다. 여호와 하나님이 친히 만물을 창조하시고, 맨 마지막 창조하신 사람을 친히 자신의 형상을 따라 지 · 정 · 의를 가진 인격체로 만드셨다. 그래서 생각하고 언어를 구사해서 하나님과 사귐을 가질 수 있게 하셨고 창작과 문화를 구성할 수 있는 존재로서 하나님의 자녀로 만드신 것이다.

성경을 통해서 먼저 살펴보면: 창세기 1장 1절에 태초에 하나님이 천지를 창조하셨고, 만물을 창조하신 창조주 하나님은 2장 4절부터 여호와 하나님이심을 알려 주셨고, 출애굽기 3장에서 모세에게 나타나시면서 "여호와"의 의미가 무엇인지 가르쳐 주셨고, 인류 역사를 향한 하나님의 구원과 영원한 세계를 어떻게 계획하셨는지 알려 주기 시작하셨다.

창세기부터 말라기까지 창조주 하나님은 여호와 하나님으로 계시해 주셨다. 그런데 신약성경을 열면서부터 여호와 하나님의 이름은 나오지 않고 예수의 이름으로 채워진다. 요한복음 1장 1-3, 14절을 보면 태초에 그 **말씀**이 계시니라. 그 **말씀**이 **하나님**과 함께 계셨으니 그 **말씀**은 곧 **하나님**이시니라. 그가 태초에 **하나님**과 함께 계셨고 만물이 그로 말미암아 지은 바 되었으니, 지은 것이 하나도 그가 없이는 된 것이 없느니라……. 그 **말씀**이 육신이 되어 우리 가운데 거하시매, 우리가 그의 영광을 보니 **아버지의 독생자**의 영광이요, 은혜와 진리가 충만하더라."

이 구절을 통해서 보면 만물을 창조하신 창조주 하나님은 "그 말씀"—"호 로고스"라는 것이다. 그렇다면 여호와 하나님과 "그 말씀", "호 로고스"는 동일하신 하나님이라는 것이다. 그리고 그 동일하신 하나님—여호와 하나님—그 말씀이 육신이 되어 우리 가운데 거하신 것이다. 그렇기 때문에 구약에서는 하나님의 아들에 관한 것이 약속만 되었고 하나님의 그 아들에 관한 개념이 없는 것이다. 그리고 하나님은 오직 여호와만 하나님이신 것이다. 그런데 신약을 열면서부터 여호와의 이름은 없고 오로지 예수 그리스도이다. 왜 그런가? 구약의 여호와 하나님이 약속하신 대로 인간의 죄의 문제를 해결하고 사망을 삼키고 마귀를 멸하시기 위해 사람 되신 분이 예수 그리스도이시기 때문이다.

하나님이 육신이 되신 분을 우리는 예수라고 부른다: "그는 근본 **하나님**의 본체시나, **하나님**과 동등됨을 취할 것으로 여기지 아니하시고 오히려 자기를 비어 종의 형체를 가져 사람들과 같이 되셨고(만들어지셨고)"(빌이 말씀은 이사야 9장 6절의 성취인 것이다: "이는 한 아기가 우리에게 낳고 한 아들을 우리에게 주신 바 되었는데 그 어깨에는 정사를 메었고 그 이름을 **기묘자**라 **모사**라 **전능하신 하나님**이라 **영존하시는 아버지**라 **평강의 왕**이라 할 것임이라."

만물을 만드신 창조주 하나님, 전능하신 하나님, 영존하시는 아버지께서 친히 피조물이 되셨다는 것이다. 창조주 하나님이 사람이 되셨다는 것이다. 창조주 하나님이 누구신가? 여호와 하나님이시다. 그런데 여호와 하나님이 자신을 빌어 종의 형체를 가져 사람들과 같은 모양으로 만들어지신 것이다. 기묘자시며, 모사이시며, 전능하신 하나님이시며, 영존하시는 아버지시며, 평강의 왕이신 여호와 하나님이 한 아기로 나시고, 한 아들로 우리에게 주신 바 되셔서 동정녀의 몸을 통해 사람의 모양으로 만들어지신 여호와 하나님을 예수라 부르는 것이다.

그러므로 여호와는 하나님이 사람 되시기 전의 이름이라면 예수는 여호와 하나님이 사람 되신 후에 사용하시는 이름인 것이다. 그래서 구약에서는 창조주 하나님이 여호와 하나님이라고 기록하고 있고, 신약에서는 예수라고 기록하고 있다. 로마서 9장 5절: "조상들도 저희 것이요 육신으로 하면 **그리스도**가 저희에게서 나셨으니 저는 만물 위에 계셔서 세세에 찬송 받으실 **하나님**이시니라. 아멘."

예수 그리스도는 하나님이시면서 하나님의 아들이신 것이다. 곧 다윗의 뿌리가 다윗의 자손 되시니 이것이 그 복음의 신비이며, 그리스도의 신비인 것이다.

7) 이스라엘의 왕, 야곱의 왕, 유대인의 왕이신 하나님: 여호와, 예수

여호와 하나님이 자신을 이스라엘의 왕, 야곱의 왕이라고 하신다. 그리고 "만군의 여호와께서 시온산과 예루살렘에서 왕이 되시고 그의 장로들 앞에서 영광을 나타내실 때에 달은 수치를 당하고 해는 부끄러워하리라"(사 24:23) 만군의 여호와께서 시온산과 예루살렘에서 왕이 되신다는 것이다. 시온산과 예루살렘에서 다윗의 보좌에 앉아서 이스라엘의 왕으로, 평강의 왕으로, 만왕의 왕으로 영원히 다스리실 분이 누구인가? 다윗의 그 뿌리요 그 자손이신 예수 그리스도이시다. 그렇다면 여호와 하나님과 예수 그리스도는 동일하신 하나님인 것이다.

예수님이 태어나실 때에 동방의 박사들이 예루살렘에 찾아와서 묻기를 "유대인의 왕으로 나신 이가 어디 계시냐? 우리가 동방에서 그의 별을 보고 그에게 경배하러 왔노라."

빌라도가 예수님을 심문하면서 "네가 왕이 아니냐?" 하고 물을 때 예수님께서 "네 말과 같이 내가 왕이니라"라고 대답하셨다. 그리고 예수님의 십자가 위에는 "유대인의 왕 예수"라는 패가 달려 있었다.

예수님은 구약의 이스라엘의 왕, 야곱의 왕이신 여호와 하나님이신 것이다. 여호와는 하나님이 사람 되시기 전에 이름이고, 여호와 하나님이 사람이 되셨을 때에는 그의 이름을 "예수라 하라"고 하였다. 예수의 이름의 뜻은 "여호와는 구원이시다"라는 뜻을 가지고 있다. 여호와 외에는 구원이 없다고 하신 여호와 하나님께서 친히 우리를 구원하시기 위해 혈과 육이 되어 오셨던 것이다.

8) 유일한 구원자 하나님: 예수 아니면 여호와?

　이사야 43장 11절에 "나는 여호와라 나 외에는 구원자가 없느니라."고 하셨다. 그리고 요엘 2장 32절에 "누구든지 여호와의 이름을 부르는 자는 구원을 얻으리라." 하셨지만 우리는 여호와의 이름을 부르는 것이 아니라 예수의 이름을 부르고 있지 않은가? 그렇다면 여호와의 이름을 부르지 않고 다른 이름을 부르는 데도 구원을 얻는다는 말인가?

　사도행전 4장 12절에 "다른 이로서는 구원을 받을 수 없나니, 천하에 구원을 받을 만한 다른 이름을 인간에 주신 일이 없음이니라" 여기서는 분명히 예수의 이름을 이야기하고 있다. 예수 외에 구원받을 만한 다른 이름이 없다는 이야기다.

　그렇다면 예수의 이름과 여호와의 이름은 같은 분을 지칭하는 이름이라야 하지 않을까? 다른 분을 지칭하는 것이라면 구원자가 두 분이 계신 것이 된다. 그러나 성경은 구원자는 오직 여호와라 나 외에 구원자가 없다고 하셨다. 그러므로 여호와는 하나님이 사람 되시기 전의 이름이고, 예수는 여호와 하나님이 우리를 구원하시기 위해 사람 되신 분의 이름인 것이다. 여호와 하나님과 예수 그리스도는 동일한 분이라면, 우리가 예수의 이름을 부르는 것이 곧 여호와의 이름을 부르는 것이며, 여호와의 이름을 부르는 것이 곧 예수의 이름을 부르는 것이 되므로 동일한 하나님을 부르기 때문에 구원이 임하는 것이다.

　로마서 14장 11절에서는 바울이 이사야 45장 23절을 인용해서 이렇게 말한다. 기록된 바 '내가 나의 삶으로 말하노니 모든 무릎이 내게 꿇을 것이요, 모든 혀가 하나님께 자백하리라. 나 여호와가 말하노라' 모든 무릎이 여호와 하나님 앞에 꿇게 되고, 모든 혀가 여호와 하나님께 자백하게 된다는 것이다. 그런데 빌립보서 2장 9-11절에 "이러므로 하나님이 또한 그를 지극히 높여, 모든 이름 위에 뛰어난 이름을 주사 하늘에 있는 것과 땅에 있는 것과 땅 아래 있는 것들로 모든 무릎을 예수의 이름에 꿇게 하시고 모든 입으로 예수 그리스도를 주재시라 시인하여 하나님 아버지께 영광을 돌리게 하셨느니라."

모든 무릎이 여호와 앞에 꿇고 모든 혀가 여호와 하나님께 자백하게 된다고 하는 것과 모든 무릎이 예수의 이름 앞에 꿇게 되고 모든 입이 예수 그리스도를 주재라 자백하게 된다는 것은 여호와 하나님과 예수 그리스도는 동일한 하나님이란 사실이다.

그러므로 구원자이신 여호와 하나님이 우리를 구원하시기 위해 사람이 되신 분을 예수라고 하는 것이고 하나님이 사람 되시기 전의 이름은 여호와이다.

9) 우리의 신랑 되신 하나님: 여호와, 예수

구약에서는 "그 날에 **여호와**께서 이르시기를 '네가 나를 '내 남편'이라 일컫고 다시는 '내 주인'이라 일컫지 아니하리라……. 내가 네게 장가들어 영원히 살되 실로 의로움과 공의와 자애와 자비로 네게 장가들며 성실함으로 네게 장가들리니 이로써 네가 **여호와**를 알리라"(호 2:16, 19-20).

신약에서는 그리스도와 교회를 신랑과 신부로 표현을 했다. 그렇다면 여호와 하나님과 예수 그리스도는 동일하신 하나님이신 것이다. 여호와는 사람 되시기 전의 이름이라면 예수는 사람 되셔서 사용하신 이름인 것이다.

하나님의 그 아들이 태초부터 계셨는가? 하나님의 그 아들은 태초부터 계시지 않았다. 그 말씀이 육신이 되실 때에—하나님이 사람이 되실 때에—다윗의 뿌리가 다윗의 자손이 되실 때에, 하나님의 그 아들로 만들어지신 것이다. 만약에 하나님이 사람 되시는 성육신의 사건이 없었다면 하나님의 그 아들은 존재하지 않는 것이다.

성경은 분명하게 하나님은 한 분이시라고 계시해 주신다. 그리고 그 하나님이 사람이 되셨다. 영존하시는 아버지가 한 아기, 한 아들이 되시겠다고 약속을 하셨다. 예수님은 자신을 다윗의 뿌리요 자손이라고 말씀하셨다. 뿌리가 어떻게 자손이 될 수 있는가? 영존하시는 아버지가 어떻게 한 아기가 되고 한 아들이 될 수 있는가? 우리가 깨달을 수 없는 신비의 영역이다. 그러므로 우리는 그 신비를 우리의 지혜로 설명하려고 하지 말고 신비로 놔 두어야 한다.

영존하시는 아버지가 한 아기가 되었을 때에 우리는 우리의 한계로 하나님을 설명하려고 하기 때문에 영존하시는 아버지는 더 이상 존재하지 않는다고 생각한다. 그래서 하나님이 사람이 되셨으면 하나님은 없어지신 것 아니냐고 생각을 한다. 그러나, 영존하시는 아버지가 한 아기가 된다고 해서 존재하지 않게 되면 영존하신 분이 아닌 것이다. 그러므로 우리가 알 수 없는 신비한 능력으로 영존하시는 아버지는 영존하시면서 그 말씀이 육체로 만들어지셨던 것이다. 이것은 인간이 그 어떤 방법을 동원해도 깨달을 수 없는 신비의 영역이다. 그래서 예수님은 다윗의 뿌리이시면서 또한 다윗의 아들이 되신 것이다(계 22:16). 이것을 설명하려는 순간 하나님보다 지혜로운 척하는 교만을 나타내게 되고 우리가 하나님을 정의하는 실수를 하게 되고, 하나님이 되려고 하는 심각한 하나님 놀이를 하게 되는 것이다.

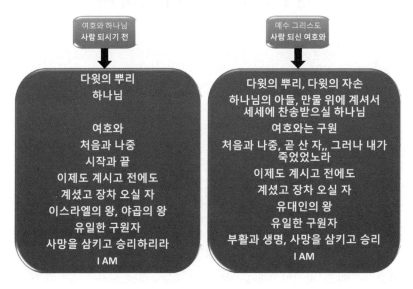

모르는 것은 모르는 것이다. 그 어떤 석학들을 데려와도 설명할 수 없다. 이것은 영원한 신비일 뿐이다. 그래서 바울은 이것을 그 복음의 신비라고 이야기하는 것이다. 인간이 하나님을 정의하는 순간 그 복음의 신비는 이미 신비가 아니며 무차원적이고 무한하신 하나님을 삼차원적인 우리 인간의 사고의 틀 안에 가둬 버리는 엄청난 어리석음을 범하게 되는 것이다. 하나님이 사람 되신 것은 신비 중에 신비 그 자체이다. 그리고 하나님이 사람 되신 분이심을 부활 사건으로 증명해 주셨던 것이다. 그래서 우리는 예수를 나의 주 나의 하나님이라고 고백하게 되는 것이다. 그러므로 그 복음 안에서는 신론과 그리스도론의 구분이 없다. 구약의 여호와 하나님이 신약의 예수 그리스도이기 때문이다.

5과.

예수 그리스도에 대하여

기독론은 혹은 그리스도론, 영어로는 Christology라고 하며 예수 그리스도에 관한 것이다. 1세기부터 문제가 되어 왔던 것이 예수를 누구라고 할 것이냐 하는 문제이다. 겉으로 보면 우리와 똑같은 사람인데, 자신은 하나님의 아들이며 부활이요 생명이라고 주장하고, 아버지와 나는 하나라고 주장하고, 자기의 주장을 뒷받침해 주듯 사람으로서는 도저히 할 수 없는 많은 기적들을 행하셨다: 물이 포도주가 되게 하시고, 풍랑을 잠잠케 하시고, 앉은뱅이를 일으키시고, 중풍 병자들을 낫게 하시고, 귀머거리가 들으며, 소경이 눈을 뜨고, 문둥병자들이 깨끗케 되고, 물 위를 걸으시고, 귀신들을 쫓아 내시고, 물고기 두 마리와 떡 다섯 덩어리로 오천 명을 먹이시고 12광주리가 남는 기적도 행하시고, 심지어는 죽은 자들을 살리기도 하셨다. 뿐만 아니라 자신의 주장대로 십자가에 죽은 지 삼 일만에 죽은 자 가운데서 살아나셔서 제자들에게 나타나 보이시고 40일을 계시면서 여러 모양으로 자신의 살아나심을 많은 이들에게 나타내 보이셨다. 그리고 제자들에게 온세상에 다니며 만민에게 그 복음을 선포하고 모든 민족으로 제자를 만들라는 마지막 사명을 주시고, 다시 오시겠다는 약속을 하시고 제자들이 보는 앞에서 하늘로 올라가셨다.

십자가 앞에서 벌벌 떨던 제자들이 부활하신 예수님을 직접 만난 후 오순절 성령 강림을 계기로 성령을 받고 예수의 부활 소식을 선포하기 시작했다. 예수의 부활 소식을 사도들에게 들은 사람들 중에는 마음에 믿는 사람들도 있었고, 마음에 믿지 않는 사람들도 있었다. 부활하신 예수를 직접 만난 사람들은 그분이 누구인가에 대해서 논쟁할 필요가 없었다. 그러나 부활하신 예수를 직접 만나지 못한 사람들 중에서는 머리로 아는 것을 마음에 믿는다고 착각하는 사람들이 있었고 그들 중에 예수를 누구라고 해야 하느냐 하는 문제로 논쟁을 벌이기 시작을 한 것이다.

우리가 믿는 하나님은 막연하게 하늘에 계신 어떤 전능자가 아니라 사람 되신 하나님을 믿는 것이다. 자녀들이 혈과 육에 참여하는 고로 우리와 같이 되시고 우리와 함께 하시기 위해 자신도 혈과 육에 참여하신 임마누엘의 하나님을 믿는 것이다(히 2:14).

예수를 나의 주, 나의 하나님이라고 고백할 수 있는 사람들은 누구인가? 부활하신 예수를 만난 사람들 중에 예수를 나의 주 나의 하나님이라고 고백하지 않을 사람이 누가 있는가? 부활하신 예수를 만난 사람들 중에 예수를 위해 살지 않고 세상을 위해 사는 사람이 누가 있는가? 부활하신 예수를 만난 사람들 중에 부활의 증인이 되지 않은 사람이 누가 있는가?

예수가 누구인지는 부활하신 예수님을 만나야만 알 수 있는 일이다. 부활하신 예수를 마음에서 만나지 못하면 알지도 못하는 분에 대해서 그저 귀동냥으로 들은 것들을 가지고 논하게 될 뿐이다. 예수가 누구인지 논쟁을 벌이는 이유는 하나뿐이다. 부활하신 예수를 만나지 못했기 때문이다. 부활하신 예수를 만나지 못하면 성경과 하나님의 능력을 알지 못하기 때문에 그분에 대해서 오해하기 마련이다. 부활하신 예수를 만난 사람들 중에는 그분이 누구인지 의문을 갖거나 헷갈리는 사람이 없다.

1) 부활하신 후에야 알아지는 일

예수님의 십자가 앞에 있던 사람들을 상상해 보라. 내 자신이 그 무리들 중에 한 사람이라면 십자가에 달린 예수를 보고 "하나님이 사람 되신 분이시구나!" 하고 알아볼 수 있는 사람이 있을까? 한 사람도 없다.

"이 지혜는 이 세대의 관원이 하나도 알지 못하였으니 만일 알았더라면 영광의 주님을 십자가에 못 박지 아니하였으리라. 기록된 바 하나님이 자기를 사랑하는 자들을 위하여 예비하신 것들은 눈으로 보지 못하고 귀로도 듣지 못하고 사람의 마음으로도 생각지 못하였다 함과 같으니라"(고전 2:8-9)

하나님이 자기를 사랑하는 자들을 위하여 예비하신 것들이 무엇일까? 이런 일은 눈으로 본 적도 없고, 귀로도 들어 본 적이 없고, 사람의 마음으로 생각도 하지 못한 것이다. 하나님이 사람 되신 다는 것을 사람들은 생각을 해 볼 수 있을까? 다윗의 뿌리가 다윗의 자손이 되신다는 것을 사람들이 생각해 본 적이 있을까? 눈으로 보고 들어본 적도 없을뿐더러 생각조차도 해 보지 못한 일이다. 하나님이 사람 되셔서 사람들을 대신해서 십자가에 죽으실 것을 사람들이 보거나 듣거나 생각조차 해 본 적이 있을까? 죽었던 사람이 다시 살아난 것을 보고 듣고 생각해 본 적이 있을까? 하나님이 사람 되셔서 우리를 위해 죽고 부활하신다는 이야기는 아무도 상상조차 해 본 적이 없는 일이다. 그래서 이 세대의 관원이 하나도 알지 못하였고 만일 알았더라면 영광의 주님을 십자가에 못 박지 않았을 것이라고 하는 것이다.

예수님을 가장 잘 아는 사람들은 그의 식구들과 그를 따랐던 제자들이다. 그러나 그의 동생들은 오히려 그가 미쳤다고 이야기하고 다녔다(막 3:21). 그의 제자들은 얼마나 많은 기적들을 보았는가? 죽은 자를 살리시는 기적까지도 직접 목격한 사람들이다. 그럼에도 불구하고 제자들조차 예수님이 누구인지 잘 몰랐던 것이다.

예수님이 죽은 자 가운데서 살아나셨다는 소식을 들었어도 제자들은 믿지 않았다. "저들은 예수의 사셨다는 것과 마리아에게 보이셨다는 것을 듣고도 믿지 아니하더라…… 두 사람이 가서 남은 제자들에게 가서 고하였으되 역시 믿지 아니하더라"(막 16:11, 13) "저희는 '그가 죽은 자 가운데서 다시 살아나야 하리라' 하신 성경을 아직 깨닫지 못하더라"(요 20:9)

이들은 다른 사람들이 예수님의 부활 소식을 전했을 때 믿지 않았고, 자기들이 무덤에 가서 빈 무덤을 확인하고도 믿지 못하였다. 그럼 언제 이들이 예수님이 누구이신지를 알게 되고 믿게 되었나? 부활하신 예수님을 직접 만나고서야 믿게 된 것이다.

"이 말씀을 하시고 예수께서 그들에게 손과 옆구리를 보이시니, 제자들이 주님을 보고 기뻐하더라……. 다시 도마에게 이르시되 '네 손가락을 이리 내밀어 내 손을 보고, 네 속을 내밀어 내 옆구리에 넣어 보라. 그리하고 믿음 없는 자가 되지 말고 믿는 자가 되라' 하시니 이에 도마가 대답하여 예수께 말하되 '나의 주재 곧 나의 하나님이니이다'"(요 20:20, 27-28)

예수님이 누구인지를 알 수 있는 사건은 오직 부활 사건뿐이다. 그러나 사람들은 예수님의 부활을 믿기 힘들어 한다. 사람이 죽은 자 가운데서 살아난다는 것은 아무도 본 적도 없고, 들어 본 적도 없고, 생각해 본 적도 없는 일이기 때문이다. 그러나 이것은 하나님이 자기를 사랑하는 자들을 위하여 친히 예비하신 일이다.

예수님이 성육신 하신 하나님이심을 알 수 있는 유일한 방법은 부활의 능력을 통해서만 알 수 있는 일이다. 그러므로 이 부분에 대해서 미리 말씀하시기를 여호와께서 사망을 삼키고 승리하신 후에야 이는 우리 하나님이시라고 알아볼 수 있게 된다는 것이다(이사야 25:8-9).

"그러나 그의 제자들은 처음에 이 일을 깨닫지 못하다가, 예수께서 영광을 받으신 후에야 이것이 예수께 대하여 기록된 것과 사람들이 그에게 이같이 한 것임을 깨달았더라"(요 12:16)

"이는 그가 죽은 자 가운데서 살아나신 후에야 비로소 그들에게 하신 이 말씀을 기억하고 성경과 및 예수의 하신 말씀을 믿었더라"(요 2:22)

예수님이 성육신 하신 하나님이심을 알 수 있는 유일한 방법은 오직 예수님께서 부활하신 후에야 알아지는 일이다. 그러므로 예수님이 누구인지를 알고 믿을 수 있는 사람들은 부활하신 예수님을 마음에서 만난 사람들이다. 마음의 눈으로 부활하신 예수님을 본 사람들은 예수님의 부활 소식을 듣고 마음에 믿는 자들이고 이들에게 구원을 주시는 것이 하나님의 뜻인 것이다.

2) 예수 그리스도의 의미

성경 66권을 요약하면 그 복음이 된다. 그리고 그 복음을 두 단어로 요약하면 예수 그리스도인 것이다. 그러므로 "예수 그리스도"를 부를 때에 무슨 의미인지를 알고 불러야 한다.

예수 그리스도란 무슨 뜻인가? 예수는 이름이고 그리스도는 타이틀이다. 사전을 찾아보면 예수라는 이름의 뜻은 "여호와는 구원"이라는 뜻이다. 그리고 그리스도의 뜻은 "기름 부음을 받은 자"라는 뜻이다. 그러므로 사전적 의미는 예수는 기름 부음을 받은 자라는 뜻이다. 사전적 의미를 denotation(명시적 의미)이라고 한다. 반면에 책 전체에 전반적으로 imply—암시된 의미를 connotation(함축된 의미)이라고 한다. 성경 전체를 통해서 암시된 의미를 찾으면 그리스도의 의미는 우리를 구원하시기 위해 사람이 되어 찾아오신 여호와 하나님이란 뜻이다. 성육신 하신 하나님, 사람 되신 하나님, 다윗의 뿌리가 다윗의 자손 되신 분이라는 의미가 담겨 있다. 그러므로 예수는 하나님이 사람 되신 분이란 의미이다.

(1) 예수의 이름 - 여호와는 구원이시다

예수라는 이름은 헬라어이고, "여호와는 구원"이란 뜻이다.

'Ἰησοῦς ⟨2424⟩ 이에수스 {ee-ay-sooce'}

기원은 히브리어【⟨3091⟩】; '예수'(즉 '여호수아'), 우리 주님과 두셋 이스라엘 사람의 이름 ⟨마 1:21; 요 1:17; 유 1:1⟩ 고유명사. Jesus;

예수="여호와는 구원이심"

구약은 여호와 하나님을 묘사할 때 "여호와는 구원"이시라는 표현이 자주 등장한다:

"대저 우리의 **재판장 여호와**, 우리의 **입법주 여호와**, 우리의 **대왕 여호와**, 그가 우리를 **구원**하실 것임이니"(사 33:22)—여호와 그가 우리를 구원하실 것이다: 여호와는 구원이시다!

"너 지렁이 야곱아, 너희 이스라엘 사람들아, 두려워 말라. 나 **여호와**가 말하노니 내가 너를 도우리라. 나는 네 **대속주** 이스라엘의 **거룩한 자**니라"(사 41:14)—여호와는 대속주 곧 구원자이시다!

"무릇 나는 곧 **여호와** 네 **하나님**이요 이스라엘의 **거룩한 자**요 네 **구원자**임이라"(사 43:3)—여호와는 네 하나님이요 네 구원자라! 여호와는 구원이시다!

"나 곧 나는 **여호와**라. 나 외에 **구원자**가 없느니라. 내가 고하였고 구원하였으며 보였고, 너희 중에 다른 신이 없었나니 그러므로 너희는 나의 증인이요 나는 **하나님**이니라. 나 **여호와**의 말이니라. 과연 태초로부터 내가 그니 내 손에서 능히 건질 자가 없도다. 내가 행하리니 누가 막으리요? 너희의 **대속주**요, 이스라엘의 **거룩한 자 여호와**가 말하노니⋯⋯."(사 43:11-14)—여호와 외에는 구원자가 없다고 하신다. 여호와께서 구원하시기 위해 친히 사람이 되신 것이다. 그래서 이름이 예수—여호와는 구원—이신 것이다.

"**이스라엘의 왕**인 **여호와**, 이스라엘의 **대속주**인 나 **만군의 여호와**가 말하노라. 나는 처음이요 나는 마지막이라. 나 외에 다른 신이 없느니라"(사 44:6)—여호와는 이스라엘의 왕이시고 이스라엘의 대속주 곧 구원자이시다.

"너희는 고하며 가까이 데려와 피차 상의하여 보라. 이 일을 이전부터 보인 자가 누구냐? 예로부터 고한 자가 누구냐? 나 **여호와**가 아니냐? 나 외에 다른 신이 없나니 나는 공의를 행하며 **구원**을 베푸는 **하나님**이라 나 외에 다른 이가 없느니라."(사 45:21)—여호와는 공의를 행하며 구원을 베푸는 하나님이시다. 여호와 외에는 다른 이가 없다. 그러므로 예수는 여호와 하나님이 우리를 구원하시기 위해 친히 사람이 되신 분이시다.

"내가 너를 압제하는 자로 자기의 고기를 먹게 하며 새 술에 취함 같이 자기의 피에 취하게 하리니 모든 육체가 나 **여호와**는 네 **구원자**요 네 **대속주**요 야곱의 **전능자**인 줄 알리라"(사 49:26)—나 여호와는 네 구원자요—이것을 헬라식 이름으로 표현하면 예수—여호와는 구원이시다!

"누구든지 **여호와**의 이름을 부르는 자는 **구원**을 얻으리니, 이는 나 **여호와**의 말대로 시온산과 예루살렘에 구원이 있을 것임이요, 남은 자 중에 나 **여호와**의 부름을 받을 자가 있을 것임이니라"(욜 2:32)—여호와의 이름을 부르는 자는 구원을 얻으리라고 하셨는데 우리는 예수의 이름을 부르고 있지 않은가? 여호와 하나님이 우리를 구원하기 위해 사람이 되신 분이 예수 그리스도이시기 때문이다.

"그러나 네가 애굽 땅에서 나옴으로부터 나는 네 **하나님 여호와**라, 나 외에 너는 다른 신을 알지 말지니라. 나 외에는 **구원자**가 없느니라"(호 13:4)—여호와 하나님 외에는 구원자가 없다고 하신다. 그러므로 예수는 여호와 하나님이 우리를 구원하시기 위해 사람 되신 분이 맞는 것이다.

"나는 감사의 목소리로 주께 희생을 드리며 나의 서원을 주께 갚겠나이다. **구원**은 **여호와**께로서 말미암나이다"(욘 2:9)—구원은 여호와께로서 말미암는다. 다른 이로서는 불가능하다. 그러므로 예수와 여호와는 동일하신 한 분 하나님이시다.

"나는 **여호와**를 인하여 즐거워하며 내 **구원**의 **하나님**을 인하여 기뻐하리로다"(합 3:18)—여호와를 구원의 하나님이라고 부른다. 구약에서는 왜 여호와를 구원의 하나님이라고 하는가? 구약에서는 여호와 하나님이 사람 되시기 전이기 때문이다.

"너희 가운데 계신 **여호와** 네 **하나님**은 **구원**을 베푸실 **전능자**시라. 그가 기쁨으로 너를 즐거워하시며 너를 은밀히 사랑하시며 그가 너로 인하여 노래하며 기뻐하시리라"(습 3:17)—여호와는 구원을 베푸실 전능자이시다.

"시온의 딸아, 크게 기뻐할지어다. 예루살렘의 딸아, 즐거이 부를지어다. 보라, 네 왕이 네게 임하나니 그는 공의로우시며 **구원**을 베풀며 겸손하여서 나귀를 타시나니 나귀의 작은 것 곧 나귀새끼니라"(슥 9:9)—여호와 하나님이 구약에서는 영으로 계시는데 어떻게 나귀 새끼를 타시겠는가? 나귀 새끼를 타고 예루살렘에 입성하신 분은 여호와 하나님이 사람 되신 분 예수이시다. 그러므로 예수와 여호와 하나님은 동일하신 분이시다.

"**여호와**께서 온 땅의 **왕**이 되시리니 그 날에는 **여호와**께서 홀로 하나이실 것이요, 그 이름이 홀로 하나이실 것이며"(슥 14:9)—예수님이 재림하시게 되면 온 땅의 왕이 되신다. 그때가 되면 여호와께서 홀로 하나이심을 알게 될 것이다.

구약에서는 여호와 하나님만이 구원을 베푸실 전능자시다, 여호와 외에는 구원자가 없다. "**여호와는 구원이시다**"를 계속 외치고 계신 것이다. "**여호와는 구원이시다**"를 이름으로 표기하면 "**예수**"인 것이다. 그렇다면 요한복음 5장 39절에 "너희가 성경에서 영생을 얻는 줄 생각하고 성경을 상고하거니와 이 성경이 곧 내게 대하여 증거하는 것이니라"고 말씀하실 때에 여기서 성경은 구약 성경을 가리키는 것이다. 왜냐하면 예수님께서 말씀하실 때에는 아직 신약 성경은 기록되지 않았기 때문이다. 그렇다면 구약성경 전체가 예수님에 대한 것이라야 하는데 구약성경은 온통 여호와 하나님이고 예수 그리스도는 한 번도 등장하지 않는다. 또한 구약에서는 "여호와 외에는 다른 신이 없다"고 외치셨는데, 신약에 와서는 여호와의 이름은 거의 등장하지 않고 오로지 예수의 이름만 등장을 한다. 그리고 예수께서 우리를 구원하신다. 만약 신약의 예수가 구약의 여호와 하나님이 아니라면 예수님의 이 말씀은 거짓말이 되는 것이다. 그러므로 신구약 전체에 영생을 주시는 분, 곧 구원을 베푸실 전능 자 하나님 여호와가 바로 예수님 자신이라는 사실이다.

"다른 이로서는 구원을 받을 수 없나니, 천하에 구원을 받을 만한 다른 이름을 인간에 주신 일이 없음이니라"(행 4:12) 예수 외에 구원받을 만한 다른 이름을 인간에게 주신 일이 없다는 말이다. 만약 여호와 하나님과 예수 그리스도가 다른 분이라면 구원자가 여호와 외에 예수라는 분이 또 있는 것이다. 다른 이로서는 구원받을 수 없다는 말이 성립이 안 된다. 천하에 구원받을 만한 다른 이름을 주신 일이 없다고 했는데, 여호와 외에 예수라는 다른 이름이 있는 것이다. 그렇다면 여호와 외에는 구원이 없다고 하는 구약이나 천하에 구원받을 만한 다른 이름을 주신 일이 없다고 하는 신약성경이 거짓말이 되어 버린다. 그러나 여호와 하나님이 사람 되신 분이 예수라면 신·구약 성경은 일치한다: 구원자는 여호와 하나님 한 분 외에 없는 것이다. 예수는 여호와 하나님이 구원을 베풀기 위해 친히 사람이 되신 분이시다.

"이러므로 내가 너희에게 말하여 '너희는 너희 죄 가운데서 죽으리라' 하였노라. 너희가 만일 **내가 그인 줄 믿지 아니하면** 너희가 너희 죄 가운데서 죽으리라"(요 8:24)

너희가 만일 내가 그인 줄 믿지 아니하면 너희가 너희 죄 가운데서 죽으리라고 하셨는데 신명기 32장 39절에 "너희는 이제 나 곧 내가 그인 줄 알라. 나와 함께 하는 신이 없느니라. 나는 죽이기도 하며 살리기도 하고 상하게도 하며 낫게도 하나니 내 손에서 능히 건질 자가 없느니라." 이사야 43장 10절과 13절에: "너희는 나의 증인이라. 나 **여호와**가 말하노라. 또 나의 택함을 입은 종이니 이는 너희로 나를 알고 믿으며 **내가 그인 줄 깨닫게 하려 함이라.** 내 전에 지음을 받은 신이 없었고 내 후에도 없으리라⋯⋯ **과연 태초로부터 내가 그니** 내 손에서 능히 건질 자가 없도다."

이사야 48장 12절에는, "야곱아, 내가 부른 이스라엘아, 내게 들으라. **내가 그니** 나는 **처음**이요 또한 **마지막**이라."—여호와 하나님이 "내가 그니 나는 처음이요 또한 마지막이라" 하신다. 그런데 예수님께서 "내가 그인 줄 믿지 아니하면 너희가 너희 죄 가운데서 죽으리라" 하신다. 그리고 계시록 1장 17-18절에서는 "나는 처음이요 나중이니 곧 산 자라 그러나 내가 죽었었노라"고 하신다.

이사야 6장 1-5절에 이사야는 만군의 여호와이신 왕을 뵈었다고 했고, 요한복음 12장 41절에 이사야가 뵌 만군 여호와 하나님이 예수 그리스도이심을 이렇게 기록한다: "이사야가 이렇게 말한 것은 **예수**의 영광을 본 후에, 그를 가리켜 말한 것이라."

로마서 14장 10-11절은 "우리가 다 **그리스도의** 심판대 앞에 서리라. 기록된 바 '내가 나의 삶으로 말하노니 모든 무릎이 내게 꿇을 것이요, 모든 혀가 **하나님**께 자백하리라. 나 **여호와**가 말하노라" 이사야 45장 23절을 인용한 것이다: "내가 나를 두고 맹세하노니 '나의 입에서 의로운 말이 나갔은즉 돌아오지 아니하나니 내게 모든 무릎이 꿇겠고 모든 혀가 맹약하리라"를 인용했다. 그리스도의 심판대는 곧 여호와의 심판대라는 말씀이다. 그리스도는 여호와 하나님이 사람 되신 분이기 때문이다.

"하늘에 있는 것과 땅에 있는 것과 땅 아래 있는 것들로 모든 무릎을 **예수**의 이름에 꿇게 하시고 모든 입으로 **예수 그리스도**를 **주재**시라 시인하게 하여 **하나님 아버지**께 영광을 돌리게 하셨느니라"(빌 2:10-11)

모든 무릎이 예수의 이름에 꿇게 되고 모든 입으로 예수 그리스도를 주재라 시인하게 되는 이유가 무엇인가? 예수 그리스도는 여호와 하나님이 사람 되신 분 즉 예수 그리스도와 여호와 하나님은 동일하신 분이시기 때문이다.

예수님이 부활하시기 전까지 제자들 역시 예수께서 하나님이 사람 되신 분이라는 것을 깨닫지 못하고 있었다. 예수님이 부활하셔서 제자들에게 나타나 보이셨을 때에야 도마가 고백했듯이 "나의 주재 곧 나의 하나님이니이다!"라고 고백할 수 있었던 것이다.

그러면 이제 예수라는 이름의 뜻과 여호와의 이름의 뜻을 살펴보자: 예수라는 이름의 뜻은 "여호와는 구원이시다"라는 뜻이다. 여호와는 구원! 구약성경에서 나타나는 하나님의 이름은 여호와라는 이름이다. 여호와의 뜻은 He is, He was, He will be라는 뜻이다. 지금도 계시고, 전에도 계셨고, 장차 오실 자라는 뜻이다. 처음과 나중, 시작과 끝, 즉 그분 안에 모든 것이 시작되었다는 말이다. 그러므로 모든 것이 그분 안에 있는 것이다. 그분은 영원 전부터 계셔서 영존하시는 아버지 곧 모든 것의 근원이시라는 말이다. 만물이 그로 말미암아 지은 바 되었으니 지은 것이 하나도 그가 없이는 된 것이 없다(요 1:3)라는 말이다. 그는 만물의 근원이시고, 생명의 근원이시다.

여호와가 하나님이시라는 말은 여호와가 전능자시라는 말이다. 여호와 외에는 전능자가 없고, 여호와 외에는 구원이 없는 것이다. 구약성경에서 계속 외치신 말씀이다: "나 외에는 다른 이가 없느니라!"

너희가 하나님을 누구와 같다 하겠으며, 무슨 형상에 비기겠느냐? 너희가 나를 누구에게 비기며 나로 누구와 동등 되게 하겠느냐? 누가 이 일을 행하였느냐? 누가 이루었느냐? 누가 태초부터 세대들을 불렀느냐? 나 여호와 곧 처음에도 나요, 나중에 있을 자도 나 곧 그니라. 나는 여호와니 이는 내 이름이라. 나는 내 영광을 다른 자에게, 내 찬송을 우상에게 주지 아니하리라. 나는 여호와 네 하나님이요 이스라엘의 거룩한 자요 네 구원자임이라. 나 곧 나는 여호와라. 나 외에 구원자가 없느니라. 너희의 대속주요, 이스라엘의 거룩한 자 여호와가 말하노니…… 나는 여호와 너희의 거룩한 자요 이스라엘의 창조자요 너희 왕이니라. 이스라엘의 왕인 여호와, 이스라엘의 대속주인 나 만군의 여호와가 말하노라. 나는 처음이요 나는 마지막이라. 나 외에 다른 신이 없느니라(사 40:25; 41:4; 42:8; 43:3, 11, 14, 15; 44:6).

네 대속주요 모태에서 너를 조성한 나 여호와가 말하노라. 나는 만물을 지은 여호와라. 내가 홀로 하늘을 펴고 땅을 베풀었을 때 누가 나와 함께 있었느냐? 나는 여호와라, 나 외에 다른 이가 없나니 나밖에 신이 없느니라…… 여호와는 하늘을 창조하신 하나님이시며 땅도 조성하시고 만드시며 견고케 하시되 헛되이 짓지 아니하시고 사람으로 거하게 지으신 자시니라. 그 말씀에 "나는 여호와라 나 외에 다른 이가 없느니라." 땅끝의 모든 백성아, 나를 앙망하라, 그리하면 구원을 얻으리라, 나는 하나님이라 다른 이가 없음이니라……. 너희가 나를 누구에게 비기며, 누구와 짝하며, 누구와 비교하여 서로 같다 하겠느냐? 나는 하나님이라 나 외에 다른 이가 없느니라. 나는 하나님이라 나 같은 이가 없느니라. 내가 그니 나는 처음이요 또한 마지막이라. 모든 육체가 나 여호와는 네 구원자요 네 대속주요 야곱의 전능자인 줄 알리라. 나는 여호와 네 하나님이라. 물결로 흉용하는 바다를 잠잠케 하는 자니 내 이름은 만군의 여호와니라. 너를 지으신 자는 네 남편이시라. 그 이름은 만군의 여호와시며 네 대속주는 이스라엘의 거룩한 자시요 온 세상의 하나님이라 칭함을 받으실 것이며 네 대속주 여호와의 말이니라…… 나 여호와가 네 구원자, 네 대속주 곧 야곱의 전능자이신 줄 알리라(사 44:24; 45:5, 18, 25; 46:5, 9; 48:12; 49:26; 51:15; 54:5, 8; 60:16).

신명기 6장 4절, "들으라! 이스라엘아! 우리 하나님 여호와는 한 분 여호와시니" 그렇다. 한 분이신 여호와 하나님이 우리를 창조하신 창조주시며, 우리를 대속하시는 대속주시며, 장차 오셔서 세상을 심판하실 하나님이시다.

요한복음 5장 39절에 "너희가 성경에서 영생을 얻는 줄 생각하고 성경을 상고하거니와 이 성경이 곧 내게 대하여 증거하는 것이니라." 예수님은 구약성경이 본인 자신을 증거하는 것이라고 말씀하고 있다. 그렇다면 구약의 여호와 하나님이 예수님 본인을 가리킨다고 말씀하고 있다.

구원자 여호와 하나님께서 정말 우리를 구원하시기 위해 이 세상에 오셨을 때에 "여호와는 구원이시다"라는 이름 예수라 불리신 것이다.

"그러나 우리가 아직 죄인이었을 때에 **그리스도**께서 우리를 위하여 죽

으심으로, **하나님**께서 우리에 대한 자신의 사랑을 확증하셨느니라"(롬 5:8)
우리의 죄를 위해 죽으신 분은 그리스도이신데 그분의 죽으심으로 하나
님께서 우리에 대한 자신의 사랑을 확증하셨다고 한다. 그리스도가 하나
님이 사람 되신 분이 아니라면 그리스도께서 우리 죄를 위해 죽으셨는데
그것이 어떻게 하나님의 사랑을 확증한 것이 될까? 그러나 그리스도는 하
나님이 사람 되신 분이라면 그리스도께서 우리를 위해 죽으신 것은 우리
에 대한 하나님의 사랑이 확증된 것이 맞는 것이다. 하나님이 사람 되시
지 않으면 우리를 위해 죽으실 수 없기 때문이다.

유대인의 왕으로 나신 이가 누구인가? 예수 아닌가? 풍랑을 잔잔케 하
시는 이가 누구인가? 예수 아닌가? 죽은 자를 살리는 이가 누군가? 예수
아닌가? 우리의 구원이 누구인가? 예수 아닌가? 우리의 신랑 되신 분이 누
구인가? 예수 아닌가?

그러면 하나님은 몇 분인가? 한 분이시다. 신명기 6장 4절과 같이 "들으
라 이스라엘아 우리 하나님 여호와는 한 분 여호와시니……" 한 분뿐이신
전능자 여호와 하나님께서 우리를 구원하시기 위해 친히 사람이 되신 것
이다. 우리는 그분을 예수라 부른다. 그러므로 여호와 하나님과 예수는
동일하신 하나님이다.

그것을 신약에서는 이런 식으로 표현하고 있다: "태초에 그 말씀이 계
시니라. 그 말씀이 하나님과 함께 계셨으니 그 말씀은 곧 하나님이시니
라…… 만물이 그로 말미암아 지은 바 되었으니, 지은 것이 하나도 그가
없이는 된 것이 없느니라…… 그 말씀이(하나님이) 육신이 되어 우리 가
운데 거하시매 우리가 그의 영광을 보니 아버지의 독생자의 영광이요 은
혜와 진리가 충만하더라."

하나님과 하나님의 아들이라는 타이틀은 완전히 다른 타이틀이다. 만약에 태초에 하나님과 하나님의 아들이 동시에 계셨다면 요한복음 1장 1절을 다음과 같이 기록했어야 한다: "태초에 그 말씀이 계시니라, 그 말씀이 하나님과 함께 계셨으니 그 말씀은 곧 하나님의 아들이시라…… 만물이 그로 말미암아 지은 바 되었으니, 지은 것이 하나도 그가 없이는 된 것이 없느니라…… 그 말씀이 (하나님의 아들이) 육신이 되어 우리 가운데 거하시매 우리가 그의 영광을 보니 아버지의 독생자의 영광이요 은혜와 진리가 충만하더라." 그런데 성경에 보면 그 말씀이 곧 하나님이시라고 했고, 그 말씀 곧 하나님이 육신이 되어 우리 가운데 거하셔서 그때부터 하나님의 그 아들, 독생자가 되신 것이다.

"요한이 대답하되 '나는 선지자 이사야의 말과 같이 여호와의 길을 곧게 하라고 광야에서 외치는 자의 소리니라'"(요 1:23) 요한이 여호와의 길을 예비했다면 요한은 여호와 하나님이 사람 되어 오시는 것을 선포했다는 말이고, 요한의 뒤에 오신 예수님은 여호와 하나님이 사람 되신 분이 맞는 것이다.

"너희가 만일 내가 그인 줄 믿지 아니하면 너희가 너희 죄 가운데서 죽으리라. 나는 처음부터 너희에게 말하여 온 자니라. 너희는 인자를 든 후에 비로소 내가 그인 줄 알리라…… 너희 조상 아브라함은 나의 때 볼 것을 즐거워하다가, 역시 보고 또한 기뻐하였느니라"(요 8:24, 25, 28, 56)—아브라함이 언제 예수님의 때 볼 것을 즐거워하다가 보고 기뻐하였는가? 모리아 산에서 이삭을 번제로 드릴 때였다. 아브라함은 선지자인고로 하나님께서 자신이 오셔서 그 산에서 친히 보이실 것의 모형으로 아브라함에게 이삭을 바치라고 하셨던 것임을 깨달은 것이다. 그리고 그곳의 이름을 여호와 이레—"보이실 여호와"라고 했던 것이다.

하나님은 영이시고 우리는 혈과 육인데 어떻게 하나님이 우리에게 보이실 수 있는가? 하나님이 육체가 되시지 않는 이상 하나님은 자신을 우리에게 보이실 수 없다. 그러므로 여호와 이레—'보이실 여호와'는 하나님이 사람 되실 것에 대한 약속인 것이다. 그리고 사람이 되어서 우리에게 보이신 여호와 하나님이 예수 그리스도이신 것이다.

요한복음 10장 30절에서는 "나와 아버지는 하나이니라" 하셨는데—사람의 지혜로 하나님을 알 방법이 없고 사람의 언어로 하나님의 본질을 설명할 방법이 없다. 그 말씀이 곧 하나님이시고 하나님은 영이시다. 이것을 설명할 수 있는 사람이 누가 있는가?

하나님은 영이시다. 영존하신 하나님은 우주에 충만하시다. 하나님이 사람이 되실 때에 영존하신 하나님이 없어지신 것이 아니다. 그분만이 하실 수 있는 신비한 능력으로 자신을 비워 종의 형체를 가져 사람의 모양으로 만들어지셨다. 그렇다고 영존하시는 분이 어디로 사라진 것이 아니다. 이것이 신비 그 자체인 것이다. 하나님이 계시는데 또 하나님이 사람이 되셨다. 사람이 되신 하나님은 그 때부터 하나님의 그 아들로 불리우신다. 이제는 하나님이 계시고 하나님의 그 아들이 계시게 된 것이다. 다윗의 그 뿌리가 계시는데, 다윗의 그 뿌리가 또한 다윗의 그 아들이 되신 것이다.

이것을 어떻게 인간의 지혜로 알 수 있겠는가? 이것을 어떻게 인간의 언어로 설명할 수 있겠는가? 그저 신비 그 자체일 뿐이다. 그래서 하나님이 사람 되신 것을 크고 놀라운 비밀이라고 말하는 것이며, 그리스도의 신비, 그 복음의 비밀이라고 말하는 것이다. 우리에게는 그저 신비 그 자체일 뿐이다. 영존하시는 아버지가 한 아기로 한 아들로 오셨고 그분이 예수이시다. 그러므로 예수님은 "나와 아버지는 하나다"라고 말씀하시는 것이다.

"나는 부활이요 생명이니 나를 믿는 자는 죽어도 살겠고 무릇 살아나 나를 믿는 자는 영원히 죽지 아니하리라"(요 11:25-26)—부활이요 생명이라는 말이 무슨 의미인가? 영원한 생명이시라는 이야기다. 영원한 생명이신 하나님은 자신이 영원한 생명 그 자체이시기 때문에 사람이 되실 필요가 없으시다. 그분은 원래 영존하시고 영원하시다. 그런데 그분이 자녀로 만든 사람들은 영생을 잃고 모두 죽음을 두려워하여 마귀의 종 노릇을 하게 되었다. 그래서 하나님이 사람이 되신 것이다. 사람에게 있어서 영생이란 부활을 의미한다. 모두가 한 번은 죽음을 경험하기 때문이다. 그런데 죽음이 끝이 아니라 죽은 자가 다시 살아서 영원히 산다는 것을 보여 주시기 위해 하나님이 친히 사람이 되신 것이다. 그래서 자신을 부활이요 생명이라고 하신 것이다. 그리고 예수님을 부활과 생명으로 마음에 믿는 자들은 그 마지막 날 다 살리시겠다고 약속하신 것이다. 하나님이 사람이 되어 이 땅에 오신 이유는 우리에게 영원한 생명 곧 부활 생명을 주시기 위함이다.

"종려 가지를 들고 맞으러 나아가 크게 외쳐 "호산나, 찬송하리로다! 여호와의 이름으로 오시는 이 곧 이스라엘의 왕이여!" 하더라(요 12:13).—이스라엘의 왕, 유대인의 왕, 야곱의 왕, 평강의 왕, 만왕의 왕이 누구신가? 홀로 한 분이신 여호와 하나님이시다. 그리고 여호와 하나님은 자신이 친히 사람이 되어 나타나실 것을 미리 약속하셨고, 그 약속의 성취가 바로 임마누엘—우리와 함께 하시기 위해 사람 되어 오신 여호와 하나님, 여호와의 이름으로 오신 예수 그리스도이신 것이다.

요한복음 12장 41절은 이사야 6장 1, 9-10절을 인용했다: "이사야가 이렇게 말한 것은 예수의 영광을 본 후에 그를 가리켜 말한 것이라."—이사야는 보좌에 앉으신 만군의 여호와 하나님을 뵈었다. 그리고 사도 요한은 성령의 감동으로 그분이 바로 사람 되어 오신 예수님이신 것을 알고 "이사야가 이렇게 말한 것은 예수의 영광을 본 후에 그를 가리켜 말한 것이다"라고 기록했다.

"나를 본 자는 아버지를 보았느니라"(요 14:9)—영존하신 아버지가 한 아기로, 한 아들로 오신 분이 예수님이시기 때문에 "나를 본 자는 아버지를 보았다"라고 하시며, "나와 아버지는 하나다"라고 말씀하신다.

"이 영생은 곧 유일하신 참 하나님과 아버지께서 보내신 자 예수 그리스도를 아는 것이니이다"(요 17:3)—예수님은 참으로 영존하시는 아버지가 사람 되신 분이시고 사람이 되실 때에 하나님의 아들이 되신 것이다. 이것은 신비이고 비밀이다. 그런데 예수님이 부활하신 후에 제자들에게 나타나셔서 구약성경: 자신에 대해 기록한 모세의 글과 시편과 선지자들의 글을 친히 풀어 주셨다. 그래서 예수님을 향해 도마가 "나의 주재 곧 나의 하나님이시니다"라는 고백을 하게 되는 것이다. 요한도 "그 참되신 자 곧 참 하나님이요 영원한 생명이신 그의 아들 예수 그리스도"(요일 5:20)라고 고백을 했고 유다는 "유일하신 주재 하나님 곧 우리 주 예수 그리스도"(유 4:25)라고 기록했다. 바울도 로마서 9장 5절에 그리스도는 "만물 위에 계셔서 세세에 찬송 받으실 하나님이시니라. 아멘" 하고 기록했다.

그러므로 예수는 구약의 여호와 하나님이 사람 되신 분이시다.

(2) 그리스도의 뜻

그리스도를 사전에서 찾아보면:

Χριστός ⟨5547⟩ 크리스토스 {khris-tos}

⟨5548⟩에서 유래; '기름 부음 받은', 즉 '메시야', 예수의 칭호, 그리스도 ⟨마 1:1; 롬 1:1⟩ 형용사. the anointed, the Messiah, Christ;

그리스도="기름 부음 받은"

1) 메시야, 하나님의 아들

2) 기름 부음 받은 자

성경에 기름 부음을 받는 직분은 세 가지 직분이 있다: 제사장이 될 때 기름 부음을 받고, 선지자를 세울 때 기름 부어 세우고, 또 왕을 세울 때 역시 기름 부어 세운다. 그러므로 그리스도라는 말은 어떤 한 사람이 제사장과 선지자와 왕의 직분을 하기 위해 기름 부음을 받고 등장하실 것이라는 의미이다. 그러나 한 사람이 제사장과 왕을 겸한다는 것은 제도적으로 불가능하게 되어 있다. 제사장은 항상 레위 지파 중에서 아론의 자손이래야 제사장을 할 수 있게 되어 있고 다른 지파의 사람들은 절대 제사장이 될 수 없다. 왕권은 유다 지파 중에서 다윗의 자손들이 유대인의 왕권을 취하게 되어 있기 때문에 한 사람이 제사장과 왕을 겸하는 일은 불가능하게 되어 있다.

그렇다면 어떻게 예수께서 그리스도, 즉 제사장과 왕으로 기름 부음을 받은 자가 되었다는 것인가?

인간의 왕들은 죽으면 누군가 대를 이어 왕이 되어야 한다. 그래서 끊임없이 새로운 왕이 등장하게 된다. 그러나 하나님이 사람이 되셔서 왕이 되시면 영원한 왕이 되신다. 죽음이 없으시기 때문에 다른 사람이 왕이 되고 또 다른 사람이 왕이 되는 일이 없는 것이다. 다윗의 보좌에 영원히 앉으실 분은 다윗이 아니라 다윗의 뿌리가 다윗의 자손 되신 분이시다. 다윗은 죽어 그의 무덤에 있지만 다윗의 뿌리가 다윗의 자손 되신 분은 무덤 안에 계시지 않는다. 그분은 죽음을 이기고 승리하셨기 때문에 그분의 무덤은 빈 무덤이고 그분의 보좌는 영원한 보좌이다.

그분이 다윗의 보좌에 앉아 영원히 다스리기 위해 여고냐의 저주가 있었던 것처럼 그분이 영원한 대제사장이 되시기 위해 율법을 폐하시고 새 언약을 주셨다.

히브리서 7장 11-28절을 살펴보자:

11만약 레위 계통의 제사 직분을 통하여 온전함을 받을 수 있었다면 (이는 백성이 그 아래서 율법을 받았음이니) 어찌 아론의 서열을 따라 부르심을 받지 않고 멜기세덱의 서열을 따른 별다른 한 제사장을 세울 필요가 있었느냐? 12제사장직이 바뀌었은즉 율법도 또한 바뀔 필요가 있나니 13이런 것들이 가리켜 말하고 있는 그분은 아무도 제단 일을 섬긴 일이 없는 다른 지파에 속하였기 때문이니라. 14우리 **주**께서 유다 지파에서 나신 것이 분명하도다. 이 지파에는 모세가 제사장직에 관하여 말한 것이 하나도 없으나 15멜기세덱과 같은 별다른 한 제사장이 일어난 것을 보니 더욱 더 분명하도다. 16그는 육적인 계명의 법을 좇아 된 것이 아니고, 오직 영원한 생명의 능력을 좇아 된 것이니 17이는 **하나님이 증거하사** '너는 멜기세덱의 서열을 따른 **영원한 제사장**이라' 하심과 18이전의 계명이 연약하고 무익하므로 그것을 과연 폐하신 것이니라. 19율법은 아무것도 온전하게 못했으나 그것이 더 좋은 소망을 가져왔으므로 이로 말미암아 우리가 **하나님**께 나아가느니라. 20또한 이것도 맹세 없이 된 것이 아니니 21(저들은 실로 맹세 없이 제사장이 되었으나, 오직 **예수**는 '**여호와**께서 맹세하시고 후회하지 아니하시리니 너는 멜기세댁의 서열을 따른 **영원한 제사장**이라' 하신 **하나님**의 맹세로 되신 것이니라.) 22이렇게 **예수**는 더 좋은 언약의 보증이 되셨느니라. 23또 제사장 된 자들의 수가 실로 많은 것은 그들이 죽음을 인하여 항상 있지 못함이로되 24이분은 영원히 계시고 그의 제사장직도 영원히 변치 아니하므로 25이로써 이분은 자기를 힘입어 **하나님**께 나아오는 자들을 마지막 사람까지 구원하실 수 있나니 이는 그가 항상 살아 계셔서 저희를 위하여 간구하심이니라. 26이러한 **대제사장**은 우리에게 합당하니 곧 거룩하시고 순결하시며 더러움이 없으시고 죄인에게서 성별되시고 하늘보다 높이 되신 자라. 27이분은 저 대제사장들처럼 먼저 자기 죄를 위하고 다음에 백성의 죄를 위하여 날마다 제물을 드릴 필요가 없으시니, 이는 그가 단번에 자신을 드려 이 속죄를 이루셨음이니라. 28율법은 약점 있는 사람들을 대제사장으로 세웠거니와 율법 후에 하신 맹세의 말씀은 영원히 온전케 되신 **아들**을 세우셨느니라.

그리고 히브리서 8장 7-9, 13절:

7만약 그 첫 언약이 흠이 없었다면, 둘째 것을 요구할 일이 없었을 것이나 8그러나 첫 것을 허물하여, 그들에게 이르시되 '보라, 날이 이르리니, 나 **여호와**의 말이니라, 그때에는 내가 이스라엘 집과 유다 집으로 새 언약을 세우리니 9이것은 내가 그들의 손을 잡고 애굽 땅에서 인도하여 내던 날에 그 조상들과 세운 언약을 따른 것이 아니라. 그들이 내 언약 안에 머물러 있지 아니하므로 내가 그들을 돌아보지 아니하였노라. 나 **여호와**의 말이니라.' 13여기서 '새 언약'이라 말씀하셨으니, 이는 **하나님이** 첫 것을 폐기하신 것으로 이제 그것은 낡아지고 쇠하게 되어 곧 없어지게 될 것이니라.

대제사장직을 사람들이 하게 되면 연약하고 불완전하여 죽으면 또 다른 사람이 이어서 해야 하고, 그 사람이 죽으면 또 다른 사람이 해야 하는 것이다. 그래서 첫 번째 언약은 아무것도 온전케 할 수 없는 연약하고 무익한 것이므로 이것을 폐하시고 완전하고 영원한 생명의 능력으로 새 언약을 맺으시고 그 새 언약 안에서 멜기세덱의 서열을 따른 영원한 제사장을 세우셨다는 것이다. 그분이 곧 예수 그리스도이신 것이다.

왕의 경우에도 인간 왕은 불완전하고 연약해서 공평과 정의로 다스리지도 못하고 왕이 죽으면 또 다른 왕이 필요하고 온전하게 다스리지도 못한다. 그러므로 완전하고 영원한 왕이 필요함으로 다윗의 뿌리이신 하나님이 친히 다윗의 자손이 되어 다윗의 보좌에 영원히 앉아 세상을 공평과 정의로 다스리시겠다는 것이다.

선지자는 하나님의 말씀을 대언하는 기능을 하는 자들이다. 히브리서 1장 1-2절에 "옛적에 선지자들로 여러 시대에 여러 모양으로 조상들에게 말씀하신 **하나님**이 이 마지막 날에 **아들**로 우리에게 말씀하셨으니 그가 이 **아들**을 만유의 상속자로 세우시고 또 저로 말미암아 세계도 지으셨느니라." 여기서 마지막 날에 아들로 말씀하셨다는 의미가 무엇인가? 하나님이 사람이 되셔서 직접 우리에게 말씀하셨다는 이야기다. 이제는 더 이상 선지자들이 필요하지 않다. 그분이 친히 오셔서 직접 말씀하셨기 때문이다.

"**대주재 여호와의 영**이 내게 임하셨으니 이는 **여호와**께서 내게 기름을 부으사 가난한 자에게 아름다운 소식을 전하려 하심이라. 나를 보내사 마

음이 상한 자를 고치며 포로 된 자에게 자유를, 갇힌 자에게 놓임을 전파하며……."(사 61:1)

성경 전체를 살펴보면 그리스도는 여호와 하나님이 사람 되신 분이라는 의미를 담고 있다. 다윗의 뿌리가 다윗의 자손 되신 분이라는 뜻이다. 사람이 되실 때에 기름 부음을 받으시고 그리스도가 되신 것이다: "내가 내 거룩한 산 시온에서 나의 왕에게 기름을 부었다" 하시도다. 내가 칙령을 전하노라. 여호와께서 내게 이르시되 "너는 내 아들이라 오늘날 내가 너를 낳았도다"(시 2:7)

예수님께서 유대인들에게 그리스도에 대해서 이렇게 질문하신다: 그리스도가 뉘 자손이냐? 모두가 다 "다윗의 자손이니이다"라고 대답을 한다. 그들에게 다시 질문하신다: "다윗이 그리스도를 주라 불렀으면 어떻게 그의 자손이 되겠느냐?" 아무도 대답하는 자가 없었다. 이것이 그리스도의 신비요 그 복음의 신비이기 때문이다.

그렇다. 그리스도는 다윗의 주재이신 다윗의 뿌리, 다윗의 창조주 하나님이 다윗의 자손 되신 분을 지칭하는 타이틀이다. "나 예수는 내 천사를 보내어 교회들을 위하여 이것들을 너희에게 증거하게 하였노라. 나는 **다윗의 그 뿌리요 그 자손이니** 곧 광명한 새벽별이니라."(계 22:16)

그렇다면 예수는 그리스도라는 의미가 예수는 다윗의 그 뿌리가 다윗의 그 자손 되신 분이라는 뜻이다. 앞에서 하나님의 그 아들의 의미를 살펴보았듯이 하나님의 그 아들이라는 타이틀 역시 하나님이 사람 되신 분이라는 뜻이다. 하나님의 그 아들은 그리스도와 같이 하나님이 사람이 되셨을 때에 받으신 타이틀이다. 하나님이 사람 되신 분이 누구이신가? 하나님은 한 분이신 여호와이심으로 여호와 하나님이 사람 되셨고 사람 되신 하나님을 예수라고 부르는 것이다.

그러므로 "예수는 하나님의 그 아들 그리스도"라고 하는 말은 예수는 하나님이 사람 되신 분, 다윗의 뿌리가 다윗의 자손 되신 분이라는 의미이다.

사도 요한이 요한복음을 기록한 이유를 이렇게 말하고 있다: "오직 이것을 기록함은 너희로 예수께서 하나님의 아들 그리스도이심을 믿게 하려 함이요 또 너희로 믿고 그 이름을 힘입어 생명을 얻게 하려 함이니라"(요 20:31)—예수께서 하나님이 사람 되신 분이심을 믿게 하려고 기록했다는 사실이다.

3) 동방의 박사들과 유대인의 왕

그 누가 아기 예수를 하나님이 사람 되신 분이라고 알 수 있을까? 아무도 알 수 없는 인간 세상에서 유대인의 왕이 나신 것을 알고 아기 예수를 경배하기 위해 찾아온 사람들이 있었으니 그들은 동방에서 온 박사들이었다.

예루살렘에 사는 제사장들, 서기관들, 율법사들 등 성경의 박사들은 아무도 모르고 있는 사실을 동방의 박사들이 어떻게 알고 찾아왔을까?

예수님이 탄생하시기 6세기 전 경 예루살렘이 바벨론 느부갓네살에 의해 멸망하기 전 첫 번째 포로로 바벨론에 끌려간 유대인들 중에 소년 다니엘이 있었다. 다니엘과 그의 세 친구들은 바벨론의 박사로 훈련을 받고 느부갓네살을 섬기게 되었다. 어느 날 느부갓네살이 꿈을 꾸고는 바벨론의 모든 박사들에게 자신이 꾼 꿈이 어떤 꿈인지 알아 맞히면 해석도 바르게 할 것이라고 믿는다면서 자신이 밤에 어떤 꿈을 꾸었는지를 알아 맞히라는 것이다. 아무도 그 꿈을 맞추지 못하면 모든 박사들을 다 죽이라는 명이 떨어졌다.

어젯밤 꿈에 내가 무슨 꿈을 꾸었는지 맞출 수 있는 사람이 세상에 어디 있겠는가? 그런데 느부갓네살은 바로 그것을 요구하고 있었던 것이다. 바벨론의 모든 박사들이 죽을 위기에 처했을 때에 하나님께서 다니엘에게 나타나셔서 느부갓네살이 어떤 꿈을 꾸었는지 그리고 그 꿈의 의미는 무엇인지를 다 보여 주시고 가르쳐 주셨다.

다니엘은 느부갓네살 앞에 나아가서 그가 꾼 꿈을 정확하게 이야기해 주고 그 꿈의 의미를 설명해 주었다. 그러자 느부갓네살은 다니엘에게 절을 하고 다니엘에게 그 꿈을 계시해 주신 하나님을 찬양하며 다니엘을 높여 바벨론 모든 박사들의 어른이 되게 하고 바벨론 온 도를 다스리게 하였다.

이런 일이 세상에 어디 있는가? 이 소식을 전해들은 바벨론의 박사들은 다니엘을 어떤 인물로 생각했을까? 다니엘을 함부로 대할 수 있는 사람은 아무도 없게 되었다. 아마 바른 생각을 가진 사람들이라면 다니엘에게 배우고 싶다는 생각이 들었을 것이다. 그리고 다니엘 입장에서 생각해 보면 바벨론 모든 박사들을 지도하는 위치에서 그들에게 무엇을 가르쳐 주고 싶었을까? 하나님의 말씀을 가르쳐 주며 하나님을 섬기는 법과 하나님께서 계시로 주신 모든 말씀들을 상세하게 가르쳐 주었을 것이다. 그리고 그 중심에 유대인의 왕 여호와 하나님께서 성육신 하실 것을 가르쳤을 것이다.

다니엘은 바벨론 느부갓네살 때부터 시작해서 메대왕 다리오를 거쳐 바사왕 고레스 시대까지 왕들을 섬기며 영향력을 미쳤다. 다리오 시대에는 신하들의 모함을 받아 예루살렘을 향하여 기도한 것을 빌미로 사자 굴에 던져졌지만 사자들은 다니엘을 해하지 못했다. 오히려 다니엘을 참소한 총리들과 그의 식구들이 사자 굴에 던져져 사자밥이 되는 일이 있었다. 이러한 일들로 인하여 갈대아 지방의 박사들은 다니엘을 모르는 사람들이 없었을 것이고, 그에 대한 소문과 그의 가르침은 대를 이어 동방의 박사들에게 전해지게 되었을 것이다. 동방의 박사들 중에 다니엘에 대한 이야기를 정말 믿었던 사람들은 다니엘 9장의 내용을 기초로 그가 가르쳐 준 유대인의 왕 메시아가 언제쯤 세상에 오시게 될지를 계산해서 알았을 것이고, 그때쯤 살았던 동방의 박사들은 메시아가 오실 때가 되었음을 알고 하늘을 관찰하며 표적을 찾고 있었을 것이다.

마침내 하늘에서 유대인의 왕이 나실 표적—그의 별 곧 "광명한 새벽별"이 나타나자 동방의 박사들은 그의 별을 따라 예루살렘에까지 와서 사람 되신 여호와 하나님 곧 유대인의 왕이 세상에 나신 하나님의 그 아들 그리스도께 경배를 드리고 돌아갔던 것이다.

여기서 한글 성경은 "유대인의 왕으로 나신 이"라고 번역을 했다. 그러나 좀 더 정확하게 번역을 하자면 유대인의 왕으로 나신 것이 아니라 유대인의 왕이 나신 것이다.

λέγοντες, Ποῦ ἐστιν ὁ τεχθεὶς βασιλεὺς τῶν Ἰουδαίων;

saying, where is he who is born—king of the Jews?

말하되, 나신 이가 어디 계시냐—유대인의 왕? (유대인의 왕이 나셨으니 그가 어디 계시냐?)

εἴδομεν χὰρ αὐτοῦ τὸν ἀστέρα ἐν τῇ ἀνατολῇ, καὶ ἤλθομεν προσκυνῆσαι αὐτῷ.

for we saw his star from the east, and we have come to worship Him.

우리가 그의 별을 동방에서부터 보고, 우리가 그에게 경배하러 왔노라.

동방의 박사들이 예루살렘에 온 목적은 너무나 분명하다. 그들은 유대인의 왕이 되기 위해 태어난 한 아기를 보기 위해 700마일이나 되는 먼 길을 온 것이 아니다. 유대인들은 로마의 지배를 받고 있는 아주 조그마한 나라이다. 그러므로 유대 땅에 한 아기가 태어났다고 그에게 경배하러 찾아온다는 것은 말이 되지 않는다. 그들이 만약 다니엘의 가르침을 받지 못했다면, 그래서 유대인의 왕이신 여호와 하나님이 만왕의 왕이시며 인간 나라를 다스리시는 지존자시며 전능자 하나님이시며 때가 되면 한 아기로, 한 아들로 오신다는 것을 몰랐다면, 어찌 그분에게 경배하기 위해서 찾아올 수 있다는 것인가? 경배는 신에게 하는 것이다. 그렇다! 그들은 유대인의 왕이신 여호와 하나님이 한 아기로 한 아들로 태어나신 것을 알았기 때문에 경배하기 위해 찾아왔다.

그러면 한 아기로, 한 아들로 태어나신 유대인의 왕이 누구신가?

"또한 **여호와**께서 우리의 방패시요 이스라엘의 **거룩한 자**가 **우리의 왕**이심이라"(시 89:18)

"**여호와**께서 네 심판을 제하셨고 네 원수를 쫓아 내셨으며 **이스라엘의 왕 여호와**께서 너희 중에 계시니 네가 다시는 악을 보지 아니할지라……
너희 가운데 계신 **여호와 네 하나님**은 구원을 베푸실 **전능자**시라"(습 3:15,17)

"시온의 딸아, 크게 기뻐할지어다. 예루살렘의 딸아, 즐거이 부를지어다. 보라, **네 왕**이 네게 임하나니 그는 공의로우시며 구원을 베풀며 겸손하여서 나귀를 타시나니 나귀의 작은 것 곧 나귀새끼니라……."

"**여호와**께서 온 땅의 **왕**이 되시리니 그 날에는 **여호와**께서 홀로 하나이실 것이요, 그 이름이 홀로 하나이실 것이며……."(슥 9:9, 14:9)

"**만군의 여호와**께서 시온산과 예루살렘에서 **왕**이 되시고 그 장로들 앞에서 영광을 나타내실 때에 달은 수치를 당하고 해는 부끄러워하리라"(사 24:23)

"대저 우리의 **재판장 여호와**, 우리의 **입법주 여호와**, 우리의 **대왕 여호와**, 그가 우리를 구원하실 것임이니"(사 33:22)

"나 **여호와**가 말하노니 너희는 소송을 일으키라. 야곱의 **왕**이 말하노니 너희는 확실한 증거를 보이라"(사 41:21)

"나는 **여호와** 너희의 **거룩한 자**요 이스라엘의 **창조자**요 너희 **왕**이니라"(사 43:15)

"**이스라엘의 왕**인 **여호와**, 이스라엘의 **대속주**인 나 **만군의 여호와**가 말하노라. 나는 처음이요 나는 마지막이라. 나 외에 다른 신이 없느니라"(사 44:6)

누가 유대인의 왕이신가? 여호와 하나님이 이스라엘의 왕이시며, 야곱의 왕이시며, 유대인의 왕이시며, 평강의 왕이시며, 만왕의 왕이시고 온 땅의 왕이시다. 여호와 하나님은 홀로 한 분이시며, 기묘자이시며, 모사이고, 전능하신 하나님이시며, 영존하시는 아버지이시고, 평강의 왕이시며, 유대인의 왕이시다. 그래서 이분이 '다윗의 보좌'에 앉으시는 것이다.

여호와는 몇 분이신가? 홀로 한 분이시다. 그러면 마태복음 2장 2절에 "태어나신 유대인의 왕"은 여호와 하나님이 한 아기로, 한 아들로, 다윗의 혈통으로 나신 영존하시는 아버지이신 것이다.

예수의 뜻은 여호와는 구원이라는 뜻이다. 그리스도의 뜻은 하나님이 사람 되신 분 혹은 다윗의 뿌리가 다윗의 자손 되신 분이란 뜻이다. 그러므로 예수 그리스도는 "여호와 하나님께서 우리를 구원하시기 위해 다윗의 자손으로 오신 분"이라는 뜻이다.

이것이 그 복음의 신비인 것이다. 어떻게 뿌리가 아들이 될 수 있는가? 어떻게 영존하시는 아버지가 한 아기, 한 아들이 되실 수 있는가?

로마서 9장 5절에 바울은 그리스도에 대해 이렇게 기록했다: "육신으로 하면 **그리스도**가 저희에게서 나셨으니 저는 (**그리스도**는) 만물 위에 계셔서 세세에 찬송 받으실 **하나님**이시니라. 아멘."

만물 위에 계셔서 세세에 찬송 받으실 하나님이 누구신가? 여호와 하나님 아니신가? 영존하시는 아버지 아니신가? 그런데 육신으로 하면 그리스도가 저희에게 (유대인에게) 나셨으니(마 2:2)……. "유대인의 왕이 나셨으니……."

요한이 대답하되 "나는 선지자 이사야의 말과 같이 **여호와**의 길을 곧게 하라고 광야에서 외치는 자의 소리니라"(요 1:23) 요한은 여호와의 길을 예비하기 위해 먼저 온 자이다. 그렇다면 요한의 뒤에 오시는 분은 여호와 하나님이신 것이다. 누가 요한의 뒤에 오셨는가? 예수 그리스도이시다. 그러므로 예수는 여호와 하나님이 사람 되신 분이시다.

"종려 가지를 들고 맞으러 나아가 크게 외쳐 '호산나, 찬송하리로다! **여호와의 이름으로 오시는 이 곧 이스라엘의 왕이여!**' 하더라"(요 12:13)—예수님은 스가랴 9장 9절을 성취하시기 위해 나귀새끼를 타고 예루살렘에 입성하셨고, 사람들은 예수님을 향해 "여호와의 이름으로 오시는 이 곧 이스라엘의 왕이여"라고 소리쳤다. 예수님은 여호와 하나님이 사람 되신 분이시며, 다윗의 뿌리시며 유대인의 왕이신 분이 다윗의 혈통을 따라 한 아기로, 한 아들로 우리에게 오신 분이시다.

4) 보이실 여호와

아브라함이 이삭을 모리아산에서 번제로 드리려고 할 때에 하나님은 한 숫양을 예비하셨고, 아브라함은 이삭을 대신하여 한 숫양을 태움제로 드렸다. 그리고 그곳의 이름을 "여호와 이레"라고 불렀다. 번역을 하면 "여호와께서 친히 보이시리라, 혹은 보이실 여호와"라는 뜻이다.

하나님께서 우리에게 보이시는 방법은 우리가 볼 수 있도록 사람이 되시는 것이다. 그러므로 "보이실 여호와"—여호와 이레는 여호와 하나님이 사람 되실 것을 미리 약속하신 것이다.

"너희 조상 아브라함은 나의 때 볼 것을 즐거워하다가, 역시 보고 또한 기뻐하였느니라"(요 8:56)—이 말씀은 바로 아브라함이 모리아 산에서 이삭을 번제로 드릴 때에 그것이 모형이라는 것을 알아 버렸던 것이다. 이삭을 번제로 드리면 하나님이 살리실 것을 확신했던 아브라함은 이것이 미래적으로 여호와 하나님이 친히 이 산에서 인류의 죄를 위해 번제로 드려지시고 다시 사실 것을 미리 보고 기뻐하였다는 것이다.

모리아 산에서 이삭을 번제로 드리는 사건은 "죽음"에 초점이 맞추어진 사건이 아니라 죽이면 하나님이 다시 살리시리라는 데 초점이 맞추어진 사건이다. 그래서 아브라함은 여호와의 때 볼 것을 즐거워하다가 역시 보고 기뻐하였다고 하는 것이다. 아브라함이 "죽음"만 보았다면 기뻐할 수 있을까? 기뻐할 수 없었을 것이다. 그러나 아브라함은 이삭을 죽이면 다시 살리실 하나님, 죽은 자를 살리시는 하나님을 본 것이다. 그래서 기뻐했다. 그리고 그곳 이름을 여호와 이레―보이실 여호와―우리를 위한 속죄양으로 준비되어서 후에 이 산에서 친히 죽으시고 부활하실 여호와, 그렇게 세상에 보이실 여호와를 보고 기뻐하였던 것이다. 만약에 죽음으로 끝나는 것을 보았다면 어떻게 기뻐하겠는가? 아브라함은 다윗이 그리스도의 부활을 미리 보았던 것처럼, 그 산에서 이삭을 번제로 드릴 때에 그리스도의 부활을 미리 보고 기뻐하였던 것이다.

그러므로 예수 그리스도는 아브라함을 통해 모리아 산에서 친히 보이실 것이라고 약속하셨던 바로 그 여호와 하나님이 사람이 되어 우리에게 친히 보이신 분이시다.

5) 예수님의 자기 증명

"이날 곧 그 주의 첫날 저녁때에 제자들이 유대인들을 두려워하여 모인 곳에 문들을 닫았더니, 예수께서 오사 가운데 서서 이르시되 '너희에게 평강이 있을지어다!' 이 말씀을 하시고 예수께서 그들에게 손과 옆구리를 보이시니, 제자들이 주님을 보고 기뻐하더라……. 여드레를 지나서 다시 제자들이 집안에 있었고 도마도 함께 있었더니 문들이 닫혔는데, 예수께서 오사 가운데 서서 이르시되 '너희에게 평강이 있을지어다!' 하시고 다시 도마에게 이르시되 '네 손가락을 이리 내어 내 손을 보고, 네 손을 내밀어 내 옆구리에 넣어 보라. 그리하고 믿음 없는 자가 되지 말고 믿는 자가 되

라' 하시니……."(요 20:19-20, 26-27)

요한복음을 기록한 이유에 대해서 20장 31절에 "오직 이것을 기록함은 예수께서 하나님의 그 아들 그리스도이심을 믿게 하려 함이요 또 너희로 믿고 그 이름을 믿고 생명을 얻게 하려 함이라" 했다.

요한은 예수님이 하나님의 그 아들 그리스도이심을 증명하기 위해서 복음서를 써내려 갔다. 1장부터 시작을 해서 예수님이 하나님이 사람 되셔서 하나님의 그 아들 그리스도 되셨다는 것을 "태초에 말씀이 계셨는데 이 말씀이 하나님과 함께 계셨고 이 말씀이 곧 하나님이시다" 이렇게 시작을 한다. 하나님이 사람이 되신 것도 "그 말씀 (하나님)이 육신이 되어 우리 가운데 거하시매" 그런데 그 말씀 (하나님)이 육신이 되어 하나님의 그 아들로 우리 가운데 거하신 그분이 온 우주 만물을 창조하신 하나님이시다. 그분이 전능자 하나님이시고 이 전능자 하나님이 사람이 되신 것이다. 우리의 눈으로 보기에는 이분이 우리와 하나도 다름이 없는 똑같은 사람인데 우리와 똑같은 사람을 어떻게 하나님이라고 부를 것인가?

요한은 복음서에 예수님 자신이 자신에 대해서 나는 누구다(Ἐγώ εἰμι 에고 에이미),라는 문체를 써서 예수님이 자기자신에 대해서 나는 누구라는 자기주장을 펴 나가듯 썼다.

4장부터 예수님 자신이 내가 그리스도라고 밝히신다: 수가성 여인과의 대화 속에서 여자가 예수께 이렇게 말한다: "메시야 곧 그리스도라 하는 분이 오실 줄을 내가 아노니 그분이 오시면 모든 것을 우리에게 고하시리라." 그러자 예수님께서 이렇게 말씀하신다: "너에게 말하는 내가 그니라." 내가 그리스도니라 이렇게 여기서 밝히시는 것이다. 내가 바로 네가 기다리고 있던 그 메시아이다. 내가 메시아야, 내가 그리스도라고 밝히신다.

그리고 요한복음 5장 39절에 성경이 나에 대해 증거하는 것이고 모세가 나에 대해서 기록을 한 것이라고 말씀하신다.

6장에서부터 "Ἐγώ εἰμι"(에고 에이미)라는 표현―(나는 무엇이다)―이 나온다: "ἐγώ εἰμι ὁ ἄρτος τῆς ζωῆς. I AM the Bread of Life" 나는 생명의 (그) 떡이다.

8장에는 내가 세상의 (그) 빛이다: "Ἐγώ εἰμι τὸ φῶς τοῦ κόσμου I AM the Light of the world;" 나는 세상의 (그) 빛이니라.

그리고 굉장히 중요한 표현을 하셨다: 내가 너희들이 하나님이라고 부르는 여호와 내가 그니라, I AM HE. "너희가 만일 내가 그인 줄 믿지 아니하면 너희가 너희 죄 가운데서 죽으리라"(요 8:24).

또 8장 58절에 "εἶπεν αὐτοῖς ὁ Ἰησοῦς, Ἀμὴν ἀμὴν λέγω ὑμῖν, πρὶν Ἀβρ―αὰμ γενέσθαι, ἐγώ εἰμι." 예수께서 그들에게 말씀하셨다: "진실로 진실로 내가 너희에게 말한다: 아브라함이 나기 전 '나는 이니라.'" 신학적으로는 정확한 표현이다: Before Abraham was I AM.―여기서 "I AM"은 출애굽기 3장 13절에 "I AM Who I AM"이라고 말씀하신 자신이 바로 여호와이심을 말씀하신 것이다.

10장에서 나는 양의 (그) 문이다(Ἐγώ εἰμι ἡ θύρα τῶν προβάτων), 그리고 나는 선한 (그) 목자다(ἐγώ εἰμι ὁ ποιμὴν ὁ καλός) 그리고 유대인들 편에서 보면 엄청난 주장을 하신다: "나와 아버지는 하나이니라(ἐγώ καὶ ὁ πατὴρ ἕν ἐσμεν―I and the Father are one.)"

11장 25절: 나는 (그) 부활이요 (그) 생명이다. (Ἐγώ εἰμι ἡ ἀνάστασις καὶ ἡ ζωή―I AM the resurrection and the Life)

14장 6절에서는 나는 (그) 길이요 (그) 진리요 (그) 생명이다. (Ἐγώ εἰμι

ἡ ὁδὸς καὶ ἡ ἀλήθεια καὶ ἡ ζωή—I AM the Way, the Truth, and the Life.)

15장에서는 나는 (그) 참 포도나무요. (Ἐγώ εἰμι ἡ ἄμπελος ἡ ἀληθινή —I AM the true Vine)

18장 37절에서는 너의 말과 같이 내가 왕이니라. (Σὺ λέγεις, ὅτι βασιλ— εύς εἰμι ἐγώ—You say, that I am a king)

예수는 이렇게 자기 자신에 대해 주장을 하셨다. 보통 사람들이 나는 누구라고 자기 자신을 소개할 때 할 수 있는 그런 주장들이 아니다.

만약에 사람들이 당신은 누구입니까? 라고 물으면 당신은 당신 자신을 어떻게 소개할 것인가?

"나는 산 떡이다, 나는 세상의 빛이다, 나는 길이고 진리고 생명이다, 나는 부활이고 생명이다" 이렇게 자기 자신을 소개하고 주장할 사람이 세상에 어디에 있겠는가!

내가 세상의 떡이다, 내가 세상의 빛이다, 내가 양의 문이다 이런 것들은 굉장히 추상적이다. 어떻게 보면 나는 부활이요 생명이다, 라는 것도 추상적으로 받아들일 수가 있다. 사람을 어떻게 길, 혹은 진리, 또는 생명이라고 할 수 있을까? 이런 표현들은 다 추상적인 느낌을 주는 주장들이다.

부활도 실제가 아니라면 이것도 추상이다. 그런데 예수님께서 주장하신 것들이 그냥 추상적인 개념이 아니라 실제라고 하는 것을 우리에게 보여 주셨다. 그것이 바로 죽은 자들 가운데서 부활하시는 것이다.

예수님은 자신이 죽은 자 가운데서 다시 살아나셔서 그동안 자신이 자기에 대해 주장해 왔던 모든 것들이 추상적인 개념이 아니라 사실임을 증

명해 주셨다: 내가 생명의 떡이다, 내가 세상의 빛이다, 내가 양의 문이다, 내가 선한 목자다, 내가 참 포도나무야, 내가 길이고, 진리고, 생명인 거야…… 이것이 다 실제라고 하는 것을 증명하신 것이다.

사람들이 죽는 방법은 다양하다. 예수님도 죽는 방법은 너무나도 다양한데 그중 그분이 택하신 방법이 십자가에 죽는 것이다. 십자가에 달려 죽으실 때 손과 발에 못이 박히고, 예수님이 죽으신 후에 죽은 것을 확인하기 위해서 로마 군인이 창으로 옆구리를 찔러서 물과 피가 다 쏟아져 나왔다. 심장이 파열됐다는 증거이다. 의학적으로 확실하게 죽으신 것이다. 그래서 무덤에 장사를 지냈다. 그런데 이분이 살아나셨다는 것이다.

만약에 완전히 죽었다는 흔적을 남기지 않고 죽는 방법: 예를 들면 독극물로 죽거나, 심장마비로 죽는 방법으로 죽으셔서 완전히 죽었다는 흔적이 남아 있지 않았다면 예수님이 부활하신 후에 "이 분이 진짜 죽었다가 살아났을까?" 하고 의심할 여지가 있다. 죽었다는 확실한 흔적이 없이 죽었다 다시 살았다고 주장하면 저분이 진짜 죽었던 거 맞아? 하고 의심할 수 있는 것이다. 그런데 예수님께서 십자가에 이런 죽음을 택하신 데에는 분명한 이유가 있다.

진짜 죽었던 그분이 부활하신 것이다, 그래서 이분이 진짜 부활이고 생명이다, 이것을 증명하려면 못 자국이 있어야 하고 창 자국이 있어야 하는 것이다. 그래서 예수님께서 제자들에게 나타나셔서 손과 옆구리를 보여 주셨다.

그동안 교회들이 부활의 관점에서 성경을 풀어서 예수님을 증명했더라면 이단들이 등장하지 못했을 것이다. 이단들이 등장을 해서 교주들이 자기를 재림 예수라고 해도, 다윗의 혈통이래야 하고 또한 못 박힌 흔적이 있어야 하고 옆구리에 창 자국이 있어야 하는 것이다. 예수님이 재림하실 때 그 흔적 없이 오실 것 같은가? 그분이 다시 오실 때 분명히 그 흔적을 가지고 오실 것이다.

예수님이 재림하실 때에도 그분이 확실하게 재림하셨다는 것을 어떻게 알까? 그분에게 흔적이 있는 것이다. 못 자국과 창 자국이 있는 것이다. 그래서 정말 이분이 십자가에 죽으셨다가 다시 사셨구나 하고 너무나 확실하게 증명이 되는 것이다.

사람이 태어나면 태어나자마자 출생신고를 한다. 그리고 살면서 자기의 신분을 증명할 수 있는 신분증을 가지고 있다. 누구나 다 자기를 증명할 수 있는 신분증이 있다. 그래서 신분증으로 사용할 수 있는 것이 출생증명서나 면허증이나 여권을 가지고 자신을 증명하는 수단으로 제시한다. 이 사람이 어느 나라의 국민이고 주민이고 어디에 거주하고 있고 이런 것들을 증명하기 위해서 자신의 고유 번호를 가지고 산다. 그래서 그 번호를 넣으면 이 사람에 대한 신상명세가 나온다: 누구이고 어디에 살고 직업은 무엇이고 이런 것들이 다 나온다.

예수님 당시에도 성전 옆에 House of Record라는 게 있었다. 출생을 하면 어느 지파 누구의 아들이다 라는 것을 신고한다. 그런데 예수님의 주장은 증명할 방법이 없다. 예수님이, 이 성경은 다 나에 관해서 기록하고 증거하고 있는 거야, 내가 산 떡이다. 내가 생명의 떡이다. 나는 세상의 빛이다. 내가 그니라. 아브라함이 나기전에 내가 있느니라. 나는 양의 문이다. 나는 선한 목자다. 내가 부활이고 생명이다. 나는 길이요 진리요 생명이다. 나는 참 포도나무다. 나와 아버지는 하나다. 나는 왕이다, 네가 말한 것처럼 내가 왕이다. 이것을 증명할 방법이 있어야 하는 것이다.

부활이 추상이 아니라 실제이고 현실이란 것을 증명해 주시기 위해 친히 십자가에 죽음을 택하시고 죽으셨다가 사흘만에 부활하셨고 이 땅에 계시면서 자기가 자기 자신에 대해서 주장했던 모든 것들이 추상적인 개념이 아니라 사실임을 증명해 주셨다.

"고난 받으신 후에 또한 저희에게 확실한 많은 증거로 친히 사심을 나타내사 40일 동안 저희에게 보이시며 하나님 나라의 일을 말씀하시니라"(행 1:3)

자기의 살아나심을 어떻게 나타내 보이셨는가? 흔적이 없이 죽으셨다면 '진짜 죽은 거 맞아?' 이런 의심을 품을 수 있다. 그런데 예수님이 십자가에 죽으셨기 때문에 그리고 창으로 옆구리를 찔리셨기 때문에 그런 의심이 없는 것이다. 그 흔적을 가지고 살아나셨다. 그가 죽었던 흔적을 보여 주셨다.

"나는 처음이요 나중이니 곧 산 자라 그러나 **내가 죽었었노라.** 내가 진실로 세세 무궁토록 살아 있어 음부와 사망의 열쇠를 가지고 있나니……" (계 1:17, 18)

"처음과 나중이요 **죽었다가 살아나신 이가** 이같이 말씀하시되"(계 2:8)— 자신이 여호와라는 표현이다.

구약에서 여호와 하나님에 대해서 "내가 처음과 나중이니라, 내가 시작과 끝이니라," 이것이 여호와 하나님이라는 표현이다. 그런데 이분이 친히 사람이 되셔서 내가 죽었었노라, 죽었다가 살아났다는 것이다. 그 흔적이 몸에 있어야 하는 것인데, 부활하신 증거로 제자들에게 이 흔적을 보여 주신 것이다.

요한이 여러가지 기적 행하신 것들을 2장 가나의 혼인 잔치에서 물로 포도주를 만드신 것부터 시작을 해서 예수님께서 기적 베푸신 것들을 죽 나열을 하다가 맨 마지막에 죽은 자 가운데서 살아나신 것을 나타내 보이셨다. 내 손을 만져 봐라, 내 옆구리에 너희들의 손을 넣어 봐라, 그리고 믿음 없는 자가 되지 말고 믿는 자가 되라고 하신다. 확실한 증거를 보여 주시고 믿으라고 하신다.

예수님이 자기 자신에 대해서 주장하신 모든 것을 증명한 결정적인 사건이 무엇인가? 부활이다. 만약 부활이 안 됐으면 예수님이 하나님의 아들 그리스도이심을 증명할 방법이 없는 것이다. 요한은 정말 예수님이 죽은 자 가운데서 부활하셨기 때문에 "이것을 기록함은 너희로 예수께서 하나님의 그 아들 그리스도이심을 믿게 하려 함이요"라고 하는 것이다.

만약에 부활이 아니라면 아무것도 증명이 될 수 없다. 부활이 아니라면 무엇을 가지고 증명을 할 수 있겠는가?

"그 복음은 하나님이 그의 선지자들을 통하여 성경에 미리 약속하신 그의 아들에 관한 것으로 그가 육신으로는 다윗의 혈통에서 나시고 성결의 영으로 죽은 자들 가운데 부활하셔서 능력으로 하나님의 아들로 인정되셨으니 곧 예수 그리스도 우리 주님이시라"(롬 1:2-4) 부활의 능력으로만 하나님의 그 아들로 인정이 되실 수 있는 것이다.

그러므로 부활의 능력이 아니면 예수를 하나님의 그 아들 그리스도로 인정할 수 없는 것이다. 그런데 예수님께서 부활하심으로 예수님의 자기 주장이 사실로 증명이 된 것이다.

6) 하나님의 영 vs. 적그리스도의 영

"**하나님의 영**은 이것으로 아나니 곧 **예수 그리스도가 육체로 오신 것을** 시인하는 영마다 **하나님**께 속한 것이요 **예수 그리스도가 육체로 오신 것을** 시인하지 않는 영마다 **하나님**께 속한 것이 아니니, 이것이 곧 적그리스도의 영이라. 그것이 오리라 한 말을 너희가 들었거니와 이제 벌써 세상에 있느니라"(요일 4:2-3)

"세상에 속이는 자들이 많이 들어왔으니 **예수 그리스도가** 육체로 오심을 부인하는 자들이라. 이것이 속이는 자요 또한 적그리스도니"(요이 2:7)

예수 그리스도가 육체로 오신 것이란 곧 성육신을 의미하는 것이고, "하나님이 육체가 되실 것에 대한 예언" 그러면 생각나는 대표적인 구약 성경이 이사야 7장 14절이다. "보라, 처녀가 잉태하여 아들을 낳을 것이요 그의 이름을 임마누엘이라 하리라." 그리고 이사야 9장 6절이다: "이는 한 아기가 우리에게 났고 한 아들을 우리에게 주신 바 되었는데 그 어깨에는 정사를 메었고 그의 이름을 **기묘자**라 **모사**라 **전능하신 하나님**이라 **영존하시는 아버지**라 **평강의 왕**이라 할 것임이라."

여기서 너무나 분명한 것은 한 아기, 한 아들이 되어 우리에게 오실 분이 전능하신 하나님, 영존하시는 아버지라는 사실이다. 영존하시는 아버지를 우리는 하나님 아버지라 부른다. 하나님 아버지를 성부라 표현한다. 한 아기, 한 아들이 되신 분은 성자 하나님이 아니라 성부 하나님이신 것이다. 영존하시는 아버지께서 한 아기, 한 아들이 되시면서 받으신 타이틀이 하나님의 그 아들, "The Son of God"인 것이다.

그러므로 예수 그리스도가 육체로 오신 것을 부인한다는 것은 곧 영존하시는 아버지가 한 아기로, 한 아들로 오신 것을 부인하는 것이고, 이것이 곧 적그리스도의 영이라고 가르쳐 주신다.

7) 다윗의 뿌리요 자손

예수님은 계시록 22장 16절에 "나 **예수**는 내 천사를 보내어 교회들을 위하여 이것들을 너희에게 증거하게 하였노라. 나는 **다윗의 뿌리요 자손**이니 곧 광명한 **새벽별**이니라"고 하셨다. 교회들을 위하여 증거하게 하신 것이 무엇인가? 나 예수는 다윗의 뿌리요 자손이라는 것이다. 영어로는 I am the Root and the Offspring of David이다. And는 뿌리이면서 자손이라는 것이다.

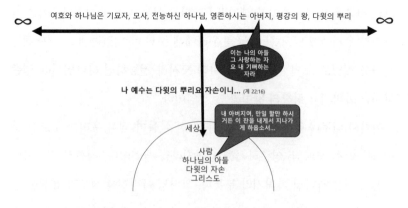

뿌리는 영존하시는 아버지이고 자손은 아들이다. 뿌리는 하나님이고 자손은 사람이다. 그러므로 예수는 영존하시는 아버지(다윗의 뿌리)이신 동시에 다윗의 그 자손이신 것이다. 예수는 전능하신 하나님(다윗의 뿌리)이신 동시에 하나님의 그 아들이신 것이다.

요한계시록 1장 17, 18절에 보면 나는 처음이요 나중이니 곧 산 자라 그러나 내가 죽었었노라. 내가 진실로 세세 무궁토록 살아 있어 음부와 사망의 열쇠를 가지고 있나니……하고 말씀하신다.

"처음이요 나중"이란 말은 곧 여호와라는 말이다. "그러나 내가 죽었었노라"는 여호와 하나님이 사람 되셨었다는 이야기이다. 여호와 하나님이 사람 되신 분을 우리는 예수라고 부른다. 그리고 예수님은 우리 죄를 인하여 십자가에 죽으셨다 우리를 의롭다 하시기 위해 성경대로 사흘 만에 다시 살아나신 분이시다. '내가 죽었었노라'라는 말은 내가 죽었다가 살아나셨다는 말이다. 죽은 자 가운데서 부활하신 분이 누구신가 예수 그리스도이시다. 그러므로 "예수 그리스도가 육체로 오신 것"은 곧 전능하신 하나님, 영존하시는 아버지, 여호와 하나님이 육체로 오신 분이심을 의미하는 것이다. 그리고 예수가 정말 하나님이 사람 되신 하나님의 그 아들이신지 확증하는 사건이 부활사건이다. 그러므로 예수 그리스도께서 육체로 오신 것을 믿는다'는 의미는 영존하시는 아버지가 한 아기, 한 아들로 오신 것을 믿는다는 의미이며, 이것은 예수 그리스도의 부활을 통해 확증해 주신 것이다.

하나님은 몇 분이신가? 한 분이시다. 우리 하나님 여호와는 한 분 여호와시다. 그리고 여호와 하나님은 기묘자, 모사, 전능하신 하나님, 영존하시는 아버지, 평강의 왕, 다윗의 뿌리, 이스라엘의 왕, 창조주이시며 구원자이시다. 우리가 믿는 하나님은 사람 되신 하나님 곧 예수 그리스도를 믿는 것이다. 사람 되신 하나님 예수는 다윗의 그 뿌리이시며 동시에 다윗의 그 자손이시다!

6과.
성령에 대하여

신론, 기독론을 그 복음과 뗄 수 없는 것처럼 성령론 역시 그 복음과 분리해서 생각할 수 없는 부분이다. 성령은 하나님의 영이시며, 진리의 영이시며, 그리스도의 영이시다. 또한 "보혜사"라고도 하신다. 우리를 돕는 분이시라는 뜻이다. 아버지께서 보내신다고도 표현하시고 예수님 자신이 승천하신 후에 보내시겠다고도 하신다. 그러나 하나님의 말씀을 하나님과 분리해서 생각할 수 없듯이 하나님의 영을 하나님과 떼어서 생각할 수 없는 것이다. 요한복음 4장 24절 말씀과 같이 하나님은 영이시다: God is Spirit—Πνεῦμα ὁ Θεός—헬라어나 영어에는 대문자와 소문자의 구분이 있어서 하나님의 영과 다른 영을 소문자와 대문자로 구분하지만 우리 말은 대문자 Spirit을 성령으로 번역했다. 여기서도 일관성 있게 하나님은 성령이시다 라고 번역해야 할 것이다. 하나님의 본질이 거룩한 영이심을 나타내 주는 말씀이다.

그리스도께서 이 땅에 계실 때에는 그리스도의 몸이신 예수님 안에 충만히 계시던 성령께서 예수님이 승천하신 후에는 그리스도의 두 번째 몸인 교회에 임하신 것이다.

태초에 하나님이 천지를 창조하실 때에 하나님의 영이 수면에 운행하셨다고 나온다. 인간을 구원하는 재창조 사역에도 성령께서 친히 그 복음을 선포케 하시고, 세상을 죄와, 의와 심판에 대하여 책망하신다. 부활의 증인들을 통하여 그 복음을 마음에 믿은 사람들의 마음에 임하여 성령으로 거듭나게 하셔서 지상에 그리스도의 몸 된 음부의 권세가 이기지 못하는 그 교회를 세우시는 사역을 하고 계신다.

1) 성령의 핵심 사역

성령께서 오시면 하시는 일이 무엇일까?

성령의 가장 우선적이고 핵심적이고 중점의 사역은 "예수를 증거"하는 것이다. 예수님은 요한복음 15장에서 성령께서 오시면 무엇을 하실지 미리 말씀하셨다. "보혜사 곧 아버지께로서 오시는 진리의 영이 오실 때에 그가 나를 증거하실 것이요!"(요 15:26); "보혜사가 오셔서 죄에 대하여, 의에 대하여, 심판에 대하여 세상을 책망하시리라!"(요 16:8); "오직 성령이 너희에게 임하시면 너희가 권능을 받고 예루살렘과 온 유대와 사마리아와 땅끝까지 이르러 내 증인이 되리라!"(행 1:8)

성령께서 오셔서 하시는 사역의 가장 우선적이고, 핵심적이고, 중대한 사역은 예수를 증거하는 일이다. 예수를 증거하는 것과 세상을 책망하는 것은 다른 일 같으나 알고 보면 같은 일이다. 성령께서 세상을 어떻게 책망하시는가? 예수를 증거하심으로 세상을 책망하신다.

세상에 예수를 증거하실 때 역시 부활 선포를 통해 예수가 하나님의 그 아들 그리스도이심을 증거하신다. 또한 부활 선포를 통해 예수께서 우리의 죄를 대속하시고 부활생명을 주시기 위해 세상에 오신 전능하신 하나님, 영존하신 아버지께서 사람 되신 분이심을 증거하신다.

처음 성령께서 강림하실 때에 예수의 부활을 목격한 사람들에게 임하시고 권능을 주셔서 예수의 부활을 선포하게 하셨다. 그들의 부활선포를 통해 마음으로 예수의 부활을 믿는 사람들에게 성령께서 임하시고 권능을 주셔서 그들 또한 예수의 증인들로 삼아 예수의 부활을 선포하게 하신다. 예수의 부활을 선포하는 일이야말로 성령께서 하시는 가장 중대하고 우선적이고 핵심 되는 사역이다.

이렇게 예수의 부활을 선포하실 때 성령께서 죄에 대하여, 의에 대하여, 심판에 대하여 세상을 책망하신다. "죄에 대하여라 함은 저희가 나를 믿지 아니함이요, 의에 대하여라 함은 내가 아버지께로 감으로 너희가 나를 더 이상 보지 못함이요, 심판에 대하여라 함은 이 세상 주관자가 심판을 받았음이니라"(요 16:9-11)

2) 죄에 대하여

성령께서 책망하시는 죄는 무엇인가?

"죄에 대하여라 함은 저희가 나를 믿지 아니함이요," 일반적으로 사람들이 생각하는 죄는 도둑질하거나 강도질하거나 사기를 치거나 하는 등의 나쁜 일, 다른 사람에게 해를 끼치고 나쁘게 하는 일을 생각한다. 그러나 성령께서 책망하시는 죄는 그런 것이 아니라 여호와 하나님이 사람이 되어 예수로 오시고 예수께서 사망을 삼키고 부활로 승리하셨는데도 불구하고 예수를 믿지 않는 것을 죄라고 책망하신다.

예수를 믿지 않는 것은 다시 말하면 예수의 부활을 (마음에) 믿지 않는 것이고 "내가 그니라"를 믿지 않는 것이다. 예수 믿지 않는 것을 죄라고 생각하는 사람들은 없을 것이다. 불교나, 힌두교나, 이슬람과 같이 예수를 믿고 안 믿고는 종교를 선택하는 자유라고 생각을 하지 예수 믿지 않는 것이 죄라고는 생각을 하지 않는다. 그리고 사람들이 생각하는 죄는 가시적으로 보여지는 죄의 열매들을 죄라고 생각한다.

그러나 잘 생각해 보면 죄는 두 파트로 나뉘어져 있다. 죄의 열매와 죄의 뿌리이다. 죄의 열매들은 우리의 눈으로 볼 수 있도록 나타나는 현상들이다. 도둑질, 강도, 폭력, 사기, 간음 등과 같이 일반적으로 우리가 죄라고 생각하는 모든 것들은 죄의 열매들이다.

죄의 뿌리는 사람의 눈에 보이지 않는 곳에 자리 잡는다. 사람들의 마음이다. 마음에 예수를 믿지 않는 것이 죄의 뿌리이다. 뿌리가 살아 있으면 아무리 열매를 제거해도 시간이 흐르면 또 열매가 맺힌다. 그러나 이런 죄의 열매들은 예수 안에서 절대로 생겨질 수 없는 것들이다. 그러므로 마음에 예수를 믿는다는 것은 죄의 뿌리를 제거하는 것이다. 뿌리가 죽으면 새로운 열매는 맺히지 않는다. 가지들이 마르고 잎이 시들고 시간이 지나면 열매들은 결국 다 떨어지게 된다. 그러므로 예수의 부활을 마음에 믿을 때 죄의 뿌리가 죽고 새로운 열매, 성령의 열매를 맺게 되는 것이다.

우리가 예수를 믿는다고 할 때, 예수의 부활을 마음에 믿는 것을 의미한다. 부활은 온 인류에 딱 한 분만 부활하셨다. 나사렛 예수시다. 자기 자신을 부활이요 생명이라고 주장한 사람은 예수 외에 아무도 없다. 아무도 자신이 죽음을 이기고 다시 살아날 능력이 없다는 것을 너무나 잘 알기 때문이다. 예수님만 자신을 부활이요 생명이라고 주장하셨다. 그분 역시 자신이 죽음을 이기고 부활하실 능력이 있음을 너무나 잘 알고 계시고 죽은 지 3일만에 부활하게 될 것을 너무나도 확실하게 알고 계시기 때문이다.

그러므로 우리가 예수를 믿는다고 할 때에는 예수께서 죽은 자들 가운데서 살아나신 것을 마음에 믿는다는 것을 의미한다. 예수께서 죽은 자를 살리시는 전능하신 하나님, 영존하시는 아버지가 다윗의 자손 되신 분이라는 것을 믿는 것이다. 그러므로 성령께서도 가장 우선적이고 핵심적으로 증거하시는 일이 예수의 부활을 선포하는 것이다.

하나님께서 구원받는 유일한 조건으로 세우신 것이 무엇인가? 구원받는 유일한 조건은 예수의 부활을 마음에 믿어야 구원을 받는다(롬 4:24, 10:9). 동정녀 탄생을 외치면 사람들이 구원받을 수 있나? 아니다. 십자가 고난과 죽음을 외치면 사람들이 구원받을 수 있나? 역시 아니다. 예수의 재림을 외치면 사람들이 구원받을 수 있나? 역시 아니다. 그러면 예수의 부활을 외치면 구원받을 수 있나? 그렇다! 예수의 부활을 믿게 하려면 예수의 부활을 선포해야 하는 것이 당연하다. 하나님은 모든 사람이 구원을 받으며 진리를 아는 데 이르기를 원하시기 때문에(딤전 2:4), 예수의 부활을 선포하는 일은 성령의 사역 중 가장 우선적이고, 핵심적이고, 중심에 있는 일이다. 그러므로 그 복음 선포 없이 일어나는 이적과 기사는 다 성령의 사역이 아닌 교회를 혼란스럽게 하기 위한 마귀 장난이라고 봐야 할 것이다.

교회는 오순절 성령께서 강림하신 후에 사도들이 예수의 부활을 선포함으로 세워졌다. 지금도 교회가 세워지는 일은 사도들이 선포했던 그 복음—예수께서 죽은 자 가운데서 부활하셔서 능력으로 하나님의 아들로 인정받아 예수님이 곧 전능하신 하나님이 다윗의 아들 되신 분이라는 것을 증명하신 것을 선포해야 음부의 권세가 이기지 못하는 주님의 교회가 세워지게 되는 것이다.

성령께서 예수를 증거하시는 방법은 사도행전 1장 8절에 나와 있다: "오직 성령이 너희에게 임하시면 너희가 권능을 받고 예루살렘과 온 유대와 사마리아와 땅끝까지 이르러 내 증인이 되리라." 증인이 "되어라"가 아니라 "되리라"이다. 성령이 임하시면 성령께서 임한 그 사람을 부활의 증인으로 만드신다는 의미이다.

3) 의에 대하여

"의"에 대하여라 함은 내가 아버지께 감으로 너희가 나를 더 이상 보지 못함이요.

죄가 있는 곳에는 하나님의 의가 공존할 수 없다. 하나님의 의는 죄의 문제가 100% 해결되야 드러난다. 죄가 조금이라도 있는 곳에는 하나님의 의가 드러날 수 없다. 하나님의 의가 무엇인지 모르면 아무리 의롭게 살려고 해도 그렇게 살 수 없다. 유대인들은 겉으로 보기엔 거룩한 것 같고, 종교적인 열심이 대단하지만 성경은 그들의 열심이 지식을 좇은 것이 아니기 때문에 자신의 의를 세우려고 하나님의 의를 순종치 아니한 것이라고 말한다(롬 10:2).

사람들이 생각하는 의는 종교적인 열심과 착한 일을 하고, 구제와 봉사의 일을 행하는 것이다. 그러나 착한 일은 얼마나 해야 의로운 것인가? 그리고 착한 일을 해서 의로워진다면 구원받는 것이 우리의 행위로 구원을 받게 된다는 의미다. 사람이 아무리 도덕적으로 깨끗하게 살아도 하나님 앞에서 100% 깨끗하고 거룩한 사람은 없다. 그러나 이제는 율법과 상관 없이, 우리의 행위와 전혀 상관없이 하나님의 의가 나타나게 된 것이다. 이것은 하나님께서 율법과 선지자들을 통하여 성경에 미리 약속하신 것으로 오직 예수 그리스도의 신실하심으로 말미암아 믿는 자 모두에게 미치는 하나님의 의인 것이다(롬 3:21-22).

로마서 10장 4절에 "그리스도는 믿는 모든 자에게 의를 이루기 위한 율법의 완성이시니라"고 했다. 우리가 구원받고 천국을 누리다 죽어서 천국에 가게 되는 이유는 죄로부터 100% 용서받고 100% 의롭게 되기 때문이다. 인간의 원죄는 아담으로부터 시작을 하지만 아담이 죄를 짓기 전에도 죄를 지은 존재가 있다. 바로 타락한 천사—루시퍼, 사탄이다. 그러므로 죄의 근원은 사탄이다. 죄를 없이 하고 100% 의롭게 되기 위해서는 사탄을 멸해야 되는 것인데, 인간은 아무도 마귀를 멸할 수 없기 때문에 하나님께서 친히 사람이 되신 것이다(히 2:14).

그러므로 우리가 100% 의롭게 되는 것은 오직 하나님의 의로만 가능한 것이다. 하나님의 의는 하나님께서 다윗의 자손이 되셔서 십자가에 죽으심으로 속죄의 제사가 되시고, 부활로 마귀를 멸하시고 사망을 폐하심으로 율법을 완성하시고 100% 의를 드러내신 것이다. 하나님께서 처음부터 끝까지 다 이루시고 우리에게는 그냥 마음에 믿기만 하면 하나님께서 이루신 하나님의 의를 우리에게 입혀 주시겠다는 것이다. 하나님의 의는 죄를 완전히 없애는 것이다. 왜냐하면 죄로 인해 사망이 들어왔기 때문이다. 죄를 없앤다는 것은 사망을 폐하신다는 것이다. 그런데 사망의 권세를 쥐고 흔드는 존재는 사탄 마귀인 것이다. 그러므로 사탄을 멸하지 않으면 죄의 문제가 해결되지 않고 그로 인해 하나님의 의가 드러나지 않게 된다. 그러므로 하나님은 사망을 삼키고 승리하시기 위해 사람이 되신 것이다.

하나님이 사람 되신 이유는 우리의 죄를 인하여 죽으시기 위한 것이 아니다. 우리 죄를 인해 죽으시는 것이 궁극적인 목표가 아니라 우리에게 영원한 생명을 주시기 위한 것이 궁극적인 목표이다. 부활로 사망을 삼키고 승리하셔서 사망 권세 잡은 자 마귀를 멸하시고 생명과 죽지 아니함을 드러내셔서 누구든지 예수께서 죽은 자 가운데서 부활하셔서 사망을 삼키고 승리하셔서 마귀를 멸하신 것을 마음에 믿는 자에게는 하나님의 의로 입혀 주시겠다는 것이다.

그러므로 의에 대하여 성령께서 세상을 책망하시는 것도 역시 세상이 예수 그리스도의 부활을 마음에 믿지 않는 것을 책망하시는 것이다. 그 복음을 선포할 때 예수 그리스도께서 부활로 마귀를 멸하신 하나님이 다윗의 자손 되신 그리스도이심을 드러내심으로 세상을 의에 대하여 책망하시는 것이다.

4) 심판에 대하여

"심판에 대하여라 함은 이 세상 주관자가 심판을 받았음이라." 이 세상 주관자는 마귀인데, 마귀가 무엇으로 심판을 받았는가? 예수의 부활로 심판을 받았다. 예수님이 부활하시지 않았다면 마귀는 심판을 받지 않게 된다. 그렇게 되면 마귀가 죄와 사망의 권세를 쥐고 영원히 왕 노릇 하게 되는 것이다. 그러나 마귀의 죄와 사망의 권세가 박살 나고 하나님의 의가 드러났을 때 사탄 마귀가 심판을 받은 것이다. 그러므로 예수의 부활을 선포할 때마다 세상을 심판하실 분은 죽은 자 가운데서 부활하신 예수이심을 선포하는 것이고 이미 사탄 마귀는 심판 받았음을 선포하는 것이다.

이렇게 성령께서 임하시면 권능을 주셔서 부활의 증인이 되게 하심으로 성령 받은 사람들이 예수의 부활을 선포할 때마다 예수께서 전능하신 하나님이 사람 되신 하나님의 아들 그리스도이심을 증거하는 동시에 세상에는 죄와, 의와, 심판에 대하여 책망하신다.

이렇게 세상을 책망하시는 일을 누구를 통해서 하시는가? 처음에는 예수의 부활을 직접 목격한 사람들을 통해서 예수의 부활을 선포하게 하셨고, 그 다음에는 그들의 증거를 듣고 예수의 부활을 마음에 믿은 자들을 통해 세상에 예수를 증거하시고 동시에 죄와 의와 심판에 대하여 책망하시는 것이다. 그러므로 성령이 임한 사람은 누구나 다 그 복음 선포자가 되고 부활의 증인이 되어 죄와 의와 심판에 대하여 세상을 책망하는 것이다.

5) 성령세례와 거듭남

성령의 임하심이 언제 어떻게 이루어지는가? 성령이 임하실 때 우리는 성령 세례를 받게 된다. 즉 성령으로 거듭나는 그 순간이 우리가 성령 세례를 받는 때이다. 그렇다면 어떻게 성령으로 거듭나게 되는 것인가?

성령으로 거듭남을 다루기 위해서는 요한복음 3장에 나오는 니고데모

이야기를 할 수밖에 없다. 니고데모는 바리새인으로서 유대인의 랍비이고 지도자였다. 그가 밤에 예수님을 찾아와 예수님을 하나님께로서 오신 선생으로 알고 있다고 말했을 때 예수님의 대답은 "사람이 물과 성령으로 나지 아니하면 하나님 나라에 들어갈 수 없느니라"고 하셨다.

물로 한번 태어났으면 성령으로 다시 태어나야 한다는 말씀이다. 육으로 난 것은 육이요, 성령으로 난 것은 영이니……. 육으로 한 번 태어났으면 이제는 성령으로 다시 태어나야 한다는 말씀이다.

육으로 태어나는 일이든, 영으로 거듭나는 일이든, 내가 스스로 태어날 수 없다. 성령께서 낳으셔야만 하나님의 자녀가 되는 것이다.

성령으로 거듭난다는 이야기는 바로 성령께서 낳으셔야 된다는 이야기다. "이들은 혈통으로나 육신의 뜻으로나 사람의 뜻으로 나지 아니하고 오직 하나님께로 난 자들이니라!"(요 1:13) 정확한 표현이다. 하나님의 자녀는 하나님께서 낳으시는 것이다.

성령으로 거듭난다는 것을 민수기 21장 8절을 인용하셔서 "모세가 광야에서 뱀을 든 것 같이 인자도 들려야 하리니 이는 저를 믿는 자마다 멸망치 않고 오히려 영생을 받게 하려 하심이니라"고 하셨다. 광야에서 이스라엘 백성들이 하나님을 향하여 원망할 때에 불 뱀이 나와서 사람들을 물어 죽게 되었다. 이들이 낫기 위해서 모세에게 놋으로 불 뱀을 만들어 장대 위에 달게 하고 뱀에 물린 사람들이 장대 위에 달린 뱀을 보기만 하면 낫게 하셨다. 예수님은 요한복음 3장에서 니고데모에게 성령으로 거듭나야 된다는 말씀을 하시면서 모세가 광야에서 뱀을 든 것 같이 인자도 들려야 하리라고 말씀을 하신다. 그리고 사람들이 장대에 달린 뱀을 보기만 하면 낫는 것처럼 예수님을 보기만 하면 거듭난다는 말씀을 하고 있는 것이다. 그 복음이 깨달아지기 전까지 나 역시 다른 사람들과 같이 이 본문이 예수님의 십자가를 의미하는 것이라고 해석을 했다. 그래서 십자가에 달린 예수를 바라보기만 하면, 예수가 우리를 위해 십자가에 죽으신 것을 믿기만 하면 구원을 받는다고 가르쳐왔다. 그러나 인자가 들린다는 것은 무덤에서 살아나와 하늘로 올리우시는 것을 의미하는 것이다. 부활하신 예수를 보기만 하면 산다는 이야기다. 예수의 부활을 보고 믿기만 하면 성령으로 거듭난다는 말씀을 하신 것이다.

야고보서 1장 18절에서는 "아버지께서 그 조물 중에서 우리로 한 첫 열매가 되게 하시려고 자신의 뜻을 따라 진리의 말씀으로 우리를 낳으셨느니라!"고 하셨다.

베드로전서 1장 23-25절에 진리의 말씀이 무엇인지를 설명해 준다: "너희가 거듭난 것이 썩어질 씨로 된 것이 아니요 썩지 아니할 씨로 된 것이니 곧 살아 계시고 영원히 거하시는 하나님의 말씀으로 되었느니라. 곧 모든 육체는 풀과 같고 사람의 모든 영광은 풀의 꽃과 같으니 풀은 마르고 꽃은 떨어지되 오직 여호와의 말씀은 영원토록 있도다 하심같이 너희에게 전한 그 복음이, 곧 이 말씀이니라!"

썩어질 씨는 무엇인가? 육체의 씨를 말한다. 썩지 아니할 씨는 무엇인가? 살아 계시고 영원히 거하시는 하나님의 말씀이며 그 복음이 곧 이 말씀이라고 하신다.

요한복음 1장 1, 14절에 "태초에 그 말씀이 계시니라. 그 말씀이 하나님과 함께 계셨으니 그 말씀은 곧 하나님이시니라……. 그 말씀(하나님)이 육신이 되어 우리 가운데 거하시매 우리가 그의 영광을 보니 아버지의 독생자(하나님이 사람 되신 분)의 영광이요 은혜와 진리가 충만하더라."

아버지의 독생자는 우리가 하나님의 그 아들에 관해서 이미 살펴보았듯이 하나님이 육신이 되시는 순간 아버지의 독생자가 되신 것이다. 그래서 요한복음 1장 18절에 "본래 하나님을 본 사람이 없으되 아버지 품 속에 있는 독생하신 그 아들이 하나님을 나타내셨느니라." 한 것이고, 이것을 빌립보서 2장에서는 "그는 근본 하나님의 본체시나 하나님과 동등됨을 취할 것으로 여기지 아니하시고 오히려 자신을 비어 종의 형체를 가져 사람의 모양으로 나타나셨으니……."라고 표현했다. 하나님 자신이 자신을 비어 종의 형체를 가져 사람의 모양으로 만들어지신 것이다. 바로 그 순간 하나님께서 하나님의 그 아들이 되신 것이고, 육신으로는 다윗의 그 아들이 되신 것이다. 이것이야 말로 우리가 풀 수 없는 신비 중의 신비인 것이다.

하나님께서 자신을 비우시고 종의 형체를 가져 사람의 모양으로 만들어지시고 십자가의 고난을 받으시면서까지 죽으시는 우리가 상상할 수 없는 대가를 치르신 후에 부활하신 것이다. 하나님께서 이렇게 엄청난 대가를 지불하신 이유는 그 만큼 우리를 사랑하시고 우리에 대한 자신의 사랑을 확증해 주시고(롬 5:8), 우리에게 영생을 주시길 원하시기 때문이다.

우리는 간절히 원하면 원할수록 많은 대가를 지불하고 원하는 것을 가지려고 한다. 하나님께서 대가를 지불하신 것을 조금이나마 바르게 생각을 해 본다면, 하나님이 얼마나 세상을 사랑하시는지, 그리고 얼마나 우리에게 영원한 생명을 주시기 원하시는지를 알 수 있다. 하나님은 모든 사람들이 구원을 받으며 진리에 이르기를 원하신다고 하셨다. 그것이 하나님의 마음이다(딤전 2:4).

그분의 간절한 소망은 우리에게 구원을 베푸시는 것이다. 구원이란 영원한 생명을 말한다. 영원한 생명은 부활생명이다. 즉 썩어질 몸을 썩지 아니하는 몸으로 바꿔 주시려고 그 엄청난 대가를 지불하신 것이다.

"나를 보내신 **아버지의** 뜻은 이것이니, 곧 내게 주신 자 중 내가 하나도 잃어버리지 않고 그 마지막 날에 다시 살리는 것이니라. 또 나를 보내신 이의 뜻은 이것이니 곧 **아들**을 보고 그를 믿는 자마다 영생을 주시는 것이라. 내가 그 마지막 날에 그를 살리리라"(요 6:39-40)

이렇게 하나님의 소원이 우리에게 영생을 주시는 것이라면 성령의 사역도 역시 우리에게 영생을 주시기 위한 사역이라야 한다.

하나님이 생명을 낳으실 때에는 썩지 아니할 씨로 생명을 낳으신다: "찬송하리로다! 우리 주 예수 그리스도의 아버지 하나님이 그 풍성하신 긍휼대로 예수 그리스도를 죽은 자 가운데서 다시 살리심으로 우리를 거듭나게 하사 산 소망을 갖게 하시며"(벧전 1:3)

우리를 거듭나게 하사를 영어로는 has begotten us로 번역했다—예수 그리스도께서 부활하심으로 우리를 낳으셨다는 말이다. 예수 그리스도께서 죽은 자 가운데서 부활하심으로 썩지 아니하는 씨 곧 영원한 생명의 씨가 되신 것이다. 그러므로 로마서 10장 9절 "하나님이 그를 죽은 자 가운데서 살리신 것을 네 마음에 믿으면 구원을 받으리니," 예수의 부활을 마음에 믿으면 썩지 아니할 씨로 잉태되어 성령으로 거듭나게 되는 것이다. 이때 비로소 하나님의 자녀로 태어나게 되는 것이다. 하나님의 자녀는 영원한 생명을 소유한 사람들이고, 그 영원한 생명은 부활생명인 것이다.

그러므로 성령께서 임하시게 된 사람들은 누구를 막론하고 부활생명을 가지게 되고, 부활생명을 가지게 된 사람들은 썩어질 세상에서 부활생명을 선포하고 살아가게 되는 것이다. 그것이 바로 사도행전 1장 8절의 성취인 것이다. 부활선포는 내가 하는 것이 아니다. 내 안에 계신 성령께서 나를 통해 하시는 것이다.

"세상은 자기의 지혜로 하나님을 알지 못하는 고로 하나님은 **그 복음 선포**의 미련한 것을 통하여 믿는 자들을 구원하시기를 기뻐하시느니라"(고전 1:21) 한글 성경은 "**그 복음 선포**"를 전도라고 번역했다. 그러나 원래의 뜻은 **그 복음 선포**이다. 그렇다. 하나님께서 사람들을 구원하시는 방법은 단순하다: 그 복음 선포이다. 그 복음을 선포하지 않으면 영혼 구원이 일어나지 않는다. 아무리 많은 기적을 베풀어도 구원은 일어나지 않는다. 그러므로 누군가가 그 복음을 선포할 때에 썩지 아니할 씨를 뿌리는 것이다. 그 복음의 씨를 준비된 누군가가 마음에 믿으면 구원을 받게 되는 것이다. 마음에 그 복음—예수 부활—을 믿을 때 성령으로 거듭나는 것이고 그 순간 하나님의 자녀로 태어나는 것이다. 하나님의 자녀로 거듭날 때에 성령을 받게 되는 것인데, 이것을 성령 세례라고 하는 것이다.

"그날에 많은 사람이 나에게 말하되 '**주**여, **주**여, 우리가 주의 이름으로 선지자 노릇 하며, 주의 이름으로 귀신을 쫓아 내며, 주의 이름으로 많은 권능을 행치 아니하였나이까?' 하리니 그때에 내가 저희에게 밝히 말하되 '내가 너희를 도무지 알지 못하니 불법을 행하는 자들아, 내게서 떠나가라' 하리라"(마 7:22-23)

"거짓 **그리스도**들과 거짓 선지자들이 일어나, 큰 표적과 기사를 보이어 할 수만 있으면 택하신 자들로 미혹케 하리라"(마 24:24)

거짓 선지자들이 사람들을 미혹하기 위해 동원하는 것이 무엇인가? 큰 표적과 기적이다. 사람들이 쉽게 미혹되는 것이 무엇인가? 어떤 표적과 기적이 일어나면 이런 것들을 성령께서 하신다고 생각을 하는 것이다. 그러나 성령께서 사람들을 구원하기 위해 동원하시는 것은 표적과 기사가 아니라 그 복음 선포이다.

많은 사람들이 주여, 주여 하면서 예수의 이름으로 예언도 하고, 귀신도 쫓아내고 많은 표적과 권능들을 행했지만 주님은 그들을 모른다고 하신다, 그리고 불법을 행했다고 하신다. 왜 그럴까? 사람들은 목사들이 유명해지면 타락한다고 생각하는데, 정말 영원한 생명, 부활생명을 가진 사람이 타락할 수 있을까? 정말 구원받은 주님의 교회가 타락할 수 있을까? 주님이 세우시는 교회는 음부의 권세가 이기지 못하는 교회이다. 그러므로 주님이 세우신 교회는 타락할 수 없는 특징을 가지고 있다. 그렇다면 이들은 애당초 주님의 일꾼들이 아니었다는 이야기가 된다. 마귀의 일꾼들이 예수의 이름으로 큰 표적과 기사를 보이어 사람들로 하여금 그 복음에서 떠나 미혹된 길을 따르게 하려는 것이다.

6) 성령의 열매

두 번째 성령의 사역은 성령의 열매를 맺으시는 것이다. 성령의 열매는 갈라디아서 5장 22-23절에 나오는 것처럼: 사랑, 희락, 화평, 오래 참음, 자비, 선함, 믿음(성실함), 온유와 절제같이 성품적이며 인격적인 요소들이다. "이 같은 것을 금지할 법이 없다"라고 단정짓고 있다.

그렇다 성령의 열매는 금지할 법이 없다. 왜냐하면 성령의 열매는 우리가 맺는 것이 아니라 우리 안에 계신 성령께서 맺으시는 것이기 때문이다. 에베소서 5장 9절에 "성령의 열매는 모든 선함과 의로움과 진실함에 있다"고 한다. 여기에는 타락할 자리가 없다. 오히려 타락한 사람들이 부패된 옛 사람을 벗어버리고 의와 진리의 거룩함으로 심령이 새롭게 되는 새사람, 새로운 피조물이 되는 것이다(엡 4:22-24).

사람이 성령으로 거듭나게 되면 하나님의 자녀가 된다. 하나님의 자녀들은 성령의 인치심을 받고 성령께서 내재하시는 성령의 전이 된다. 또한 음부의 권세가 이기지 못하는 그리스도의 몸 된 그 교회의 지체가 된다. 이것을 고린도후서 5장 17절에서는 새로운 피조물이 되는 것이라고 표현한다. 그리고 로마서 7장 4절에는 그리스도의 몸으로 말미암아 율법에 대하여는 죽고 죽은 자 가운데서 살아나신 이에게 연합되어 우리로 하나님께 열매를 맺게 하려 함이라고 기록하고 있다. 또한 고린도전서 6장 17절에는 "이와 같이 주님과 연합된 자는 주님과 한 영이니라."라고 했다.

"우리가 그리스도를 전파하여 각 사람을 권하고 모든 지혜로 각 사람을 가르침은 각 사람을 그리스도 예수 안에서 완전한 자로 세우려 함이니"(골 1:28)

"하나님의 능력으로 생명과 경건에 속한 모든 것을 우리에게 주셨으니 이는 우리를 영광과 덕으로 부르신 자를 아는 지식으로 말미암아 된 것이라. 이로써 그 보배롭고 지극히 큰 약속을 우리에게 주사 이 약속으로 말미암아 너희로 세상의 정욕으로 인한 썩어짐을 피하여 신의 성품에 참여하는 자들이 되게 하셨으니……."(벧후 1:3-4)

"우리가 다 하나님의 아들을 믿는 것과 아는 일에 하나가 되고 온전한 사람을 이루어 그리스도의 장성한 분량이 충만한 데까지 이를지니……." (엡 4:13)

그렇다. 우리는 한 번 예수의 부활을 마음의 눈으로 보고 마음에 믿게 되는 순간 완전히 새로운 피조물이 된다. 성령으로 거듭나고, 하나님의 자녀가 되어 새로운 피조물이 되고 예수 그리스도의 장성한 분량이 충만한 데까지 이르고, 신의 성품에 참여하는 자가 되고, 그리스도 예수 안에서 완전한 자로 세움을 입게 되는 것이다. 여기에는 타락이라는 것이 있을 수가 없는 것이다. 이 모든 것이 성령께서 우리 안에 계심으로 말미암아 그분이 친히 이루어 가시는 것이다.

성령으로 거듭난 사람이 타락할 수 있는가? 성령께서는 타락한 사람들을 하나님의 사람으로 온전케 하신다. 이것이 그 복음의 능력이고, 하나님의 능력이고, 성령의 능력이다. 성령께서는 온전케 된 사람들을 타락하게 하시지 않는다! "만일 그들이 주재시요 구주이신 예수 그리스도를 앎으로 세상의 더러움을 피한 후에 다시 그것에 얽매이고 넘어지면, 그들의 나중 형편이 처음보다 더 나쁘게 되리니 의의 도를 안 후에 그 받은 바 거룩한 계명을 저버리는 것보다 차라리 알지 못하는 것이 저희에게 나으리라. 그러나 참 잠언에 '개가 그 토한 것에 돌아가고 돼지가 씻었다가 진창에 도로 누웠다' 하는 말이 저희에게 응하였도다"(벧후 2:20-22)

베드로는 이 부분을 정확하게 지적했다. 사람이 온전해졌다가 타락할 수 없다는 이야기를 하는 것이다. 만약 구원받고 온전해진 것처럼 보였다가 타락하게 되었다면 그것은 그들이 새로운 피조물이 된 것이 아니기 때문이라는 것이다. 그들은 개가 그 토한 것에 돌아가고 돼지가 씻었다가 진창에 도로 누운 것'이라고 지적하고 있다. 그들은 새로운 피조물이 된 적이 없다는 이야기다. 성령으로 거듭난 적이 없기 때문에 타락한 자신의 본연의 모습으로 돌아가는 것이다.

에베소서 4장 22-24절에 "유혹의 욕심을 따라 구습을 좇는 부패된 옛 사람을 벗어 버리고 심령이 새롭게 되어 하나님을 따라 의와 진리의 거룩함으로 지으심을 받은 새 사람"이 되었다면 어떻게 다시 부패할 수 있을까? 그것은 불가능하다. 부패하는 것은 생명이 없기 때문에 부패하는 것이다. 영원한 생명이 있을 때, 부활 생명은 죽은 자를 살리는 능력이다. 허물과 죄로 죽었던 우리가 부활의 능력으로 살아나고 그리스도 안에서 새 생명을 갖게 되었다면 절대로 타락할 수 없는 것이다. 타락했다는 것은 그 안에 성령이 안 계시다는 의미이다. 그러므로 영생, 곧 부활생명이 없다는 증거이다.

그러므로 이제 **그리스도 예수** 안에 있는 자 곧 육신을 좇지 않고 **성령**을 좇아 행하는 자[4]에게는 결코 정죄함이 없나니(롬 8:1). 성령으로 거듭난 사람들은 그리스도 예수 안에 있는 자들이고 부활생명이 있는 사람들이다. 또 **그리스도의** 사람들은 육신과 함께 그 정과 욕심을 십자가에 못 박았느니라(갈 5:24). 이들은 육신을 좇지 않고 성령을 좇아 행하는 사람들이다. 성령을 좇아 행하는 사람들에게 성령의 열매는 저절로 맺어지는 것이다.

7) 성경의 저자 성령

"먼저 이것을 알지니 곧 성경의 모든 예언은 사사로이 쓰여진 것이 아니니 이는 전에 주신 예언이 사람의 뜻으로 난 것이 아니요, 오직 **하나님**의

---

4 개역성경에는 "육신을 좇지 않고 **성령**을 좇아 행하는 자"가 빠졌다. 그래서 어떤 사람이 그리스도 예수 안에 있는 사람인지 알 수가 없다. 그러나 전수 성경에는 어떤 사람이 그리스도 예수 안에 있는 사람인지 확실하게 드러내고 있다: "육신을 좇지 않고 **성령**을 좇아 행하는 자"가 그리스도 예수 안에 있는 자이다.

거룩한 사람들이 **성령**의 인도하심을 받아 말한 것임이니라"(벧후 1:20-21)

"또 네가 어려서부터 **성경을** 알았나니, 이 성경은 능히 너로 하여금 **그리스도 예수** 안에 있는 믿음으로 말미암아 구원에 이르는 지혜가 있게 하느니라. 모든 성경은 **하나님이 하신 말씀으로** 특히 교훈과 책망과 바르게 함과 의로 교육하기에 유익하니 이는 **하나님**의 사람으로 온전케 하며 모든 선한 일에 온전히 구비되게 하려 함이니라"(딤후 3:15-17)

하나님께서 자신과 자신의 뜻을 계시해 주시는 방법은 다양하지만 가장 보편적이고 객관적인 방법으로 자신을 계시해 주시기 위해서 동원하신 것이 "성경"이다. 성경을 기록한 사람들은 1,500년에 걸쳐 40여 명의 사람들이 기록을 했지만 이들은 자기들이 사사로이 쓴 것이 아니라 성령의 인도하심을 받아 기록한 것이다. 그러므로 성경의 궁극적인 저자는 성령이시다.

그 복음 역시 하나님께서 그의 선지자들을 통해서 성경에 미리 약속한 그의 아들에 관한 약속이다. 하나님께서 친히 그의 선지자들을 부르시고 세우시고 감동하셔서 말씀을 주시고 또 성경에 기록하도록 하신 것이다. 성경을 기록하도록 부르시지 않고 감동하시지 않았다면 성경은 쓰여질 수 없다는 이야기다. 이것을 베드로는 "먼저 이것을 알지니 곧 성경의 모든 예언은 사사로이 쓰여진 것이 아니니…… 오직 하나님의 거룩한 사람들이 성령의 인도하심을 받아 말한 것임이니라."고 가르쳐주고 있다.

전수성경과 개역성경의 번역이 좀 다른 부분이지만 시편 1장 6-7절에 **"여호와**의 말씀은 순결함이여 흙 도가니에 단련하여 일곱 번 깨끗케 한은 같도다. **여호와**께서 친히 말씀을 지키시며 이 세대로부터 영원까지 그것을 보존하시리이다." 반면에 개역개정은 "여호와의 말씀은 순결함이여 흙 도가니에 일곱 번 단련한 은 같도다 여호와여 그들을 지키사 이 세대로부터 영원까지 보존하시리이다."라고 번역을 했다.

전수성경에 의하면 여호와의 말씀은 여호와께서 친히 자신의 말씀을 지키시어 이 세대로부터 영원까지 보존하신다. 성령은 진리의 영이시므로 여호와 하나님의 진리의 말씀을 사람들을 통해 기록하게 하실 뿐 아니라 하나님의 거룩한 사람들을 통해 기록하신 그 말씀을 이 세대로부터 영원까지 지키시고 친히 보존하시는 것이다.

성경의 궁극적인 저자가 성령이시기 때문에 성경의 핵심은 그 복음이고, 창세기부터 계시록까지 일관성 있게 여호와 하나님과 여호와 하나님이 사람 되신 예수 그리스도에 대한 계시와 친히 인간을 구원하시려는 구원 계획을 계시해 주고 있는 것이다.

오직 성경에서만 전능자 하나님이 누구시며 어떤 하나님이신지 알 수 있고, 또 하나님께서 하신 일들과 계획들을 알게 된다. 성경을 떠나서는 아무도 하나님을 온전히 알 수 없으며, 인류의 기원과 인류가 어디서 와서 어디로 가는지, 죽음이 왜 생겼는지, 죽음 후에는 어떠한 세계가 있는지, 왜 구원이 필요한지, 어떻게 하면 구원을 받는지……. 이러한 중요한 주제들이 오직 성경 안에서만 답을 찾을 수 있는 것이다.

그러므로 그 복음을 마음에 깨닫고 믿게 된 사람들은 성령을 선물로 받아서 성령의 인도하심을 받아 하나님의 말씀인 성경으로 가서 성경을 반복적으로 읽고 묵상하고 연구해서 지속적으로 하나님과의 교제를 가지게 된다. 그래서 그 복음의 깊이와 넓이와 높이와 크기를 더해 주시고 예수 그리스도의 은혜와 하나님을 아는 지식이 자라서 하나님의 사람으로 온전한 사람이 되도록 인도하시며 어디서나 언제나 누구를 만나든 예수 그리스도의 부활의 증인으로 천국을 누리며 살아가도록 인도하신다.

8) 하나님의 자녀들을 인도하시는 성령

"보혜사 곧 아버지께서 내 이름으로 보내실 성령 그분이 너희에게 모든 것을 가르치시고, 내가 너희에게 말한 모든 것을 생각나게 하시리라"(요 14:26)

"그러나 진리의 영이 오시면 그가 너희를 모든 진리 가운데로 인도하시 리니……."(요 16:13)

"오직 성령이 너희에게 임하시면 너희가 권능을 받고 예루살렘과 온 유 대와 사마리아와 땅 끝까지 이르러 내 증인이 되리라"(행 1:8)

"그러므로 이제 **그리스도 예수** 안에 있는 자 곧 육신을 좇지 않고 **성령** 을 좇아 행하는 자에게는 결코 정죄함이 없나니…… 무릇 **하나님의 영**으 로 인도함을 받는 그들은 곧 **하나님의** 아들들이라"(롬 8:1, 14)

"육신의 소욕은 성령을 거스리고 성령은 육신을 거스리나니, 그러므로 이 둘이 서로 대적함으로 너희의 원하는 것들을 하지 못하게 하느니라. 그러나 성령의 인도를 받으면 너희가 율법 아래 있지 아니하리라……. 만 일 우리가 성령으로 살면 또한 성령으로 행할지니… 자기 육신을 위하여 심는 자는 육신으로부터 썩어짐을 거두고, 성령을 위하여 심는 자는 성령 으로부터 영생을 거두느니라"(갈 5:17, 18, 25; 6:8)

성령이 우리에게 임하시면 그리스도 예수 안에 있는 생명의 성령의 법 이 죄와 사망의 법에서 우리를 해방시킨다. 그때부터 성령의 인도하심을 받으며 육신을 좇지 않고 성령을 좇게 된다. 성령의 생각은 생명과 평강이기 때문에 평강이 있고 희락이 있다. 성령은 우리를 부활의 증인으로 만드신다. 부활을 증거하면서 삶이 변하지 않는다면 성령께서 모독을 당하시게 된다. 그러므로 성령은 우리를 진리의 말씀으로 인도하셔서 교훈과 책망과 바르게 함과 의로 교육함을 받게 하셔서 하나님의 사람으로 온전케 하시며 모든 선한 일을 하기에 온전한 자로 만드시는 것이다. 그래서 우리 주 예수 그리스도 강림하실 때에 우리의 영과 혼과 몸을 흠없이 보전하시는 것이다.

7과.
사람에 대하여

1) 신비로움 아니면 지혜와 능력

인생이란 무엇인가? 인생은 어디서 왔으며 어디로 가는가? 인생의 목적은 무엇인가?

인생이 하나님을 떠난 후에 끊임없이 해 오던 질문이다.

"과학"이란 이름 하에 사람들은 로켓을 쏘아 올려 우주에 정거장을 만들고 별들을 탐험하고 인공 위성을 통하여 갖가지 기상의 정보들을 얻기도 하며 컴퓨터와 통신의 발전으로 거의 모든 것을 무선으로 할 수 있는 시대가 되었다. 기기마다 컴퓨터 기능이 정착되어 사람의 음성을 인식해서 음성으로 명령을 하면 기계가 사람의 말대로 움직이는 시대가 되었다. 운전자가 없이 무인 운전을 하는 자동차나 무인 비행기가 있는 시대, 태평양을 사이에 두고서도 인터넷 연결이 되면 사람들이 화상으로 대화를 나누는 시대, 인공지능을 정착한 로봇이 여러 분야에 투입되는 시대, 인공지능이 인간 최고의 바둑기사나 체스 선수를 이기는 시대…… 그러나 인간의 지혜와 능력이 아무리 뛰어나도 여전히 답이 없는 것들이 있다. 인생이란 무엇인지, 인생이 어디서 와서 어디로 가는지, 사후의 세계는 존재하는지, 인생의 목적은 무엇인지…….

성경과 그 복음이 없이는 답이 나오질 않는다. 그래서 만들어 낸 것이 종교와 철학이다, 거기서도 답을 찾지 못하니 진화론이라는 엉뚱한 설을 만들어서 과학이라는 이름으로 종교처럼 신봉하기도 한다. 그래서 그 복음 없이 인생에 대해 이야기하게 되면 항상 진화론과 맞서 변론으로 이어져서 끝이 나질 않는다. 그러나 그 복음 안에서 진화론은 끼어들 틈이 없다. 왜냐하면 나사렛 예수의 역사적인 부활 사건이 예수 그리스도에 관한 예언의 성취로 모든 성경이 하나님의 감동으로 쓰여져서 창세기부터 계시록까지 다 진리임을 확증하셨기 때문에 인간의 기원에 대해서 진화론은 설 자리가 없는 것이다.

로켓을 타고 우주를 탐험하는 것이 과학을 모르는 사람들에게는 신비로운 일이지만 로켓을 설계하고 만든 사람들에게는 신비가 아니고 지혜와 능력에 관한 것과 같이 하늘에서 만나를 내리시고, 홍해를 가르시고, 반석에서 생수를 강같이 흐르게 하시며, 물이 포도주가 되게 하시고, 풍랑을 잔잔케 하시고, 물 위를 걸으시고, 물고기 두 마리와 떡 다섯 개로 오천 명을 먹이시고 열두 광주리를 남기는 것과 귀머거리를 듣게 하시며, 앉은뱅이를 일으키시고, 소경의 눈을 뜨게 하시며, 마귀들을 내어 쫓으시고, 무에서 유를 창조하시고 흙으로 사람을 만드시고 코에 생기를 불어넣어 산 사람이 되게 하시고 죽은 자를 살리시는 일이 사람들에게는 신비로운 일이지만 이 모든 것은 하나님의 지혜와 능력에 관한 것이다.

2) 하나님의 형상

모든 피조물 가운데 인간만을 하나님의 형상대로 지으셨다. 그리고 사람을 만드신 전능하신 하나님께서 친히 사람이 되셨다. 그리고 궁극적으로는 우리의 몸도 하나님의 영화로운 부활체로 변형시키셔서 우리로 하나님과 같이 되게 하시는 것이 인간을 향한 하나님의 계획이다.

그러나 하나님의 형상대로 지음받았다는 이야기는 무슨 의미인가? 그리고 하나님은 왜 사람이 되신 것인가?

"크도다, 경건의 비밀이여, 그렇지 않다 하는 이 없도다. 하나님이 사람이 되셨도다!"(딤전 3:16)라고 했고, 빌립보서 2장 6-8절에는 "그는 근본 하나님의 본체시나 하나님과 동등됨을 취할 것으로 여기지 아니하시고 오히려 자기를 비어 종의 형체를 가져 사람들과 같이 되셨고 사람의 모양으로 나타나셔서 자기를 낮추시고 죽기까지 복종하셨으니 곧 십자가에 죽으심이라"고 기록하고 있다.

사람을 만드신 창조주 하나님이 어떻게 사람으로 만들어지실 수가 있는가?

하나님이 어떤 분인가? 우주 만물을 창조하신 전능자이시다. 우주가 얼마나 광대한가? 무한대 같은 우주를 창조하신 전능하신 하나님, 스스로 존재하시며 처음과 나중이시고 영원 전부터 영원까지 존재하시는 분이시라는 것을 어떻게 이해할 수 있는가?

만물이 그에게서 나오고, 그로 말미암고, 그에게로 돌아간다(롬 11:36). 하나님은 모든 것의 근원이시며, 없는 것을 있는 것처럼 부르시고, 죽은 자를 살리시는 하나님이시다(롬 4:17). 그런 하나님께서, 왜 사람이 되신 것인가?

하나님의 사람 되심은 바로 그 복음의 신비이다. 그 복음이 무엇인가? 하나님이 그의 선지자들을 통하여 성경에 미리 약속하신 그의 아들에 관한 약속이다. 그의 아들에 관하여 무엇을 약속하셨는가? 그가 육체로는 다윗의 혈통으로 나실 것을 약속하셨고, 성결의 영으로는 죽은 자들 가운데서 부활하시어 능력으로 하나님의 그 아들 되심을 증명하실 것을 약속하셨다. 그리고 이 약속은 나사렛 예수 안에서 성취가 되었다.

하나님이 사람 되신 사건이야말로 신비 중의 신비이고 판단하거나 측량하는 것이 불가능한 일이다. 그런데 성경에는 하나님이 사람 되신 이유를 이렇게 기록하고 있다:

"나는 의인을 부르러 온 것이 아니요, 다만 죄인을 불러 회개케 하러 왔노라"(마 9:13)

"인자가 온 것은 섬김을 받으려 함이 아니요, 도리어 섬기려 하고 자기 목숨을 많은 사람을 위한 대속물로 주려 함이니라"(마 20:28, 막 10:45)

"인자의 온 것은 잃어버린 자를 찾아 구원하려 함이니라"(눅 19:10)

"……내가 온 것은 양으로 생명을 얻게 하고 더 풍성히 얻게 하려는 것이라"(요 10:10)

하나님께서 사람이 되신 이유는 위의 구절들과 같이 잃어버린 자를 찾아 구원하기 위해 오셨으며, 모든 사람들 대신하여 죽으시고 부활하시기 위해 오셨다. 영원한 생명을 주시기 위해 오신 것이다.

그러면 또 질문해야 하는 것이 하나님이 우리를 위해 이렇게까지 하시는 이유는 무엇인가?

하나님은 사랑이시니까? 그렇다면 다른 피조물들은? 타락한 천사를 위해서는 천사가 되셨어야 하는 것이 아닐까? 원숭이들에게도 영생을 주셔야 하는 것이 아닐까?

히브리서 2장 14-16절에 "자녀들은 혈과 육에 참여하는고로 저도 또한 같은 모양으로 혈과 육에 참여하심은 저가 자신의 죽음을 통하여 사람의 권세 잡은 자 곧 마귀를 멸하시며 또 죽음을 무서워하여 평생동안 매어 종 노릇 하는 모든 자들을 놓아 주려 하심이니라."

자녀들이 혈과 육에 참여하였기 때문에 하나님도 혈과 육에 참여하셨다는 것이다. 창세기 5장 1-3절에 보면 하나님의 형상대로 아담이 만들어졌고 아담의 형상대로 셋이 태어난다. 누가복음 3장 23-38절에 보면 사람의 족보가 아담까지 올라가는 것이 아니다. 하나님까지 올라간다. 인간이 하나님의 형상대로 지음을 받았다는 이야기는 애당초 하나님의 자녀로 지음을 받았다는 사실이다.

전능하신 하나님이 사람이 되신 이유를 "자기 목숨을 많은 사람을 위한 대속물로 주기 위함"(마 20:28, 막 10:45)이라고 했는데 우리의 몸값으로 자신의 목숨을 대신 주셔야 하는 이유는 무엇인가? 예를 들어 이런 가상 시나리오를 생각해 보자: 어떤 집의 자녀가 죽게 되었는데 살릴 수 있는 유일한 방법이 누군가 대신 죽어야 한다면 부모가 아닌 이상 누가 대신 죽을 수 있겠는가?

하나님이 우리를 하나님의 자녀로 만든 것이 아니라면 자기의 목숨을 우리의 몸값으로 주시면서까지 우리를 구하시려 할까? 우리가 하나님의 형상대로 지음을 받았다는 것은 그분의 자녀로 지음을 받은 것이다(히 2:14; 롬 5:8).

3) 죄의 뿌리와 열매

사람이 하나님의 형상대로 지음을 받아서 하나님의 자녀가 된 것이라면 하나님과 같이 영원히 살아야 되는 것이 아닌가? 그런데 사람들은 왜 죽는 것인가?

그렇다, 사람이 하나님의 형상대로 지음 받아서 하나님의 자녀가 되었다면 하나님과 같이 영원히 살아야 하는 것이 당연하다. 그런데 사람들은 왜 죽는 것인가? 사람들이 죽는 이유는 죄의 삯으로 죽는 것이다(롬 6:23).

죄로 인해 하나님의 자녀이던 사람은 하나님과 원수가 되고 본질 상 진노의 자녀가 된 것이다(엡 2:3). 그래서 사람에게 정해진 것이 죽음과 그 후에는 심판과 형벌인 것이다(히 9:27). 그런데 하나님의 자녀로 지음을 받은 우리가 어떻게 본질상 진노의 자녀, 마귀의 종이 되었던 것인가?

에덴동산에서 우리의 조상 아담과 하와는 마귀의 유혹에 넘어가 하나님을 거역하고 마귀의 말에 순종함으로 하나님을 배신하고 대적했던 것이다. 하나님께 불순종하고 마귀의 말을 듣는 순간 사람의 마음 안에 보좌에 앉아 계시던 하나님을 밀어낸 것이고 그 자리에 자기 자신이 앉게 되었다.

그 순간 하나님과 원수가 되고 사람은 허물과 죄로 죽고, 본질상 진노의 자녀가 되었다. 사람 안에 하나님이 계셔야 하는데, 하나님이 계시지 않은 상태가 바로 죄인의 상태이다. 사람은 스스로 주인이 될 수 없게 만들어졌다. 우리는 의의 병기로 존재하든가 아니면 불의의 병기로 존재한다. 누구에게 순종을 하든 순종하는 이의 종이 되는 것이다. 아담과 하와가 하나님께 불순종하고 마귀의 말에 순종하는 순간 사람 안에 계시던 하나님의 영은 떠나셨고, 우리 안에 있던 하나님의 형상을 잃어버리게 되었다. 그리고 그 죄의 대가로 찾아온 것이 죽음과 심판이다. 그리고 죽음이란 권세를 가지고 우리를 종처럼 부리는 존재가 사탄인 것이다.

아담 이후로 태어나는 모든 인류는 이렇게 하나님의 영이 없이 하나님의 형상을 잃은 상태로 태어나게 된다. 하나님도 없고 마귀도 없는, 중립 상태가 아니라 오히려 하나님과 원수가 된 관계, 마귀의 종이 된 상태로 태어나고 죄인으로 태어나게 되는 것이다. 그래서 하나님과 사귐도 가질 수 없는 상태인 것이다.

허물과 죄로 죽은 상태에서는 육신의 욕심을 따라 행하고 육신과 마음의 원하는 대로 행하기 때문에 "모든 불의와 음행과 사악함, 탐욕, 시기, 살인, 분쟁, 속임, 수군거림, 비방, 하나님을 미워하고 싫어함, 모욕함, 교만, 자랑, 악을 도모함, 부모를 거역함, 우매함, 신의가 없고, 무정하고, 화해치 않고, 무자비함, 간음, 더러운 것과 호색과 우상 숭배, 술수와 증오와 불화, 투기와 분냄과 난동과 이단, 술 취함과 방탕함……" 이런 죄의 열매들이 자연스럽게 나오는 것이다.

우리가 구분해야 하는 것이 있다. 죄의 뿌리와 열매이다. 죄에는 뿌리가 있고 열매가 있다. 죄의 뿌리는 눈에 보이지 않는다. 우리가 흔히 죄라고 생각하는 것들은 우리의 눈에 보이는 죄의 열매들이다.

구원이란 죄의 열매를 따는 것이 아니라 죄의 뿌리를 제거하는 것이다. 죄의 뿌리가 제거되지 않는 이상 구원은 없는 것이다. 그렇다면 죄의 뿌리는 무엇인가?

신학자들은 아담과 하와가 범죄한 것을 원죄라고 이야기를 한다. 그런데 성경에서 죄의 근원을 찾아가 보면 인류가 죄를 짓기 전에 이미 죄를 지은 존재가 있다. 바로 사탄이다. 사탄은 죄를 짓기 전에 그룹 천사로서 하나님을 모시고 섬기던 지위가 아주 높은 천사 중에 하나였다. 에스겔 28장 12-15절과 이사야 14장 12-15절, 그리고 계시록 12장 7-9절에 의하면 모든 면에서 완벽했던 그 천사는 지혜가 충족하며 온전히 아름다웠고 기름부음을 받은 덮는 그룹이었다. 그러나 자신의 아름다움으로 그의 마음이 교만해졌고, 마침내 불의를 품게 된다. 그가 "마음에 말하여 이르기를 '내가 하늘에 올라 (내가) 하나님의 뭇 별 위에 나의 보좌를 높이리라. 내가 북쪽 끝 집회의 산 위에 좌정하리라. (내가) 가장 높은 구름에 올라 (내가) 지존자와 같이 되리라.'"

무엇이 죄의 뿌리인가? 성경은 타락한 천사를 큰 용, 옛 뱀, 마귀 또는 사탄이라고 부른다. 그리고 사탄은 "내가 나의 보좌를 높여 지존자와 같이 되리라, 내가 하나님과 같이 되리라……." 피조물인 천사가 지존자와 같이 되겠다, 하나님과 같이 되겠다고 하는 것이 죄의 뿌리인 것이다.

이렇게 마음이 높아진 그 그룹 천사는 하늘에서 반란을 일으키고 하나님을 대적해서 전쟁을 일으켰던 것이다. "하늘에 전쟁이 있었으니 미카엘과 그의 천사들이 용으로 더불어 싸울새 용과 그의 천사들도 싸우더니 그들이 이기지 못하여, 하늘에서 더 이상 저희의 있을 곳을 찾지 못한지라 이에 큰 용이 내어 쫓기니 곧 옛 뱀 또는 마귀라고도 하고 사탄이라고도 하는 온 세상을 속이는 자라 그가 땅으로 내어 쫓기니 그의 천사들도 그와 함께 내어 쫓기니라"(계 12:7-9)

마귀는 하나님과 같이 되려는 마음을 자신만 가진 것이 아니라 사람의 마음에도 심어 준 것이다. 뱀이 하와를 꼬인 것도 바로 그것이다. 선악과의 열매를 먹으면 너도 하나님과 같이 된다는 것이다. 하나님과 같이 된다는 유혹을 이기지 못하고 하나님과 같이 되고 싶은 마음으로 선악과 열매를 따 먹은 것이 인류의 죄의 시작인 것이다. 하나님과 같이 되고 싶은 마음—자기가 주인 되고 싶은 마음, 그러나 실제로는 마귀의 종 노릇 하는 상태가 된다는 것을 몰랐던 것이다.

사람이 태어나서 죽음을 맞는 이유는 죄 때문이다. 죄로 인해 영생을 잃었기 때문이다. 이것이 죄의 대가인 것이다. 죄가 없으면 죽음도 없는 것이다. 그러나 죄는 사망을 가져 왔고, 그래서 사람은 태어나서 백 년을 살든 천 년을 살든 죽음을 향해 가는 것이다. 아담 이후로 태어난 인간이 아담과 같이 죄를 지어 죄인이 된 것이 아니다. "그러므로 한 사람을 통하여 죄가 세상에 들어오고 죄로 말미암아 사망이 왔나니 이와 같이 모든 사람이 죄를 범하였으므로 사망이 모든 사람에게 임하느니라"(롬 6:12) 인간이 죄를 짓는 이유는 하나님이 없는 상태에서 자기가 하나님 되고자 하는 죄의 유전자를 가지고 태어나기 때문에 죄를 짓는 것이다. 죄의 뿌리를 가지고 태어나기 때문에 자연스럽게 죄의 열매들이 나타나는 것뿐이다. 어떤 사람은 열매를 적게 맺고 어떤 이들은 많이 맺을 뿐이지 모두가 죄인으로 하나님의 영광에 이르지 못하게 된 것이다.

우리에게 구원이 필요한 이유가 바로 이것 때문이다. 우리 안에 하나님의 영이 계시고, 하나님의 형상을 잃지 않았다면 죽음이 찾아오지도 않았을 것이고, 우리는 하나님과 영원히 살기 때문에 구원의 필요성도 없는 것이며, 하나님이 우리를 찾으러 사람이 되어 오실 이유도 전혀 없으셨다.

인간이 하나님을 배반한 죄의 대가로 하나님의 영은 사람에게서 떠나시고, 인간은 사탄의 권세, 흑암의 권세, 죽음의 권세 아래 들어가게 되었고, 죽음을 두려워하여 평생 마귀의 종 노릇 하는 상태가 된 것이다. 그래서 죽을 수밖에 없고 그 후에는 심판을 받고 영원한 불 못에 던져지게 되는 것이다. 그때부터 인간에게 절대적으로 필요했던 것이 구원이다.

구원이란 우리가 잃었던 하나님의 형상을 되찾는 것이다. 하나님의 형상을 되찾기 위해서는 죄의 문제를 완전히 해결해야 되는데, 그러기 위해서는 죄의 뿌리를 제거해야만 한다. 그러나 인간은 죄의 뿌리인 마귀를 멸할 수 있는 능력이 없다. 흑암의 권세 아래 있는 우리가 스스로 흑암의 권세를 이기고 하나님 나라로 옮겨갈 능력이 전혀 없다.

하나님은 자신의 형상대로 만들었던 인간이 이렇게 죽음을 두려워하여 평생 매여 종 노릇 하다 영원한 지옥형벌에 처해지는 것을 원치 않으셨다. 그래서 죄의 근원이 되는 마귀를 멸하시고 우리를 흑암의 권세에서 건져 내시고 하나님의 자녀로 다시 회복시키셔서 영원한 생명을 주시고 하나님 나라에 옮겨 주시기 위해 친히 사람이 되신 것이다.

사람이 되실 때에는 다윗의 혈통으로 나시고 우리의 속죄 제물이 되셔서 십자가에 죽으시고 사흘만에 죽은 자들 가운데서 부활하셔서 마귀를 멸하시고 허물과 죄로 죽어서 본질상 진노의 자녀였던 우리들이 성령으로 다시 태어나 하나님의 자녀가 되는 길을 열어 주신 것이다.

이렇게 허물과 죄로 죽었던 사람이 성령으로 거듭나게 되면 흑암의 권세에서 건짐을 받고 한 순간 하나님의 나라로 옮겨진다. 그래서 육신을 좇지 않고 성령을 좇아 행하게 됨으로 "사랑, 희락, 화평, 오래 참음, 자비와 선함과 믿음과 온유와 절제"와 같은 성령의 열매를 맺게 되는 것이며, 유혹의 욕심을 따라 구습을 좇은 부패된 옛 사람을 벗어버리고 심령이 새롭게 되어 하나님을 따라 의와 진리의 거룩함으로 지으심을 받는 새 사람, 새로운 피조물이 되는 것이다.

4) 새로운 피조물의 특징

"그런즉 누구든지 **그리스도** 안에 있으면 새로운 피조물이라. 이전 것은 지나갔으니, 보라 모든 것이 새롭게 되었도다"(고후 5:17)

새로운 피조물이 되면 분명히 달라진다. 하나님의 형상을 회복했고 옛 것은 지나가고 새 것이 되었는데 달라지는 게 없다면 새로운 피조물이 된 것일까? 많은 사람들이 종교생활을 열심히 하지 않다가 종교생활을 열심히 하는 것을 달라진 것이라고 생각을 한다. 그러나 새로운 피조물이 된 사람들은 종교적인 모든 올무에서 자유함을 받고 심령에서부터 새로워지며 진정한 예수 그리스도의 제자로 변하게 된다. 새로운 피조물이 되면 다음과 같은 몇 가지 변화들이 삶 전반에 걸쳐 나타나게 된다.

(1) 곧바로 부활의 증인이 된다

"오직 성령이 너희에게 임하시면 너희가 권능을 받고 예루살렘과 온 유대와 사마리아와 땅끝까지 이르러 내 증인이 되리라"(행 1:8) 새로운 피조물이 되는 즉시 부활의 증인이 된다. "내 증인이 되리라"는 말씀이 실제가 되는 것이다. 마음의 눈으로 부활하신 예수님을 보았기 때문에 즉시 자신이 마음에 보고 믿게 된 것을 말하게 되는 것이다. 이유가 너무나 확실하다. 내가 하는 것이 아니라 성령께서 하시는 것이기 때문이다. 예수 부활 선포의 주체는 내가 아니라 성령이시다. 예수의 부활을 마음에 믿을 때 구원이 임하고 성령을 받는 것이다. 성령을 받으면 성령께서 친히 부활을 선포하게 하신다. 그래서 성령이 임하면 예수의 증인 곧 부활의 증인이 되는 것이다.

(2) 삶의 목적을 발견한다

"그리스도께서 모든 사람을 대신하여 죽으심은 산 자들로 하여금 다시는 자기 자신을 위하여 살지 않고, 오직 저희를 위하여 죽으셨다 다시 사신 자를 위하여 살게 하려 하심이니라"(고후 5:15) 새로운 피조물이 되는 즉시 삶의 목적을 발견하게 된다. 더 이상 자신을 위해 살지 않게 된다. 진정한 삶의 목적을 발견했기 때문이다. 자기 자신을 위하여 살던 사람이 나를 위해 죽고 부활하신 예수 그리스도를 위해서 살게 되는 것이다.

하나님의 형상대로 지음을 받은 사람이 다른 모든 피조물들과 다른 것이 있다. 모든 동물들은 본능에 의해서 살아간다. 본능적으로 먹이를 찾아 나서고, 본능적으로 재생산을 하고, 본능적으로 새끼들을 보호하고, 모든 면에서 본능으로 살아간다. 그러나 사람들은 생각하며 살게 되어 있다. 인생이란 무엇인가를 생각하고, 인생의 목적은 무엇일까 생각한다. 인생이 존재하는 의미를 찾으려고 하는 것이다.

세상에 존재하는 모든 것은 존재의 목적이 있고 그것이 존재하는 이유이다. 내가 세상에 존재하는 것으로 나는 존재의 목적을 가지고 있다는 것이다. 그런데 새로운 피조물이 되기 전에는 그 존재의 목적을 알 수도 없고 그 존재의 목적대로 살 수도 없는 것이다.

예를 들면 시계를 한 번 생각해 보자. 시계가 존재하는 목적은 무엇인가? 시간을 사람들에게 정확하게 알려 주는 것이다. 그러나 시계 자체가 자신의 존재 목적을 정하는 것이 아니다. 시계의 존재 목적은 시계를 만든 사람에 의해 주어지게 되는 것이다. 세상에 존재하는 모든 것들이 다 이와 같다. 만들어진 것은 만든 사람에 의해 그 목적이 부여되는 것이다.

사람들도 마찬가지이다. 우리가 생각하는 존재라고 해서 우리 스스로 존재의 목적을 우리 마음대로 창안해 가지는 것이 아니다. 우리 자신도 피조물이기 때문에 우리의 존재 목적은 우리를 만드신 창조주 하나님께서 부여해 주시는 것이다.

그러므로 우리는 창조주 하나님을 만나기 전에는 우리의 존재 목적을 알 수 없다는 것이다. 그래서 그 복음을 깨닫고 마음에 믿기 전까지는 나의 주인을 만나지 못하게 되므로 자신의 존재 목적을 발견하지 못하게 되는 것이다. 그 복음을 마음에 깨닫고 믿을 때 비로소 예수 그리스도께서 나의 주 나의 하나님이심을 알게 되고 내 마음에 모시게 된다. 그제야 비로소 내 존재의 목적을 발견하게 되고 나 자신을 위해 살던 삶에서 나를 위해 죽고 부활하신 예수 그리스도를 위해 살게 되는 것이다. "**그리스도께서 모든 사람을 대신하여 죽으심은 산 자들로 하여금 다시는 자기 자신을 위하여 살지 않고, 오직 저희를 위하여 죽으셨다가 다시 사신 자를 위하여 살게 하려 하심이니라**"(고후 5:15)

나를 위해 죽고 다시 사신 자를 위해 산다는 것이 무슨 말인가? 예수 부활의 증인으로 산다는 이야기이다. 그 복음을 위해서 산다는 의미이다.

"하나님의 지혜로 보건대 세상은 자기의 지혜로 하나님을 알지 못하는고로, 하나님은 **그 복음 선포**의[5] 미련한 것을 통하여 믿는 자들 구원하시기를 기뻐하시느니라"(고전 1:21)—이 말씀은 다시 말하면 그 복음 선포를 하지 않으면 사람들이 하나님을 알지 못하게 되고 구원받지 못한다는 것이다. 그러므로 하나님은 그 복음 선포하는 것을 기뻐하시고 그 복음 선

---

5 한글성경은 전도의 미련한 것이라고 번역을 했으나 영어 번역은 "the Gospel proclaimed"이다. 직역을 하면 그 복음 선포이다.

포를 듣고 마음에 믿는 자들 구원하신다는 것이다. 그러므로 하나님 나라를 세우고 사람들이 구원받기를 원하며 하나님을 기쁘시게 하기를 원하면 그 복음 선포를 해야 한다는 것이다.

(3) 인생의 주인이 바뀐다

"우리가 살아도 주님을 위하여 살고 죽어도 주님을 위하여 죽나니, 그러므로 사나 죽으나 우리가 다 주님의 것이니라. 이를 위하여 그리스도께서 죽으셨다가 일어나 다시 사심으로 죽은 자와 산 자의 주재가 되려 하심이니라"(롬 14:8-9) 새로운 피조물이 된다는 것은 주인이 바뀐다는 것이다.

새로운 피조물이 되면 인생은 너무나 쉽고 편해진다. 예수님이 나의 주인 되시기 때문에 더 이상 그 어떤 것에 대해서도 염려, 근심, 걱정이 없어진다. 하박국 3장 17-18절, "비록 무화과나무가 무성치 못하며 포도나무에 열매가 없으며 감람나무에 소출이 없으며 밭이 식물을 내지 않으며 우리에는 양들이 끊어지며 외양간에는 소가 없어질지라도 나는 여호와를 인하여 즐거워하며 내 구원의 하나님을 인하여 기뻐하리로다" 하는 이 말씀이 실제가 되는 것이다. "하나님의 나라는 먹는 것과 마시는 것이 아니요, 오직 성령 안에서 의와 평강과 희락임이니라"(롬 14:17) 하나님 나라의 주인과 통치자는 예수님이시다. 예수님의 부활을 마음에 믿을 때 죽은 자를 살리시는 하나님을 마음에 믿게 되는 것이다. 죽은 자를 살리시는 하나님을 마음에 믿는데 염려, 근심, 걱정이 생길 수 없는 것이다. 그래서 의와 평강과 희락이 있게 되는 것이다.

(4) 죄의 열매에서 성령의 열매를 맺게 된다

"그러나 성령의 열매는 사랑과 희락과 화평과 오래 참음과 자비와 선함과 믿음과 온유와 절제니, 이 같은 것을 금지할 법이 없느니라. 또 그리스도의 사람들은 육신과 함께 그 정과 욕심을 십자가에 못 박았느니라"(갈 5:22-24) 새로운 피조물이 된 사람들은 새로운 열매를 맺게 된다. 성령의 열매이다. 성령의 열매를 맺는 반면에 죄의 열매는 사라진다. 죄의 뿌리가 뽑혔기 때문에 우리는 더 이상 죄 가운데 있지 않게 된다. 그럼에도 불구하고 죄의 열매들이 남아 있는 경우가 있을 수 있다. 우리가 육체 안에 거하기 때문이다. 마치 나무의 뿌리를 죽여도 잎과 열매가 말라 죽기까지 시간이 걸리듯이 말이다. 그러나 새로운 죄의 열매는 맺히지 않는다.

(5) 성경을 하나님의 말씀으로 인정하고 사모하게 된다

"……사람이 떡으로만 살 것이 아니요 하나님의 입으로 나오는 모든 말씀으로 살 것이라"(마 4:4) "갓난 아기들처럼 순전한 말씀의 젖을 사모하라. 이는 그로 말미암아 너희로 자라게 하려 함이니"(벧전 2:2) 새로운 피조물이 되는 순간 순전한 말씀의 젖을 사모하게 된다. 창세기부터 계시록까지 읽고 또 읽고 계속 반복해서 읽게 된다. 그리고 그 복음으로 일목요연하고 일관성 있게 창세기부터 계시록까지 전개되고 있음을 발견하게 되고 하나님의 입으로 나오는 모든 말씀으로 산다는 것이 실감나게 된다.

우리가 하나님의 사람으로 온전하게 되는 것은 다른 것으로 되는 것이 아니다. 오직 하나님의 말씀으로만 온전해지는 것이다. "모든 성경은 하나님이 하신 말씀으로 특히 교훈과 책망과 바르게 함과 의로 교육하기에 유익하니 이는 하나님의 사람으로 온전케 하며 모든 선한 일에 온전히 구

비되게 하려 함이니라"(딤후 3:16-17)

"우리가 그리스도를 전파하여 각 사람을 권하고 모든 지혜로 각 사람을 가르침은 각 사람을 그리스도 예수 안에서 완전한 자로 세우려 함이니……."(골 1:28)

"형제들아, 이제 내가 너희를 하나님과 및 그의 은혜의 말씀에 부탁하노니 그 말씀이 너희를 능히 세우시고 거룩케 하심을 입은 모든 자 가운데서 너희에게 기업이 있게 하시리라"(행 20:32)

우리를 그리스도의 사람으로 온전하게 하고, 완전하게 세우며, 거룩케 하는 것은 하나님의 말씀이다. 하나님은 우리가 분주하게 많은 일을 하는 것을 원치 않으신다. 오히려 조용하고 차분하게 하나님의 말씀 앞에 나오길 원하신다. 그리고 그분의 말씀에 귀를 기울이고 교제하기를 원하신다. 그래서 그분을 더 깊이 알아 가길 원하신다. "보라, 내가 문 앞에 서서 두드리나니, 누구든지 내 음성을 듣고 문을 열면 내가 그에게로 들어가 그로 더불어 먹고 또한 그는 나로 더불어 먹으리라"(계 3:20)

"우리가 보고 들을 바를 너희에게 전하는 것은 너희도 또한 우리와 사귐이 있게 하려 함이니, 우리의 이 사귐은 참으로 아버지와 그의 아들 예수 그리스도와의 사귐이요……."(요일 1:3)

우리가 어떻게 하나님과 사귐을 갖고 교제를 할 것인가? 새로운 피조물이 된 사람들은 하나님의 말씀에 최고의 권위를 두게 되고 그분의 말씀을 알고 싶고 그래서 그 말씀을 주야로 묵상하는 자가 되는 것이다. 정말 새로운 피조물이 된 사람이라면 그 복음의 관점에서 하나님의 말씀을 읽고 또 읽고 반복해서 읽으며 주님 안에서 자라 가게 되어 있다.

새로운 피조물이 되면 사람의 육체 안에 하나님의 영이 함께하시게 된다. 그래서 피조물인 사람이 하나님과 감히 언약을 맺고 사귐을 가질 수 있게 되는 것이다. 하나님은 피조물인 사람과 사귐을 갖으신다. 그렇다면 사람은 도대체 어떤 존재인가? 인간이 피조물이긴 하나 하나님의 영이 사람 안에 거하게 되면 사람의 신분은 하나님과 사귐을 갖을 수 있는 신분으로 상승이 되는 것이다.

한 공간에서 더불어 먹고 마시는 것은 가족들끼리 혹은 친구들끼리 하는 것이다. 그리고 함께 먹고 마시면서 사귐을 갖는 것이다. 이것은 참으로 놀라운 일이다. 피조물인 사람이 하나님과 격이 같을 수가 있는가? 하나님은 우리를 그렇게 만드셨던 것이다.

(6) 사명자가 된다

"그러므로 너희는 가서 모든 족속으로 제자를 만들라……."(마 28:19)

"예수께서 이르시되 '너희는 온 세상에 다니며 모든 피조물에게 그 복음을 선포하라'"(막 16:15)

"기록된 바와 같이 또한 그같이 마땅히 그리스도가 고난을 받고 제삼일에 죽은 자 가운데서 살아나셔야 할 것과 또 그의 이름으로 말미암은 회개와 죄의 용서를 예루살렘으로부터 시작하여 모든 족속에게 전파하여야 할지니 이제 너희는 이 일의 증인이라"(눅 24:46-48)

"아버지께서 나를 보내신 것 같이 나도 너희를 보내노라"(요 20:21)

"오직 성령이 너희에게 임하시면 너희가 권능을 받고 예루살렘과 온 유대와 사마리아와 땅끝까지 이르러 내 증인이 되리라"(행 1:8)

"나는 이런 것들을 전혀 개의치 아니할 뿐 아니라 나의 생명을 조금도 내게 귀한 것으로 여기지 아니하나니, 이는 나의 달려갈 길과 주 예수께

받은 사명 곧 하나님의 그 은혜의 그 복음을 온전히 증거하는 일을 기쁨으로 마치려 함이니라"(행 20:24)

새로운 피조물이 되었다는 의미는 내가 예수 그리스도의 제자가 되었다는 사실이다. 예수 그리스도의 제자가 된 사람들은 제자 만들라는 사명을 받은 사람들이다. 그리고 이 사명은 나의 목숨보다 귀하고 값지다는 것을 알게 된다. 그러므로 제자 만드는 사명에 인생을 거는 사람으로 변한다. 그리고 제자 만들기는 그 복음 선포를 통해 만들어진다는 것을 알게 된다.

(7) 신앙생활의 굴곡이 없어진다

"항상 기뻐하라. 쉬지 말고 기도하라. 범사에 감사하라……." 이 글을 쓴 사도 바울은 정말 항상 기뻐하며 살았을까? 그렇다. 감옥에 갇혀도 기뻐했고, 매를 맞아도 기뻐했다.

"사도들은 예수의 이름을 위하여 능욕 받는 일에 합당한 자로 여김 받음을 기뻐하면서 공회 앞을 떠나니라"(행 5:41)

예수 부활을 증거하다 능욕을 당했는데 오히려 기뻐했다. 이들이 새로운 피조물이 되기 전에는 상상도 할 수 없었던 일이다.

새로운 피조물이 되는 순간 부활의 증인이 되고, 더 이상 나 자신을 위해 살지 않고 나를 위해 죽고 부활하신 예수를 위해 살게 되고, 입술로만 주여를 불렀던 내가 마음에 예수를 진정한 주인으로 모시게 되고, 죄의 열매를 맺던 내가 성령의 열매를 맺게 되고, 하나님의 말씀을 더욱 사모하게 되고 말씀이 절대적이 되고, 목숨보다 사명을 더 귀하게 여기는 사람이 된다. 그 복음이 마음에 깨달아지고 믿어지면서 일어나는 일이다.

그 복음을 통해 예수 그리스도가 누구인가를 알게 되면 그 복음을 깨닫기 전에는 전혀 없었던 일이 일어난다. 그 복음으로 인한 감격이다. 차를 운전하고 가면서도 그 복음으로 감격하고 잠자리에 누워서도 그 복음으로 감격하고 밥을 먹으려고 밥상에 앉아서도 감격하고 그 복음을 나누면서도 감격하고……. 복음으로 감격한 일이 없던 내가 그 복음이 마음에 깨달아지고 믿어지면서부터 생긴 일이다. 한순간 느껴지다 없어지는 감격이 아니라 날마다 더해지는 감격이다. 어떻게 영존하시는 아버지가 한 아기, 한 아들로 오실 수 있을까? 어떻게 하나님이 사람이 되셨다는 말인가? 어떻게 다윗의 뿌리가 다윗의 자손이 되실 수 있을까? 이것을 부활로 확증해 주셨으니 크고 놀라운 신비가 아닐 수 없다.

새로운 피조물이 되면 그 복음으로 날마다 감격하고 하나님의 말씀으로 날마다 사귐을 갖기 때문에 신앙의 굴곡이란 있을 수 없는 것이다. 날마다 하나님의 말씀을 통해 그 복음의 넓이와 깊이와 크기와 높이를 더해 주시기 때문에 시험에 들고 넘어지는 일이 없어지는 것이다. 오히려 날마다 그리스도 안에서 견고해지고 온전해지고 완전해지게 되는 것이 지극히 정상인 것이다.

5) 하나님의 영광스러운 몸으로 변화될 사람

사람을 향한 하나님의 궁극적인 계획은 그 마지막날에 그리스도 안에 있는 모든 사람들을 다시 살리시는 것이다. 그래서 예수님의 부활체의 모습과 같이 영광스러운 부활체로 모두 살리시는 것이다. "**그리스도**께서 만물을 자기에게 복종시키는 그 능력의 역사로 우리의 천한 몸을 자기의 영화로운 몸과 같이 되도록 변화시키시리라"(빌 3:21)

언제 이런 일이 일어나는가? "보라, 내가 너희에게 비밀을 말하노니, 진실로 우리가 다 잠잘 것이 아니요 순식간에 홀연히 마지막 나팔에 다 변화되리라. 나팔 소리가 나매 죽은 자들이 썩지 아니할 것으로 다시 살고 우리도 변화되리니 이 썩을 것이 필연코 썩지 아니할 것을 입고, 이 죽을 것이 죽지 아니함을 입으리라"(고전 15:51-53)

마지막 나팔 때가 언제인가? "**주**께서 함성과 천사장의 소리와 **하나님**의 나팔로 친히 하늘로 좇아 강림하시리니, **그리스도** 안에서 죽은 자들이 먼저 일어나고 그후에 우리 살아남은 자들도 저희와 함께 구름 속으로 같이 끌어 올리워 공중에서 **주님**을 만나게 하시리니, 그리하여 우리가 항상 주님과 함께 있으리라"(살전 4:16-17)

"나를 보내신 뜻은 이것이니, 곧 내게 주신 자 중 내가 하나도 잃어버리지 않고 그 마지막 날에 다시 살리는 것이니라. 또 나를 보내신 이의 뜻은 이것이니 곧 **아들**을 보고 그를 믿는 자마다 영생을 주시는 것이라. 내가 그 마지막날에 그를 살리리라"(요 6:39-40)

"아담 안에서 모든 자가 죽은 것 같이, **그리스도** 안에서 모든 자가 또한 삶을 얻으리라. 그러나 각각 자기 차례대로 되리니 첫 열매인 **그리스도**요, 그 후 그가 강림하실 때 **그리스도**에게 속한 자요"(고전 15:22-23)

그 마지막날, 마지막 나팔에, 하나님의 나팔로 친히 하늘로 좇아 강림하실 때에 그리스도 안에서 죽은 자들이 그리스도의 영화로운 몸과 같이 변화되는 것이다. 그래서 주님과 영원히 항상 함께 있게 되는 것이다.

6) 하나님의 자녀들로 유업을 받을 자들

하나님께서 친히 혈과 육이 되신 궁극적인 이유는 우리를 마귀의 종 노릇 하는 데서 해방시키는 것에서 그치는 것이 아니다. 우리에게 자신의 생명을 나누어 주셔서 궁극적으로 하나님과 같이 되게 하시려는 것이다.

하나님이 사람이 되신 이유도 우리 때문이다. 그것도 부족해서 우리를 위해 죽어 주셨다. 우리 때문에 사람이 되셨고, 우리 때문에 자기 목숨을 내어 주셨고, 우리를 온전히 구원하시기 위해서 부활하셨다.

우리가 얼마나 존귀한 존재인가? 하나님을 사람 되도록 만든 이유가 우리이고, 십자가에 죽으신 것도 우리 때문이며, 부활하신 것도 우리를 의롭게 하시기 위함이라면 하나님이 사람 되시고 십자가에 죽으실 정도로 우리는 귀한 존재들인 것이다. 그래서 궁극적으로 하나님 나라의 유업을 이을 자들이 되는 것이다.

"너희가 **그리스도**께 속한 자면 곧 아브라함의 씨요, 약속대로 과연 유업을 이을 자들이니라"(갈 3:29)

"그러므로 너는 더 이상 종이 아니고 아들이니, 만일 아들이면 또한 **그리스도로** 말미암아 **하나님의** 유업을 이을 자니라"(갈 4:7)

"이 **성령**이 우리 유업의 보증이 되사, 사서 소유하신 것을 대속하실 때까지 우리로 그의 영광을 찬미케 하려 하심이니라"(엡 1:14)

"이로 인하여 **그리스도**는 새 언약의 **중보자**시니 곧 첫 언약 아래서 범한 죄를 속하려고 죽으사,"(히 9:15) "부르심을 받은 자들로 영원한 기업의 약속을 받게 하셨느니라"(엡 1:14)

"썩지 않고 더럽지 않고 쇠하지 아니하는 기업을 받게 하시나니 곧 우리

를 위하여 하늘에 간직하신 것이라"(벧전 1:4)

"이겨 내는 자는 모든 것을 유업으로 받으리니, 나는 그에게 **하나님**이 되고 그는 내게 아들이 되리라"(계 21:7)

7) 왕 같은 제사장이 되어 주님과 함께 다스리게 될 사람

"우리가 하나님 나라를 유업으로 받게 될 때에는 또한 주님과 함께 다스리게 된다. 그러나 너희는 택하신 족속이요 왕같은 제사장들이요 거룩한 나라요 그의 소유된 백성이니 이는 너희를 어두운 데서 불러 내어 **하나님**의 놀라운 빛에 들어가게 하신 자의 아름다운 덕을 선포하게 하려 하심이니라"(벧전 2:9)

"우리를 사랑하시사 자신의 피로 우리를 우리 죄에서 씻으시고 그의 **아버지 하나님께** 우리를 왕들과 제사장들로 삼으신 **그리스도**께 영광과 권세가 세세 무궁토록 있기를 원하노라! 아멘"(계 1:5-6)

"……죽임을 당하사 각 족속과 방언과 백성과 나라 가운데서 자신의 피로 우리를 사서 **하나님**께 드리시고 우리로 우리 **하나님** 앞에 왕들과 제사장으로 삼으셨으니, 우리가 땅에서 다스리리로다"(계 5:9-10)

"이 첫째 부활에 참여하는 자들은 실로 복되고 거룩하도다. 둘째 사망이 그들을 다스리는 권세가 없고, 도리어 그들이 **하나님**과 **그리스도**의 제사장이 되어 **그리스도**와 함께 천 년 동안 다스리리로다"(계 20:6)

사탄의 유혹으로 하나님을 떠나 잃어버린 자가 되었던 인생을 하나님은 친히 혈과 육으로 찾아오셨다. 그래서 우리가 받아야 할 형벌을 대신

받으시고 죽은 자들 가운데서 부활하셔서 마귀를 멸하셨다. 그리고 하나님의 자녀가 다시 될 수 있는 길을 열어 주셨다. 예수님이 부활하신 것을 마음에 믿기만 하면 되는 것이다. 그러면 흑암의 권세 아래 있던 우리를 하나님 나라로 옮기셔서 이 땅에서 천국을 누리며 살게 하시고 하나님의 자녀가 되어 이 땅에 하나님 나라를 건설하는데 쓰임을 받다가 주님이 다시 오시는 그때에는 영광스러운 부활의 몸으로 영원히 사는 몸으로 변형이 되어 이 땅에서 주님과 더불어 제사장이 되고 왕이 되어 그리스도와 함께 다스리게 되는 것이다. 사람이란 존재가 그리스도 안에서 이렇게 놀라운 존재인 것이다.

8과.
구원에 대하여

1) 인생에게 가장 중요한 것

사람들이 인정을 하든 하지 않든, 인생에 있어서 가장 중요한 문제는 구원에 관한 문제이다. 인생은 태어나는 순간부터 죽음을 향해 간다. 그리고 언젠가는 죽음을 맞게 된다. 그러나 중요한 것은 인생은 죽음으로 끝이 나는 것이 아니다. 죽음 후에는 영원한 세계가 있다. 천국이 있고 지옥이 있다. 영원히 천국에서 살든가 아니면 영원한 지옥에서 살든가 둘 중 한 곳으로 간다.

"사람이 만일 온 천하를 얻고도 제 목숨을 잃으면 무엇이 유익하리요?" (마 16:26, 막 8:36, 눅 9:25)라는 말씀이 있다. 이 말씀에서 나온 말이 "한 영혼이 천하보다 귀하다"는 말이다. 천하를 얻었는데, 죽어서 지옥 형벌을 받는다면 그 사람이 얻은 그 천하가 무슨 유익이 있는가? 라는 것이다.

그러므로 사람에게 가장 중요한 것은 "구원"에 관한 것이다. 우리가 다 동일하게 사도들이 선포한 그 복음을 믿고 있다면 구원에 대한 교리가 다를 수 없다. 구원론이 다르다면 다른 복음을 믿고 있다는 이야기 아닐까? 마치 바울의 구원론, 요한의 구원론, 베드로의 구원론이 다른 것과 같은 것이다. 사도들의 구원론이 달랐을까? 그들이 서로 다른 복음을 선포했을까? 아니다, 사도들은 모두 동일한 그 복음을 선포했다. 그러므로 그들의 구원론은 동일할 수밖에 없는 것이다. 복음은 오직 그 복음 밖에 없기 때문이다.

2) 구원 혹은 영생이란 무엇인가?

대부분의 사람들에게 구원은 죽어서 천국 가는 것이라고 생각을 한다. 그러나 구원은 지금 이 땅에서부터 천국을 사는 것이 구원이다. 그렇지 않으면 죽어서도 천국은 없는 것이다.

구원이란 흑암의 권세에서 건짐을 받아 하나님의 그 아들의 나라로 옮겨지는 것이다. "**아버지**께서 우리를 흑암의 권세에서 건져 내사, 그의 사랑하는 **아들**의 나라로 옮기셨나니"(골 1:13)

언제 이런 일이 일어나는 것인가? 죽은 후에 일어나는 일인가? 아니다. 우리가 예수의 부활을 마음에 믿는 순간 일어나는 일이다. "하나님이 그를 죽은 자 가운데서 살리신 것을 마음에 믿으면 구원을 받으리니……."(롬 10:9)

구원은 지금 이 땅에서 세상 임금, 곧 흑암의 권세에서 건짐을 받아 마귀가 왕 노릇 하는 세상에서 예수 그리스도를 왕으로 모시고 천국을 사는 것이다. 서서히 조금씩 천천히 건짐을 받아 죽은 후에 하나님의 나라로 옮기시는 것이 아니라, 마음에 믿는 순간 빛의 속도보다 더 빠른 속도로 순식간에 우리를 흑암의 권세에서 건지시고 하나님의 아들의 나라로 옮기시는 것이다.

천국을 한 번 생각해 보자: 천국에 미움이 있을까? 두려움이 있을까? 염려와 근심과 걱정이 있을까? 분노가 있을까? 거짓이 있을까? 자기자랑이 있을까? 싸움과 다툼이 있을까? 어두움이 있을까? 시기와 질투가 있을까? 더럽고 추악함이 있을까? 탐욕이 있을까? 음란이 있을까? 눌리고 포로됨이 있을까? 여기에 나열한 이런 상태들은 마음이 상한 모습들을 나열한 것이다.

"**대주재 여호와의 영**이 내게 임하셨으니 이는 **여호와**께서 내게 기름을 부으사 가난한 자에게 아름다운 소식을 전하려 하심이라. 나를 보내사 마음이 상한 자를 고치며 포로 된 자에게 자유를, 갇힌 자에게 놓임을 전파하며 **여호와**의 은혜의 해와 우리 **하나님**의 신원의 날을 전파하여 모든 슬픈 자를 위로하되 시온에서 슬퍼하는 자에게 재를 대신하여 아름다움을 주며 애통을 대신하여 희락의 기름으로, 무거운 마음을 대신하여 찬송의 옷으로 주며 그들로 의의 나무 곧 **여호와**의 심으신 바 '그의 영광을 나타낼 자'라 일컬음을 얻게 하려 하심이니라"(사 61:1-3)

하나님께서 사람 되어 오신 이유는 가난한 자에게 아름다운 소식 즉 그 복음을 선포해서 마음이 상한자를 고치며 포로 된 자에게 자유를 주고, 갇힌 자에게 놓임을 주기 위해서다. 그래서 슬퍼하는 자에게 재를 대신하여 아름다움을 주며 애통을 대신하여 희락의 기름으로 무거운 마음을 대신하여 찬송의 옷으로 주며 그들로 의의 나무, 곧 하나님의 영광을 나타낼 자들이 되게 하시겠다는 것이다.

구원은 상한 마음이 고침을 받는 것이며 포로 된 자가 자유케 되는 것이며 눌리고 갇힌 자가 놓임을 받는 것이다. 그래서 참된 자유함을 누리고 참된 평안과 희락과 기쁨과 진실과 선함과 사랑을 지금 이 땅에서 누리며 살기 시작하게 되는 것을 의미한다. 그러다 우리의 생을 마감하게 되면 영원한 세계에서 주님과 함께 온전한 천국을 영원히 누리며 살게 되는 것이다.

구원은 다른 말로 하면 마음의 주인이 나에게서 예수님으로 바뀐 것을 의미한다. 내 마음을 통치하고 다스리시는 분이 더 이상 내 자신이 아니라 내 안에 계신 그리스도이시기 때문에 내 마음에 천국이 임하는 것이다.

"이를 위하여 **그리스도**께서 죽으셨다가 일어나 다시 사심으로 죽은 자와 산 자의 **주재**가 되려 하심이니라"(롬 14:9) 그리고 "**하나님**의 나라는 먹는 것과 마시는 것이 아니요, 오직 **성령** 안에서 의와 평강과 희락임이니라"(롬 14:17)고 했다. 그분이 통치하시는 하나님의 나라, 곧 천국은 오직 성령 안에서 의와 평강과 희락이 있는 것이다.

그뿐 아니라 그분이 통치하시는 삶은 또한 인생의 목적을 확 바꾸어 버린다. 내가 주인일 때에는 나 자신을 위하여 살 수밖에 없다. 그러나 주인이 예수님으로 바뀌게 되면 즉시 나를 위해 살던 삶에서 나의 참된 주인이신 예수 그리스도를 위해 살게 되어 있다. "**그리스도**께서 모든 사람을 대신하여 죽으심은 산 자들로 하여금 다시는 자기 자신을 위하여 살지 않고, 오직 저희를 위하여 죽으셨다가 다시 사신 자를 위하여 살게 하려 하심이니라"(고후 5:15)

그렇다! 구원받은 사람들은 상황과 환경에 상관없이 마음에 천국을 누리며 살게 된다. 그것이 구원이다. 그리고 더 이상 자신을 위해 사는 것이 아니라 나를 위해 죽으시고 다시 사신 예수 그리스도를 위해 살게 된다.

즉 그 복음을 위하여 살게 된다는 이야기다. 무엇을 하든지 내가 하는 일은 그 복음 선포를 위한 도구일 뿐이지 그 일 자체가 목적이 아닌 것이다.

또한 구원은 영생을 얻는 것이다. 영생은 사람들이 생각하는 것처럼 죽어서 천국 가는 정도의 것이 아니다. 이 세상에서 예수의 생명을 얻는 것이다. 예수의 생명은 부활생명이다. 요한복음 11장 25절에 "나는 부활이요 생명이니 나를 믿는 자는 죽어도 살겠고 무릇 살아서 나를 믿는 자는 영원히 죽지 아니하리라"라고 하셨다.

"하나님이 세상을 이처럼 사랑하사 독생자를 주셨으니 이는 저를 믿는 자마다 멸망치 않고 영생을 받게 하려 하심이라"(요 3:16)

하나님이 사람이 되어 이 땅에 오신 이유는 우리에게 영생을 주시기 위함이다. 무엇이 영생인가? 부활이 영생인 것이다. 영생을 주시기 위함이란 부활을 주시기 위함이다. 영생을 부활로 바꾸면, 저를 믿는 자마다 멸망치 않고 부활을 받게 하려 하심이라는 것이다.

예수님이 이 땅에 오신 이유는 우리를 위해 죽으러 오신 것이 아니라 우리에게 영생 곧 부활생명을 주시러 오신 것이다. "나를 보내신 이의 그 뜻은 이것이니 곧 아들을 보고 믿는 자마다 영생(부활생명)을 주시는 것이라. 내가 그 마지막 날에 그를 살리리라!"(요 6:40)

구약의 성도들은 그리스도의 부활을 미리 보고 믿어서 의롭다 함을 받았다. "이것을 미리 보는 고로 그리스도의 부활하심을 말하여……."(행 2:31) 그리스도의 부활을 미리 보고 말했다는 것이다. "그가 믿은 바 하나님은 죽은 자를 살리시며 없는 것을 있는 것같이 부르시는 자시니라"(롬 4:17) 아브라함이 무엇을 믿었는가? 죽은 자를 살리시는 하나님—즉 부활을 믿은 것이다.

그럼 하나님께서 원하시는 믿음, 우리에게 요구하시는 그 믿음은 무엇인가? 하나님 자신이 죽은 자를 살리시는 하나님이심을 믿으라는 것이다. 무엇을 보고 믿으라고 하는 것인가? 예수의 부활 사건을 보고 믿으라는 것이다. 사망을 삼키고 승리하신 예수를 바라보고 믿으라는 것이다.

"나는 부활이요 생명이니 나를 믿는 자는 죽어도 살겠고 무릇 살아서 나를 믿는 자는 영원히 죽지 아니하리라. 네가 이것을 믿느냐?"(요 11:25) 무엇을 믿느냐고 물으시는가? 내가 부활이요 생명이라는 것을 믿느냐? 물으시는 것이다. 우리가 예수를 믿는다고 할 때 예수가 부활이요 생명이심을 믿는 것이다.

예수님 자체가 영생이시다. 예수님 자체가 부활 생명이시다! 그분은 사람 되셔서 죽고 부활하지 않으셔도 영생 그 자체이다. 그분이 사람 되신 이유는 우리에게 영생을 주시기 위함이다. 무엇이 영생인가? 부활이 영생인 것이다. 죽어도 다시 사는 것이 영생인 것이다. 그러므로 부활하신 예수를 바라보고 마음에 믿은 자들에게는 부활생명 즉 영생을 선물로 주시는 것이며 "내가 그 마지막 날에 그를 살리리라"고 하셨는데 누구를 살리신다는 것인가? 부활하신 예수를 바라보고 마음에 믿은 자들 곧 부활생명을 소유한 사람들을 다시 살리신다는 것이다. 이들은 자신들에게 부활생명이 있기 때문에 언제나 누구에게나 자기 안에 있는 생명을 이야기하는 사람들이다. 즉 부활의 증인들인 것이다.

이들이야말로 누가복음 14장 25-33절에 나오는 제자의 조건을 갖춘 자들이다: 예수를 위해 가족도 미워할 수 있고, 예수를 위해 자기 목숨도 내어 놓을 수 있고, 예수를 위해 모든 것을 버릴 수 있는 사람들이다. 이런 사람들은 세상이 감당하지 못하는 사람들인 것이다.

3) 사람에게 구원이 왜 필요한가?

　우리에게 구원이 필요한 이유는 모든 사람들이 죽고 심판을 받기 때문이다. 그리고 죽음을 두려워하여 평생 동안 매여 마귀의 종 노릇 하기 때문이다(히 2:15). 죽음은 죄의 삯으로 들어왔고, 죄의 주인은 사탄이다. 모든 사람에게 한 번 죽는 것은 정해졌으며 그 후에는 심판이 있다. 누구나 한 번 태어나면 죽음을 맞이하게 된다. 이것은 무슨 이야기인가? 죽음이 끝이 아니라는 이야기다. 그리고 우리가 인생의 주인이 아니라는 이야기다. 그럼 누가 우리 인생의 주인인가? 우리를 심판하시는 분이 우리의 주인이신 것이다. 예수님이 산 자와 죽은 자의 주인이심을 증명하시기 위해 친히 죽은 자 가운데서 부활하셔서 마귀를 멸하신 것이다. 죽은 자와 산 자의 주는 예수님이시다. 그러므로 예수님께서 모두를 심판하시게 되는 것이다.

　이런 질문을 해 보자: 태어나기 전에 자신이 남자 혹은 여자로 태어날 것을 계획하고 태어난 사람이 있는가? 태어나기 전에 이미 자신이 한국사람으로 태어날 것을 계획하고 태어난 사람이 있는가? 태어나기 전에 자신이 20세기 혹은 21세기에 태어나기로 결정하고 태어난 사람이 있는가? 태어나기 전에 이미 이씨, 혹은 김씨, 박씨 등의 혈통으로 태어날 것을 계획하고 태어났는가? 태어나기 전에 이미 자신이 무슨 재능을 가지고 태어날 것을 계획하고 태어났는가?

　이런 질문만 해 봐도 한 가지 결론은 분명하다: 나는 내 인생의 주인이 아니다. 그럼 부모가 우리를 낳아 주셨으니까 우리 인생의 주인인가?

　만약 재생산 기능을 자기 자신이 만들어서 원하는 대로 생산을 할 수 있다면 모르지만 사람이 가진 재생산 기능은 창조주께서 고안해서 만들어 주신 것이지 자신들이 고안해 만들어 가진 것이 아니기 때문에 우리의 주인이라 할 수 없다.

또 죽음에 대해서 몇 가지 질문해 보자: 언제 죽을지 계획하고 죽는가? 어떻게 죽을지 계획하고 죽는가? 죽기 싫은데 왜 죽어야 하는가? 나 자신의 수명을 내가 원하는 대로 늘릴 수 있는가? 수명이라는 것은 누가 정해 놓은 것인가?

우리는 언제 죽을지 모르고, 어떻게 죽을지 모르고, 또 안 죽고 싶어도 죽어야 한다. 수명이라는 것이 있어서 세월이 흐르면 늙어야 하고, 늙으면 죽는 것이 이치이고 이것을 어길 수 있는 사람은 아무도 없다.

그렇다면 출생과 죽음이 우리에게 분명히 가르쳐 주는 것이 있다. 우리는 우리 인생의 주인이 아니라는 것이다! 그러면 누가 우리 인생의 주인이란 말인가? 우리를 창조하신 창조주가 우리의 주인이신 것이다.

성경이 바로 그 이야기를 하고 있고, 그 복음이 바로 그 부분을 선포하고 있는 것이다.

로마서 14장 7-9, 11절에 예수께서 죽은 자와 산 자의 주가 되심을 선포하고 있다. 예수께서 죽은 자 가운데서 부활하신 이유는 그분이 죽은 자와 산 자의 주가 되심을 선포하는 것이다.

로마서 10장 9절은 예수를 주로 시인하고 또 하나님이 그를 죽은 자 가운데서 살리신 것을 마음에 믿으면 구원을 받는다고 약속하신다. 예수님의 부활을 마음에 믿는 것이 왜 중요한가? 예수님이 마귀를 멸하시고 나의 죄의 문제를 100% 해결해 주시고 하나님의 의로 나를 의롭다 해 주시는 것을 믿는 것이기 때문에 중요하다. 마음에 믿지 않는다는 것은 예수님이 나를 위해 마귀를 멸하시고 죄의 문제를 해결하셨다는 것을 부정하는 것이 되는 것이다.

구원은 인생의 주인이 내 자신에서부터 예수 그리스도로 바뀌는 것을 의미한다. 인생의 주인이 바뀔 수 있는 유일한 방법은 마음에 예수의 부활을 믿는 것이다. 예수의 부활을 마음에 믿을 때에 예수께서 다윗의 자손 되신 다윗의 뿌리이심을 알게 되기 때문이며, 영존하신 아버지가 아들이 되신 전능하신 하나님이심을 알게 되기 때문이다. 그리고 영존하시는 아버지가 친히 한 아기로 한 아들로 이 땅에 오신 것은 마귀를 멸하시고 죄의 문제를 100% 해결하시고 하나님의 의를 드러내심으로 이것을 마음에 알고 믿게 될 때에 우리는 예수의 이름 앞에 무릎을 꿇게 되고 예수를 나의 주, 나의 하나님으로 모시게 되는 것이다.

그럼 예수가 어떤 분인지 논리적으로 생각해 보자: 아무도 자신의 인생을 미리 계획하고 태어나는 사람이 없는데, 만약 그런 사람이 있다면 1) 그분은 태어나기 전에 이미 존재하고 있어야 한다. 2) 그분은 사람일 수 없다. 사람으로 존재했다면 출생과 죽음을 계획할 수 없기 때문이다. 3) 그러므로 그분은 우리가 알고 있는 물질세계 너머 보이지 않는 다른 세계에 존재하신다는 의미다. 성경은 그것을 영의 세계라고 말씀하신다. 요한복음 4장 24절에 "하나님은 영이시니"라고 하나님의 본질을 가르쳐 주시고 있다.

영의 세계에는 하나님이 계시고, 천사들이 있다. 천사들 중에는 타락한 천사들이 있고, 더러운 영들이 있고, 악한 영들이 존재한다. 타락한 천사장 루시퍼가 하나님을 대적하는 세력이 되었고 그를 사탄이라고 가르쳐 주신다.

우리는 혈과 육을 가졌고, 하나님은 영으로 존재하시기 때문에 우리는 하나님을 볼 수가 없다. 영으로 존재하시는 하나님은 자신이 전능자라는 증거를 보여 주셔야 인간은 그 증거를 가지고 그분을 전능하신 하나님으로 인정하고 믿을 수 있는 것이다.

전능자 하나님을 증거하는 것이 바로 그 복음이다. "그 복음은 하나님이 그의 선지자들을 통하여 성경에 미리 약속한 그의 아들에 관한 것으로 그가 육신으로는 다윗의 혈통으로 나셨으나 성결의 영으로 죽은 자들 가운데서 부활하시어 능력으로 하나님의 그 아들로 인정되셨으니 곧 예수 그리스도 우리 주님이시라"(롬 1:2-4)

그분은 미리 자신이 남자가 될지 여자가 될지 계획하셨다. 이사야 9장 6절에 한 아기, 한 아들로 주신 바 될 것이라고 미리 약속하셨다.

그분은 동정녀 탄생하실 것을 미리 약속하셨다. 이사야 7장 14절에 처녀가 잉태하여 아들을 낳을 것이요 그 이름을 임마누엘이라 하리라. 그분이 만약 사람 아버지가 있었다면 하나님의 그 아들이 될 수가 없다. 하나님이 아버지가 아니라 사람이 아버지이기 때문이다. 그러나 동정녀 탄생하셔야 하는 것은 그분이 하나님의 그 아들로 태어나셔야 하기 때문이다.

그분은 출생지도 미리 계획하셨다. 미가서 5장 2절, "유다 베들레헴"에서 출생하실 것을 미리 약속하셨다.

그분은 어느 민족으로 태어나실지 그리고 어느 동네에서 자라실지도 미리 정하셨다. 유대인으로 태어나시고 나사렛 사람이라 불리울 것을 미리 약속하셨다.

그분은 가족과 혈통을 미리 정하셨다. 그분은 다윗의 혈통으로 태어나실 것을 미리 약속하셨다. 다윗의 아들들 중에 나단의 혈통을 통해 태어난 마리아라는 동정녀의 몸을 통해 다윗의 혈통이 되셨고, 다윗의 아들들 중 솔로몬의 혈통으로 여고냐의 직계 자손인 요셉의 아들로 입양이 되어 다윗의 보좌에 앉을 합법적인 권한도 확보하셨다.

그분은 어떠한 죽음을 맞으실지 미리 계획하셨다. 시편 22장과 이사야 53장은 아주 상세하게 어떤 모습으로 고난당하시고 죽으실지 기록하고 있다.

그리고 그분은 죽은 후에 부활하실 것도 미리 약속하셨다. 요나서, 시편 16, 55장, 이사야 25, 26장과 여호와의 절기에서 죽은 지 삼일만에 다시 살아나실 것을 미리 약속하셨다.

그리고 누가복음 18장 31-34절과 요한복음 5장 39절에 이 성경이 곧 내게 대하여 증거하는 것이라고 말씀하신다.

인류 역사의 인물 중 이렇게 자신의 삶을 태어나기 전부터 미리 계획하고 그것을 책에 써서 알리고 그대로 약속을 이룬 사람은 아무도 없다.

예수님은 역사적 인물이다. 세계사에서도 예수님을 사대 성인 중 한 분으로 꼽는다. 예수님의 십자가의 고난과 죽음은 역사적 사실이다. 이것을 부정하는 사람들은 없다.

그렇다면 예수의 부활은 역사적 사실인가? 만약 부활이 역사적 사실이 아니라면 예수는 사기꾼이고 기독교는 사기 종교이기 때문에 믿을 가치가 없다. 그리고 예수의 부활을 퍼뜨린 제자들은 모두가 다 사기꾼들인 것이다.

그렇다면 논리적으로 이것을 따져보자: 예수의 부활은 둘 중에 하나이다: 사실 아니면 거짓이다.

거짓이라면 예수의 부활을 퍼뜨린 제자들은 둘 중에 하나이다: 거짓인지 알면서 거짓말을 퍼뜨렸던가 아니면 거짓인지 모르고 거짓말을 퍼뜨린 것이다.

거짓인 것을 알면서 거짓말을 퍼뜨렸다면 결론은 예수의 제자들은 다 사기꾼들이고 기독교는 사기 종교이다.

그렇다면 이런 질문을 해 보자: 왜 예수의 제자들은 사실도 아닌 예수의 부활을 퍼뜨리다가 모두 순교를 당한 것일까? 순교를 하면서까지 거짓말을 만들어 퍼뜨릴 사람이 있을까? 그럴 사람은 아무도 없다. 거짓말을 한다는 것은 비겁한 사람임을 뜻한다. 비겁한 사람은 죽음을 각오하고 거짓말하지 않는다. 그리고 이 사람들은 "주와 함께 죽을지언정 주를 부인하지 않겠나이다" 하고 장담을 했지만 다 예수를 버리고 도망한 사람들이다. 그러므로 이 논리는 맞지 않는다.

그렇다면 모르고 거짓말을 했다는 이야기인데, 예수가 부활했는지 안 했는지도 모르면서 모르는 말을 퍼트리는 사람들이 종종 있지만 자기들도 모르는 것을 퍼뜨리면서 신약 성경을 기록하고 마치 그럴듯하게 거짓말을 한다면 온전한 신약성경이 쓰여질까? 하는 것이다.

바울이 부활하신 예수를 만나지도 않고 만났다고 거짓말을 할까? 요한과 베드로가 부활하신 예수를 만나지도 않고 예수가 부활하셨다고 기록했을까?

역시 마찬가지로 모르는 거짓말을 만들어 내면서까지 자기 목숨을 내놓을 사람은 아무도 없다. 그들이 자기들의 목숨을 내놓을 수 있었던 것은 진짜 부활하신 예수를 만났기 때문이다.

그렇다! 가장 논리적인 것은 예수의 부활이 사실이라는 것이다! 예수의 부활이 사실이란 것은 그분이 많은 증인들을 세워 놓고 가셨기 때문이다.

사도행전 1장 3절에 "고난 받으신 후에 또한 저희에게 확실한 많은 증거로 친히 사심을 나타내사, 사십 일 동안 저희에게 보이시며 **하나님** 나라의 일을 말씀하시니라." 고린도전서 15장 5-8절에 보면 최소한 오백여 명에게 부활하신 몸을 나타내 보이셨다. 예수님의 부활은 역사적 사건이므로 모든 사람이 믿을 수 있는 너무나도 확실한 객관적인 증거인 것이다.

4) 구원받는 유일한 방법/조건

그렇다면 우리가 구원을 받는 데 하나님께서 요구하시는 조건이 무엇인가?

"하나님이 그를 죽은 자 가운데서 살리신 것을 네 마음에 믿으면 구원을 받으리니……."(롬 10:9), 그리고 "저에게 의로 여기셨다고 기록된 것은 이제 아브라함만 위한 것이 아니요 의로 여김을 받을 우리도 위함이니 곧 우리 주 예수를 죽은 자 가운데서 살리신 하나님을 믿는 자니라"(롬 4:23-24)

구원은 하나님의 은혜로 주시는 선물이다! 행위로 되는 것이 아니라는 이야기다. 우리가 무엇을 했기 때문에 구원받는 것이 아니라 하나님께서 친히 우리를 위해 처음부터 끝까지 다 해 주신 것이라는 뜻이다.

고린도후서 5장 14절에 "생각건대 만일 한 사람이 모든 사람을 대신하여 죽으면 모든 사람이 죽은 것이라"는 말씀이 있다. 구원에 관한 모든 것을 처음부터 끝까지 내가 능력이 안 되는 것을 하나님께서 대신 다 해 주셨다는 것이다. 그래서 내가 할 일이 아무것도 없다는 것이다. 이것이 하나님의 은혜로 구원을 받는다는 의미이다.

그런데 하나님의 은혜에 들어감을 얻으려면 필요한 것이 있다: "너희가 그 믿음[6]으로 말미암아 은혜로 구원을 받았나니, 이는 너희에게서 난 것이 아니요 **하나님**의 선물이라"(엡 2:8)

"우리가 또 **그리스도**로 말미암아 그 믿음[7]으로 이 은혜에 들어감을 얻고, 이 은혜에 서서 **하나님**의 영광을 바라며 즐거워하느니라"(롬 5:2)

로마서 5장 2절의 문맥을 살펴보면 "그 믿음"이 어떤 믿음을 가리키는지 정확하게 알 수 있다. 로마서 3장 21-31절에서 "그 믿음"이 무엇인지 설명을 한다. 그리고 4장에서 아브라함을 등장시킨다:

로마서 3장 21-22절: 그러나 이제는 율법과 상관없이 **하나님**의 의가 나타났으니, 이는 율법과 선지자들에 의하여 증거를 받은 것으로 오직 **예수 그리스도**의 신실하심[8]으로 말미암아 모든 자 곧 믿는 자 모두에게 미치는 **하나님**의 의니 차별이 없느니라.

---

6 현대 사본에는 정관사가 빠져 있으나, 전수 사본에는 믿음 앞에 정관사가 붙어 있다. 그래서 현대 사본을 번역한 성경들은 그냥 "믿음으로 말미암아"라고 번역을 하였지만 전수 사본을 번역한 전수성경은 "이 믿음으로 말미암아"라고 번역을 했다. διὰ τῆς πίστεως—through the faith 하지만 전수 성경의 번역도 "이 믿음—this faith"이 아니라 "그 믿음—the faith"이라고 번역을 해야 한다.

7 로마서 5:2절에도 정관사가 번역이 안 되었다. 그러나 전수사본 원어를 보면 τῇ πίστει 정관사가 붙어 있다. 그러므로 '그 믿음'으로 번역을 해야 마땅하다.

8 δικαιοσύνη δὲ Θεοῦ διὰ πίστεως Ἰησοῦ Χριστοῦ—이 부분을 직역하면 but the righteousness of God is through faithfulness of Jesus Christ—하나님의 의는 예수 그리스도의 믿음 아니면 신실하심으로 말미암아 라고 번역을 해야 한다. 예수 그리스도는 믿음의 대상이지 믿음을 가지셔야 하는 분이 아니다. 그러므로 여기서 올바른 번역은 '예수 그리스도의 신실하심으로 말미암아'라고 번역을 해야 하는 것이다. 그리고 바울은 바로 그 이야기를 하고 있다. 우리가 의롭다 함을 받는 것은 예수 그리스도의 신실하심으로 말미암아 모든 자 곧 믿는 자 (예수 그리스도의 신실하심을 믿는 자) 모두에게 미치는 하나님의 의니 차별이 없다고 말하는 것이다.

로마서 4장 3절: 그러면 성경이 무엇을 말하느냐? '아브라함이 **하나님**을 믿으매, 이것이 저에게 의로 여기신 바 되었느니라.' 행위가 없을지라도, 경건치 아니한 자들을 의롭다 하시는 **하나님**을 믿는 자에게 그의 믿음이 의로 여김을 받느니라.

로마서 4장 16-17절: 그러므로 후사됨이 믿음으로 말미암고 그로 인해 은혜에 속하게 하시려고 모든 후손 곧 율법에 속한 자에게뿐만 아니라 아브라함의 믿음에 속한 자에게도 그 약속을 굳게 하시나니, 아브라함은 하나님 앞에서 우리 모두의 조상이니라. 기록된 바 '내가 너를 많은 민족의 조상으로 세웠다' 하셨으니 그가 믿은 바 **하나님**은 죽은 자를 살리시며 없는 것을 있는 것 같이 부르시는 자시니라.

로마서 4장 21-24절: **하나님**이 약속하신 그것을 또한 능히 이루실 줄 확신하였으니, 그러므로 또한 이것을 저에게 의로 여기셨느니라. 저에게 의로 여기셨다고 기록된 것은 이제 아브라함만 위한 것이 아니요, 의로 여김을 받을 우리도 위함이니 곧 우리 **주 예수**를 죽은 자 가운데서 살리신 **하나님**을 믿는 자니라.

로마서 5장 2절: 우리가 또 **그리스도**로 말미암아 그 믿음으로 이 은혜에 들어감을 얻고, 이 은혜에 서서 **하나님**의 영광을 바라며 즐거워하느니라.

아브라함을 그 믿음의 조상으로 세우셨다는 것은 그 믿음으로 의롭다 함을 받고 그 믿음으로 구원받는 본보기로 세우셨다는 의미이다. 구원받으려면 아브라함과 동일한 그 믿음을 갖아야 구원받는다는 뜻이다.

5) 아브라함의 그 믿음

4장 17절에 "죽은 자를 살리시며 없는 것을 있는 것 같이 부르시는" 하나님을 믿었다고 기록하고 있다. 죽은 자를 살리시는 하나님을 믿어야 의롭다 함을 받는다는 이야기다. 이것이 바로 아브라함의 그 믿음이었던 것이고 이것을 4장 23-24절에서 "주 예수를 죽은 자 가운데서 살리신 하나님을 믿는"것과 동일시하고 있다. 바로 예수가 죽은 자 가운데서 부활하신 것을 마음에 믿는 믿음이 "그 믿음"인 것이다. 그 믿음이 있어야 구원을 베푸시는 하나님의 은혜에 들어감을 얻는다.

로마서 10장 9절에 하나님이 그를 죽은 자 가운데서 살리신 것을 네 마음에 믿으면 구원을 받으리니! 마음에 믿으면 입으로는 저절로 예수를 주로 시인하게 되어 있다. 그러므로 구원받은 유일한 조건은 "예수의 부활을" 마음에 믿는 것뿐이다.

6) 머리로 아는 것과 마음으로 믿는 것의 차이

내가 머리로만 알고 있을 때, 나는 아무리 그 믿음으로 말미암아 은혜로 구원을 받는다고 알고 부르짖어도 구원을 주시는 하나님의 능력을 경험하지 못한다. 그래서 내 안에는 그 복음으로 인한 기쁨과 감사와 감격도 없다. 그 복음이 내 인생의 전부가 되지 못하고 나는 부활의 증인으로 살지 못한다.

자신에게 몇 가지만 질문해 보라: 나는 누구를 만나든 부활의 증인인가? 나에게 예수 그리스도가 전부가 되었는가? 나는 그 복음으로 감격하며 흥분하고 있는가? 나는 천국을 살고 있는가? 나는 그리스도의 제자를 만들고 있는가?

만약 하나라도 그렇지 않다면 당신은 그 복음 앞에 다시 서서 부활하신 예수님을 만나야 한다. 그리고 "그 믿음"을 가져야만 "의롭다" 함을 받게 된다.

만약에 아브라함이 죽은 자를 살리시는 하나님을 머리로만 알았다면 백세에 낳은 아들 이삭을 번제로 바치라고 했을 때 바칠 수 없었을 것이다. 그러나 아브라함은 마음에 확실하게 믿었기 때문에 조금도 주저하지 않고 이삭을 데리고 모리아산으로 가서 그를 번제로 드리려 했던 것이다.

만약에 우리가 타임머신을 타고 2천 년 전으로 돌아가서 예수님이 십자가에 못 박혀 죽으시는 광경을 목격했다면 우리의 감정, 마음, 그리고 삶은 어떨지 한번 상상해 보자. 베드로를 비롯해서 제자들 모두는 "주와 함께 죽을지언정 주를 부인하지 않겠나이다"(마 26:35)라고 장담했다. 그러나 "제자들이 다 예수를 버리고 도망하니라"(마 26:56)고 기록하고 있다. 십자가 앞에서 그들은 두려웠고, 혼란스러웠고, 허무했고, 어찌할 바를 알지 못했다. 그런데도 예수께서 우리를 위해 십자가에 죽으셨다고 열정적으로 설교할 수 있을까? 그렇게 못할 것이다.

그런데 삼 일만에 살아나신 예수님이 우리에게 나타나셨다면, 그래서 부활하신 예수님을 정말 만났다면 우리의 감정, 마음, 그리고 삶은 지금과 어떻게 달라질까? 만나는 사람들에게 무슨 이야기를 해 줄 것인가?

예수님이 죽은 자 가운데서 살아나셨다! 예수님이 부활하셨다. 그리고 우리가 다 이 일의 증인들이다! 라고 외치지 않을까?

우리도 예수님이 죽은 자 가운데서 부활하신 것이 마음에 믿어지면 동일한 그 복음을 외치게 된다. "부활의 증인이 되리라"는 말씀이 실제가 되는 것이다. 그동안 예수님이 부활하셨다고 선포하지 못했다면 이유는 분명하다. 마음에 믿지 않았기 때문이다. 마음에 믿지 않는다는 것은 아무리 입으로 시인해도 마음에는 부정하고 있는 것이다. 그러므로 이런 사람들에게는 그리스도의 부활은 없는 것이 되고 그렇기 때문에 그들의 믿음은 헛되고 여전히 죄 가운데 있게 되는 것이다(고전 15:17).

예수님의 부활이 마음에 믿어질 때 무엇이 확증되는 것인가? 예수님이 전능자 하나님이 사람 되신 분이심이 확증된다. 다윗의 뿌리가 다윗의 자손 되신 분임이 확증된다. 영존하신 아버지가 하나님의 아들이 되신 분임을 확증된다. 그리고 무엇보다 예수님이 나의 주, 나의 하나님, 나의 영존하신 아버지이심이 확증된다. 그러나 마음에 믿지 않는 사람들에게는 예수님께서 친히 확증하신 이 모든 것을 다 부정하게 되는 것이다.

전능자 하나님이 나 때문에 자신을 비어 종의 형체를 가져 사람의 모양으로 오셔서 자신의 몸을 십자가에 대속물로 주신 것을 알게 되는 순간 우리는 더 이상 나 자신을 위해 살 수 없는 존재가 되는 것이다. 바로 새로운 피조물이 되는 것이다. 나 자신을 위해 살던 내가 더 이상 나 자신을 위해 살지 못하는 존재로 바뀌는 것이다. 나를 위해 죽고 부활하신 나의 주, 나의 하나님을 위해 사는 존재로 바뀌는 것이다. 나의 주 나의 하나님을 위해 사는 존재로 바뀐다는 것은 그 순간부터 부활의 증인이 되는 것이며, 그 복음의 선포자가 되는 것이다.

7) 구약시대의 구원과 신약시대의 구원은 어떻게 다른가?

　4천 년 전 사람들이 구원을 받는 방법과 2천 년 전 신약시대에 구원을 받는 방법과 지금 현재 시대를 사는 사람들의 구원 방법은 어떻게 다른가? 어떤 사람들은 구약시대에는 율법을 지켜서 구원을 받는다고 주장하는 사람들도 있다. 구약시대와 신약시대에는 구원받는 방법이 다를 것이라고 생각하는 사람들이 있다. 그러나 성경은 4천 년 전이나 2천 년 전이나 지금이나 구원받는 방법은 동일하다고 가르치고 있다.

　4천 년 전 아브라함이 구원을 받은 방법은 지금 우리가 구원을 받는 방법과 동일하다. 로마서 4장에 보면 아브라함을 그 믿음의 조상으로 세우셨다. 아브라함을 그 믿음의 조상으로 세우셨다는 것은 아브라함과 같이 이렇게 믿어야 의롭다 함을 받는 것이라고 하는 샘플로 세우셨다는 의미이다. 즉 아브라함이 믿은 것처럼 우리도 믿게 하기 위해서 그를 그 믿음의 조상으로 세우신 것이다.

　그러면 아브라함은 어떠한 믿음을 가졌었는가? 그는 죽은 자를 살리시는 하나님을 믿었고, 없는 것을 있는 것처럼 부르시는 하나님을 믿었다고 기록되어 있다. 그리고 로마서 4장 23-24절에는 "저에게 의로 여기셨다고 기록된 것은 이제 아브라함만 위한 것이 아니요 의로 여김을 받을 우리도 위함이니 곧 우리 주 예수를 죽은 자 가운데서 살리신 하나님을 믿는 자니라" 하고 기록하고 있다.

　지금도 우리가 의롭다 함을 받는 길은 오직 하나뿐이다. "의로 여김을 받을 우리도 위함이니 곧 우리 주 예수를 죽은 자 가운데서 살리신 하나님을 믿는 자니라"(롬 4:24) "하나님이 그를 죽은 자 가운데서 살리신 것을 마음에 믿으면 구원을 받으리니"(롬 10:9) 4천 년 전이나, 2천 년 전이나, 지금이나 천 년 후에라도 의롭다 함을 받는 방법은 오직 하나이다. "죽은 자를 살리시는 하나님을 마음에 믿는 것"이다. 그 것은 예수의 부활을 마음에 믿는 것과 같은 것이다.

다시 말하면, 우리가 예수의 부활을 마음에 믿을 때에 아브라함이 죽은 자를 살리시는 하나님을 마음에 믿은 것과 똑같은 그 믿음을 가지게 된다는 이야기다.

8) 하나님의 능력

"내가 **그리스도의** 복음을 부끄러워하지 아니하노니, 이 복음은 모든 믿는 자에게 구원을 주시는 **하나님**의 능력이 됨이라."

하나님의 능력은 그 복음의 능력이며, 그 복음의 능력은 구원의 능력이다. 우리를 흑암의 권세에서 하나님의 나라로 옮기시는 능력이며, 이 땅에서 천국을 살게 하는 능력이다.

"허물로 죽은 우리를 **그리스도**와 함께 살리셨고 (너희가 은혜로 구원을 받은 것이라) 또 함께 일으키사 우리를 **그리스도 예수** 안에서 함께 하늘에 앉히시니……."(엡 2:5-6)

이것이 하나님의 능력이다. 허물로 죽은 우리를 그리스도와 함께 살리셔서 그리스도 예수 안에서 함께 하늘에 앉히시는 것이다. 그래서 우리는 이 땅에 살지만 그리스도 안에서 하늘에 앉아서 이 땅에 사는 사람들이 된 것이다. 이 땅에 살지만 천국에 앉아서 이 땅에 사는 사람들이 된 것이다.

구원은 우리의 능력이 아니라 하나님의 능력이다. 구원이 우리의 능력으로 얻을 수 있는 것이라면 구원을 빼앗기거나 잃어버릴 수 있을 것이다. 그러나 구원이 하나님의 능력이라면 절대로 빼앗기거나 잃어버릴 수 없는 것이다.

"또한 우리가 이 보배를 질그릇에 가졌으니, 이는 지극히 큰 능력이 **하나님**께로서 말미암고 우리에게서 나지 않게 하려 함이고…… **예수**의 생명이 또한 우리 죽을 몸에 나타나게 하려 함이니라"(고후 4:7, 11)

예수의 생명이 우리 죽을 몸에 있는 것이 바로 구원이다. 예수의 생명이 무엇인가? 부활 생명이다.

9) 한 번 구원은 영원한가?

구원을 잃어버릴 수 있다고 가르치는 사람들이 있다. 그 믿음이 무엇인지 모르고, 그리스도의 부활을 마음에 믿지 않기 때문에 하는 주장이다. 구원이 나의 능력으로 얻어지는 것이라면 그럴 수 있지만, 구원이 전적으로 하나님의 능력으로 이루어지는 것이라면 절대로 잃어버릴 수 없는 것이다. 우리가 구원을 위해 할 수 있는 일은 아무것도 없다. 구원을 얻기 위해서는 마귀를 멸해야 하는데, 마귀를 멸할 수 있는 능력을 가진 사람은 아무도 없다. 그래서 하나님이 친히 사람 되셔서 부활로 마귀를 멸하시고 예수님이 죽은 자 가운데서 부활하신 것을 마음에 믿기만 하면 구원을 주시는 것이다.

10) 회개에 대하여

회개는 생각을 돌이키는 것이다. 사람들이 하는 것처럼 눈물 콧물 흘리며 큰 소리로 죄인을 용서해 달라며 부르짖는 것이 회개가 아니다. 예수님의 부활을 마음에 믿는 것이 곧 회개하는 것이다. 그러므로 회개와 그 믿음은 동일한 것이다. 예수의 부활이 안 믿어질 때에는 아무리 부르짖고 용서를 구해도 회개한 것이 아니다. 그러나 예수의 부활을 마음에 믿는다는 것은 나의 생각이 바뀌었다는 것이다. 예수님에 대한 나의 생각이 완전히 바뀌고, 내 자신에 대한 나의 생각이 완전히 바뀐 것이다.

자기 자신에 대해서 조금이라도 의롭게 생각했던 부분들이 부끄럽고 자신이 얼마나 외식하는 바리새인과 같은지 알아지고 죄라고 생각하지 않았던 부분들까지도 얼마나 크고 추악한 죄인지를 알게 된다. 예전에는 다른 사람들 때문에 내가 힘들다는 생각이 들었다면 이제는 나 때문에 다른 사람들이 고생했구나 하고 생각이 바뀌게 된다. 그런 나에게 예수의 부활을 마음에 믿는 것 하나로 의롭다 칭해 주시고 죄의 뿌리를 제거해 주시니 감사와 감격이 있을 수밖에 없고 희락과 평강이 있을 수밖에 없는 것이다.

그래서 그 복음으로 인해 날마다 감격하고 기뻐하며 범사에 감사하는 사람으로 바뀌는 것이다. 그 것이 구원인 것이다.

9과.
그 교회에 대하여

1) 그 교회란 무엇인가?

"내가 또 네게 이르노니 너는 베드로라. 내가 이 반석 위에 **내 교회**를 세
우리니 음부의 권세가 이기지 못하리라"(마 16:18)

그 교회란 무엇인가? 십자가를 달고 교회라는 간판을 달면 그곳이 교회
인가? 많은 사람들은 그렇게 생각한다. 그 교회를 예수 믿는 사람들이 모
여서 예배 드리는 곳이라고 생각한다. 거기에는 목사가 있고, 장로 집사
들이 있고 교인들이 있어서 함께 모여 하나님께 예배 드리는 장소라는 개
념을 대부분 가지고 있다. 장소적 개념은 아니라고 해도 그런 모임을 교
회라고 생각한다. 어떤 교회는 수십만 명의 교인을 자랑하고 어떤 교회는
수만, 수천 혹은 수백 적게는 수십 명……. 그리고 수억, 수십, 수백 혹은
수천 억씩 들여 성전 건축이라는 미명 하에 화려하고 멋진 예배당 건물을
짓고 교인 숫자와 크고 멋있는 예배당 건물로 목사의 능력을 평가하기도
한다. 그러나 예수님이 세우시겠다고 하는 그 교회는 차원이 다르다. 그
렇다면 성경이 이야기하는 그 교회란 무엇인가?

(1) 누구의 교회인가? 그 교회의 특징 - 그리스도의 머리 되심

예수님께서 세우시겠다고 하신 것이 바로 "그분의 교회"이다. 음부의 권세가 이기지 못하는 그 교회!

그러므로 가장 기본적으로 그 교회는 누구의 교회인가를 알아야 한다. 그 교회의 특징이 무엇인가? 그리스도께서 머리 되신 것이 특징이다. 교회의 머리는 그리스도이지 사도나, 선지자나, 목사나 교사나, 사람이 아니다. 사람들의 교회가 아니다. 장로들의 교회도 아니다. 목사들의 교회도 아니다. 교단의 교회도 아니다. 교황의 교회도 아니다. "내 교회를 세우리니……." 곧 예수 그리스도의 교회이다. 그러므로 교회는 목사들이 원하는 대로 할 수 있는 게 아니고, 교인들이 원하는 대로 해서도 안 되고, 교단이 원하는 대로 해서도 안 되며 장로들이 원하는 대로 해서도 안 되는 것이다. 교회는 오직 주인 되시고 머리 되신 예수 그리스도의 뜻대로 세워져야만 되는 것이다.

신약성경은 그 교회의 매뉴얼이며 그 교회의 청사진이다. 음부의 권세가 이기지 못하려면 무엇 위에 세워져야 하는지, 그 교회가 존재하는 목적, 곧 사명은 무엇인지, 그 교회가 선포해야 하는 메시지는 무엇인지, 그 교회의 최종 권위는 어디에 두어야 하는지, 그 교회 안에 어떤 직분이 있어야 하며 어떤 자격조건이 제시되어졌는지, 그 교회를 세우기 위해 어떤 은사들을 주셨는지, 어떤 은사들을 쇠하게 하시고 그치게 하시고 폐하게 하셨는지, 그 교회의 하나됨은 무엇인지…… 상세하게 기록해 주셨다.

예수님이 세우시려는 그 교회는 예수님이 친히 교회의 머리 되시고, 우리는 그의 몸의 지체들이 되어 만물을 충만케 하시는 자의 충만이 되는 것이 그분이 세우시려는 그 교회이다(엡 1:22-23; 골 1:18). 그 교회(the church)는 그리스도의 그 몸(the body)이고, 그리스도는 그 교회의 그 머리(the head)가 되신다!

그 교회는 이 땅에 세우시려는 하나님의 나라이며 그리스도의 그 몸이다. 정확하게 이야기하자면 그리스도의 두 번째 몸이다. 그리스도의 첫 번째 몸은 친히 사람의 모양으로 만들어지셨던 그리스도의 육체이며, 예수님께서 부활 승천하신 후 지상에는 그리스도를 드러낼 몸이 없어졌다. 예수님께서 승천하신 후에 성령께서 강림하셨다. 예수님의 부활을 목격한 사람들의 심령에 들어오셔서 각 사람을 성령의 전으로 만드시고(고전 3:16, 6:19), 그리스도의 두 번째 몸의 지체로 만드셨다(엡 2:20-23). 그리스도께서 지상에 세우시겠다고 하셨던 그 교회가 최초로 세워지게 된 것이다. 음부의 권세가 이기지 못하는 그 교회. 만물을 충만케 하시는 자의 충만인 그 교회. 부활하신 그리스도와 연합된 그 교회.

몸이 하는 것은 속 사람을 드러내고 나타내는 것이다. 그 교회가 그리스도의 몸이란 말은 예수께서 내 안에 계셔서 나를 통해 세상에 예수를 그리스도로 드러내는 것이다. 그리스도란 여호와 하나님이 사람 되신 분, 다윗의 그 뿌리가 다윗의 그 자손 되신 분, 전능하신 하나님이 하나님의 그 아들 되신 분을 의미한다. 그러므로 그분의 두번째 몸인 교회는 이 세상에 예수께서 하나님이 사람 되신 즉 하나님의 그 아들 그리스도이심을 드러내는 존재들이다. 예수를 하나님의 그 아들로 드러내는 유일한 길은 예수의 부활을 선포하는 것이다.

(2) 음부의 권세가 이기지 못하는 교회

주님이 세우시는 교회는 음부의 권세가 이기지 못한다. 음부의 권세란 무엇인가? 사망의 권세이고 사탄의 권세이다. 사망의 권세가 이기지 못하는 것은 딱 하나 있다. 부활이다. 사탄은 예수의 부활로 멸해졌다. 부활은 사망을 삼켜 버리는 것이기 때문에 부활의 능력 앞에서 음부의 권세는 망하는 것이다. 그러므로 주님이 세우시는 교회는 예수의 부활 위에 세워지는 교회인 것이다. 그렇기 때문에 사탄이 가장 두려워하고 싫어하는 것은 예수의 부활을 선포하는 것이다.

실제로 그 교회는 예수님의 부활 사건 위에 세워졌다. 예수의 부활 사건이 없었다고 생각해 보라. 한결같이 "주와 함께 죽을지언정 주를 부인하지 않겠나이다." 하던 제자들이 겟세마네 동산에서 "다 예수를 버리고 도망"하였다. 큰 소리로 장담하던 베드로는 예수님을 세 번씩이나 부인하고 말았다. 부활 사건이 없었다면 다들 죽음을 무서워하여 자기들의 옛 직업으로 돌아갔을 것이며 이들이 선포할 메시지도 없을뿐더러 오순절 성령 강림 사건도 없을 것이며 아무도 회개하고 예수를 믿겠다고 할 사람도 없을 것이며 부활 사건 없이는 결국 교회 자체가 생길 수 없는 것이다. 그러므로 그 교회는 음부의 권세가 이기지 못하는 부활의 능력 위에 세워진 것이다.

(3) 그 교회의 사명

그 교회의 머리 되신 그리스도께서 자신의 교회에 사명으로 주신 것은 무엇인가? 땅끝까지 그 복음 선포해서 모든 족속으로 제자를 만드는 것이다. 다시 말해 음부의 권세가 이기지 못하는 당신의 몸 된 그 교회를 재생산하는 것이다.

선교를 영어로 mission이라고 한다. 사명도 영어로는 mission이다. 미션은 마땅히 완수해야 할 사명이다. 이것을 영어로 Great Commission이라고 한다: 온 세상 모든 민족에게 그 복음을 선포해서 그리스도의 제자를 만드는 것이다.

하나님의 꿈은 지상에 음부의 권세가 이기지 못하는 그분의 몸 된 그 교회를 세우시는 것이다. 미션은 그 일을 위해 우리에게 맡겨진 임무이다. 이 사명은 우리가 존재하는 이유이기도 하다.

그 교회의 사명은 온 세상 모든 민족에게 그 복음을 선포해서 제자로 만드는 것이다. 이 사명을 누구에게 맡기셨나? 그분의 몸 된 그 교회이다. 그 교회의 터를 닦은 사람들이 사도들이고 그들은 이 일을 위해 보냄을 받았다. 그리고 가는 곳마다 그 복음을 선포하고 제자들을 만들었다.

그러면 제자는 어떻게 만들어지는가? 제자는 오직 그 복음 선포를 통해서만 만들어진다. 그리고 제자는 또 가서 제자를 만든다. 물론 제자가 되고 다른 제자를 만들 시간적 여유없이 주님 앞에 부름을 받을 수 있지만, 일반적으로 제자가 되면 평생 제자 만드는 삶을 살게 되어 있다.

그 복음이 깨달아지기 전에 나는 성경 전체를 잘 가르치고 많은 훈련 과정을 거쳐야 제자가 만들어진다고 생각을 했다. 그러나 그것은 내가 그 복음을 몰랐기 때문에 한 오해였다.

나도 성경을 읽어서 성경의 지식은 가지고 있었고 신학을 하고 목사가 되었지만 내 자신이 제자가 아니었다는 사실을 그 복음을 깨닫고 난 후에야 알게 되었다. 나는 잘 믿는다고 생각했고, 복음을 잘 전하는 목사라고 생각을 했고, 제자들을 만들었다고 생각을 했다. 그러나 그 복음을 깨닫고 나니 나는 그 복음을 모르고 있었고, 모르는 것을 믿을 수 없는 것이었고, 머리로 아는 것을 마음에 믿는다고 착각하였었고, 복음을 잘 전했다고 생각을 했지만, 그 복음을 선포한 것이 아니라 다른 복음을 전했음을 알게 되었다.

그 복음을 마음에 깨닫고 믿기 전에는 제자가 된 것이 아니다. 믿는 것도 아니다. 그저 바리새인처럼 외식하는 종교인에 불과한 것이다.

한 사람의 제자가 나가서 아무도 제자를 못 만들고 끝나면 교회는 없어진다. 그런데 한 사람의 제자가 나가서 한 사람의 제자만 만들었다면 교회는 제자리 걸음을 하게 된다. 그러나 한 사람의 제자가 나가서 최소한 두 명의 제자를 만들게 되면 제자는 배가를 하게 된다.

한 사람이 100명의 제자를 만들어야 한다고 생각하면 힘들게 느껴질 수 있고, 사실 불가능할 수도 있다. 그러나 평생 2명의 제자를 만든다고 생각을 하면 그렇게 어려운 일은 아니다.

한 사람이 시작을 한다고 해도 한 사람이 두 명의 제자를 만들면 한 세대가 지나고 난 후에 두 명의 제자가 남는다, 또 두 명의 제자가 각자 두 명의 제자를 만들면 두 번째 세대가 지난 후 4명의 제자가 남는다. 이렇게 각 사람이 두 명씩 제자를 만들 경우 4명이 8명 되고, 8명이 16명 되고 32, 64, 128, 256, 512, 1,024, 2,048, 4,960, 8,192, 16,384, 32,768, 65,536, 131,072, 262,144, 524,288, 1,048,576, 2,097,152, 4,194,304, 8,388,608, 16,777,216, 33,554,432, 67,108,864, 134,217,728, 268,435,456, 536,870,912, 1,073,741,824명······.

30번을 지나고 나면 제자의 수가 십 억이 넘게 된다. 예수님이 제자들에게 이 사명을 주신 지가 2천 년이 지났다. 분명히 제자들은 세상을 다니며 그 복음을 선포했고, 그 복음 선포함을 들은 자들 중에 마음에 믿은 자들은 또 나가서 그 복음을 선포해서 제자들이 만들어지고 있었다. 그런데 무슨 일이 있었던 것인가?

지금 현재 지구에 살고 있는 인구 숫자는 75억으로 추산한다. 그 중에 그리스도의 제자라고 할 수 있는 사람들은 몇 명이나 될까? 왜 땅끝까지 그 복음이 전해지지 않은 것인가? 왜 모든 민족으로 제자 만들라는 주님의 명령이 아직도 이행되지 않은 것인가?

기독교의 중심이 예수의 부활에서 예수의 죽음(십자가)로 옮겨졌기 때문이다. 곤젤라스 박사는 이렇게 지적했다.

"This is why Christians in Jerusalem continued keeping the Sabbath and attending worship at the Temple. To this they added the observance of the first day of the week, in which they gathered in celebration of the resurrection of Jesus. Those early communion services did not center on the Lord's passion, but rather on his victory by which a new age had dawned. It was much later—centuries later—that the focus of Christian worship shifted toward the death of Jesus."(Gonzalez, The Story of Christianity, vol. 1, p. 20)

"이것이 곧 예루살렘에 있는 기독교인들이 지속적으로 안식일을 지키며 성전에 가서 예배를 드렸던 이유이다. 여기에 그들은 그 주의 첫 날을 지키는 것을 더해서, 그 날 그들은 예수의 부활을 축하하기 위해 모였다. 초대교회의 성찬식은 주님의 고난에 중심을 두지 않았다, 오히려 그의 (부활)승리를 통해 새로운 시대가 시작된 것에 중심을 두었다. 그것은 훨씬 후에—몇 세기 후에—기독교 예배의 그 초점이 *(부활에서)* 예수의 죽음 *(십자가)*로 옮겨졌다."

여기서 곤잘레스 박사가 지적한 것처럼 초대교회부터 기독교는 예수의 부활 승리가 핵심이었고 예배의 중심이었다. 그러나 몇 세기 후에 기독교의 중심이 예수의 부활에서 예수의 죽음 곧 십자가로 바뀌었던 것이다.

언제 이런 일이 일어난 것인가? 추측할 수 있는 것은 4세기 초, 콘스탄틴이 로마 제국의 황제가 되면서부터이다. 전승에 의하면 콘스탄틴이 막센티우스와 밀비안 다리 앞에서 전투를 하기 전 환상 중에 하늘에서 빛나는 십자가를 보았다고 한다. 밤에는 꿈으로, 낮에 환상으로 보았던 똑같은 십자가 모양의 깃발을 들고 누군가 나타나서 이 깃발을 들고 나가 승리하라는 소리를 들었다고 전해진다. 꿈에 본 십자가 모양의 깃발을 만들어 전투에 나가서 막센티우스를 물리치고 로마의 황제가 되었으므로 자신도 기독교로 개종을 하게 되었고, 그가 만든 십자가 깃발은 후에 로마 카톨릭에서 상징으로 사용하게 된다. 이때부터 기독교의 중심이 부활에서 십자가로 옮겨지게 된 것이다. 뿐만 아니라 자신을 폰티팩스 막시무스(Pontifex Maximus)라고 하는 대제사장 타이틀을 가지고 공회를 소집하는 등 지금의 교회의 모습이 자리잡는 데 큰 기여를 하였다. 밀라노 칙령을 통해 기독교의 박해가 끝나고, 성직자들을 우대하고 세금과 재산상의 혜택을 주었다.

그리스도인이 된다고 하는 것은 원형극장에서 사자 밥이 되거나 십자가에 달려 죽거나 화형을 당하거나 하는 시대에서 황제가 기독교인이 되니 마음 놓고 신앙생활을 할 뿐 아니라 오히려 예수 믿는 것 때문에 혜택을 받는 시대가 되어 버린 것이다. 늘 핍박을 받아오던 기독교인들은 지하 무덤인 카타콤에서 예배를 드리고 모임을 가졌다. 그러나 콘스탄틴이 기독교로 개종을 하면서 교회들은 지상으로 올라왔을 뿐 아니라 크고 화려한 건물에서 예배를 드리게 되었고 황제에 대한 예의를 갖추는 의식들이 예배 순서에까지 들어오게 되었다.

그리고 4세기 말 테오도시우스(Theodosius I) 황제 때 기독교는 로마의 국교로 정해졌다. 이 때부터는 국가적으로 화려한 예배당을 짓기 시작을 했고, 로마 제국에서는 기독교 외에 다른 종교는 허락이 안 된다는 이야기가 되어 버렸다. 이방 종교를 믿던 사람들도 기독교인이 되어야 했고, 이방 종교 사제들도 기독교의 사제로 전향하는 일들이 생기면서 이방종교를 흡수하게 되었고 혼합 종교로 탈바꿈이 되어 버린 것이다. 이런 과정에서 부활에 초점을 맞추었던 기독교가 십자가의 고난과 죽음에 초점을 맞추기 시작했던 것이다.

이때부터 기독교는 세상과 타협하며 세속적인 종교로 변질되어 갔으며 카톨릭 교회로 자리매김을 하게 되었다. 이렇게 시작된 카톨릭 교회는 1,200년을 내려오면서 변질된 종교라는 것을 역사 속에서 증명하였다. 카톨릭의 흑암의 역사는 이루 말할 수 없다. 이름은 교회이지만 교회의 머리가 그리스도가 아니었다. 교황이 교회의 머리가 되어 버렸다.

16세기에 종교개혁이 일어나면서 오직 믿음, 오직 은혜, 오직 성경을 외치며 많은 부분을 회복했다고 하지만 회복하지 못한 것이 하나 있다. 바로 그 복음을 회복하지 못했다. 교단들의 신학과 신앙생활의 중심이 아직도 십자가에 있다. 매 주일 예수의 부활을 선포하는 교회를 보기 힘들다. 예수의 부활은 일 년에 한 번 부활절에나 선포하는 특별 메시지에 불과하다. 천주교에서 만들어 낸 사순절을 사용하는 개신교단들도 있다. 40일 내내 십자가의 고난을 묵상하게 하고 부활절이 되면 하루 부활을 선포하고 다시 십자가의 고난으로 돌아가는 웃지 못할 현실이다.

철학 사상이나, 정치 이념, 종교에는 각각의 핵심이 있다. 예를 들면 공산주의에는 공산주의 핵심 사상이 있다. 만약 공산주의 핵심 사상이 다른 것으로 바뀐다면 그것은 더 이상 공산주의라 할 수 없다.

종교도 마찬가지이다. 기독교의 핵심은 부활이다. 그런데 그 핵심이 부활에서 십자가 고난과 죽음으로 옮겨졌다면 그것은 더 이상 처음의 기독교가 아닌 것이다.

(4) 그 교회가 선포할 메시지

그 교회가 선포해야 할 메시지는 그 복음이다. 무엇이 그 복음인가? 예수가 다윗의 혈통으로 오신 하나님의 아들 그리스도이심을 부활로 선포하는 것이다. 신, 구약 성경 전체를 그 복음으로 풀어, 매 주일 예수의 부활을 선포해야 한다. 그래야만 예수 그리스도께서 드러나시고 구원의 역사가 나타날 수 있기 때문이다. "사람의 지혜로 하나님을 알 수 없는 고로 하나님은 그 복음 선포의 미련한 것을 통하여 믿는 자들 구원하시기를 기뻐하신다"(고전 1:21)고 하셨다. 그러므로 우리는 어찌하든 그 복음 선포를 해야 영혼 구원을 기대할 수 있는 것이다.

생각해 보라, 한 사람이 두 명의 그리스도의 제자를 만들기만 한다면 30회 반복하면 10억이 넘는 그리스도의 제자가 나오게 된다. 그러므로 주님의 교회들은 단순하게 그 복음 선포를 통해 그리스도의 제자를 만들어 내는 교회의 사명을 다해야 할 것이다.

부활을 선포할 때 예수가 하나님의 아들 그리스도이심이 드러난다. "죽은 자들 가운데서 부활하셔서 능력으로 하나님의 아들로 인정되셨으니……."(롬 1:3) 그렇다! 부활의 능력이 아니면 예수를 하나님의 그 아들로 인정할 방법이 없다. 그러므로 예수님도 자신이 "나는 부활이요 생명이다" 선포하셨고, 선포하신 말씀을 친히 죽은 자 가운데 부활하셔서 증명하셨던 것이다. 그리고 그의 부활을 목격한 증인들은 즉시 예수께서 죽은 자 가운데 부활하셔서 부활의 능력으로 하나님의 그 아들 그리스도이심을 선포하였다.

그 교회가 무엇인지를 알게 되면 왜 우리가 예수 닮은 사람들이 되는지 알게 된다. "너희 속에 하나님의 영이 거하시면 너희가 육신에 있지 않고 오직 성령에 있나니 누구든지 그리스도의 영이 없으면 그리스도의 사람이 아니니라"(롬 8:8-9)

"너희가 그 믿음 안에 있는지 너희 자신을 살펴보고 너희 자신을 입증하라. 예수 그리스도께서 너희 안에 계신 줄을 너희가 스스로 알지 못하느냐? 그렇지 않으면 너희가 버리운 자니라"(고후 13:5)

이 말씀에 근거해 보면 그 믿음은 우리 자신을 테스트해 보고 스스로 입증할 수 있도록 확실한 것이다. 어떻게 우리 자신을 테스트해 볼 것인가? 나는 부활의 증인인가? 나는 예수를 위해 살고 있는가?

그 복음이 선명해지면 선명해질수록 모든 교리들이 선명해지고 쉬워진다. 그러나 그 복음이 애매모호할 수록 모든 것이 헷갈리고 애매모호하다.

예수님이 세우시는 그 교회는 음부의 권세가 이기지 못하는 그분 자신의 두번째 몸이다. 몸은 영이 거하는 집이다. 하나님의 영이 거하는 집을 성전이라 부른다.

"이 성전을 헐라, 내가 사흘만에 그것을 일으키리라"(요 2:19-21)

"이 성전을 짓는데 46년이나 걸렸거늘, 네가 3일만에 일으키겠느냐? 성전 된 자기 몸을 가리켜 말씀하신 것이라!"

예수님의 몸이 왜 성전인가? 그 몸 안에 누가 계신 것인가? 예수님의 육체는 사람들이 볼 수 있는 몸으로 드러내 보이신 그리스도의 첫 번째 몸이다. 이 첫 번째 몸은 우리 죄를 인해 고난 받고 죽으신 후에 부활하시기 위해 예비된 몸이었다. 이렇게 죽은 자들 가운데서 부활하셔야만 마귀를 멸하고 영원한 생명을 우리에게 주시기 때문이다. 예수님은 자신의 몸을 희생의 제물로 삼아 하나님 앞에 완전하고 흠이 없는 제사를 드리심으로 모형과 그림자였던 짐승의 제사를 폐하시고 오직 예수님 자신의 희생 제사를 통해서 죄의 문제를 해결하시고 영원한 생명을 소유한 하나님의 자녀로 거듭나는 길을 열어 주셨다.

예수님의 대속의 제사는 부활을 통해 완성이 되었다. 그러므로 구원받는 유일한 조건으로 예수께서 죽은 자 가운데서 부활하신 것을 마음에 믿으면 구원받으리라고 약속하셨다(롬 4:24; 10:9).

예수님이 고난 받고 십자가에 죽으신 것은 부활하시기 위해서 죽으신 것이다. 부활을 통해 속죄의 제사를 완성하시고 마귀를 멸하시기 위해서이다. "우리의 범죄함을 인하여 내어지시고 우리로 의롭다함을 얻게 하기 위하여 살려지셨느니라!"(롬 4:25).

부활이 되어야 완전한 속죄의 제사가 되는 것이다: 제사는 죄의 문제를 해결하기 위한 것이다. 죄의 삯은 사망이다. 그러므로 죄의 문제가 온전히 해결이 되려면 사망 권세를 잡고 있는 마귀를 멸해야 하는 것이다. 예수께서 우리 죄로 인해 십자가에 죽으셨어도 무덤에 계속 계신다면 우리의 죄는 영원히 사해지지 않는 것이다. 그러나 예수님은 부활로 속죄의 제사를 완성하셨다. 그러므로 모형과 그림자였던 짐승의 제사를 폐지시키신 것이다. 오직 예수님의 완전한 속죄 제사—부활을 통해서만 죄의 문제를 해결 받는 것이다.

그리스도의 첫 번째 몸은 이렇게 희생의 제물로 죽으시고 부활하셔서, 죄의 문제를 해결하시고 사망을 없애시고, 마귀를 멸하셨다. 부활하신 후 40일 동안 제자들과 여러 사람들에게 보이신 후 승천하셨다. 이 땅에는 더 이상 그리스도를 드러낼 몸이 없게 되었다. 그래서 이것을 아시고 마태복음 16장 18절에 "이 반석 위에 내 교회를 세우리니 음부의 권세가 이기지 못하리라"고 하신 것이다.

음부의 권세는 마귀의 권세이고 사망이다. 주님이 세우시는 그 교회는 음부의 권세가 이기지 못하는 교회이다. 그리스도의 두 번째 몸인 교회는 부활하신 그리스도의 영이 거하는 그리스도의 몸이다. 음부의 권세가 이기지 못하는 능력은 오직 하나밖에 없다. 부활의 능력이다. 그러므로 그 교회는 부활의 능력 위에 세워지고 끊임없이 부활을 선포하게 되는 것이다.

그러므로 예수의 부활을 마음에 믿을 때에 부활의 주님이 우리 안에 들어오셔서 나의 주와 나의 하나님, 나의 영존하시는 아버지, 나의 평강의 왕이 되시는 것이다. 그렇게 될 때 음부의 권세가 이기지 못하게 되는 것이다.

2) 그 교회의 소중함

사도행전 20장 28절에 교회는 하나님께서 자신의 피로 사셨다고 한다. 하나님 자신의 생명과 바꿀 만큼 소중한 것이 교회이다. 이 땅에 자신의 몸으로 세우는 존재, 바로 그 교회를 세우시는 것이 그분의 꿈이고 비전이다.

그 교회가 얼마나 영광스럽고, 거룩하고, 소중하고, 신령한 존재인가?

"그 교회는 그리스도의 몸이니, 만물 안에서 만물을 충만케 하시는 자의 충만이니라"(엡 1:23)

영어로는 "the church is His body, the fullness of Him!"—the fullness of Him—그분으로 가득 채워진 것, 그것이 그 교회이다.

내 안에 그분으로 가득 채워지면 그분의 그 교회(몸)가 되는 것이다. 내 안에 그분으로 가득 채우면 어떤 열매가 맺어질까? 예수적인 삶이 나올 수밖에 없다. 성령의 열매는 그분의 인격이다. 사랑, 희락, 화평, 오래 참음, 자비, 선함, 충성, 온유, 절제…… 이 같은 것을 금지할 법이 없느니라!(갈 5:22-23).

하나님의 능력으로 생명과 경건에 속한 모든 것을 우리에게 주셔서 신의 성품에 참여하는 자들이 되게 하셨다: "너희 믿음에 덕을, 덕에 지식을, 지식에 절제를, 절제에 인내를, 인내에 경건을, 경건에 형제 우애를, 형제 우애에 사랑을 더하라. 이것들이 너희에게 있어 풍성하며 우리 주 예수 그리스도를 알기에 미흡지 않고 열매 없는 자가 되지 않으려니와 이것들이 없는 자는 소경이 되어 멀리 보지 못하고, 자기의 죄 씻음을 잊은 자니라……. 이같이 하면 너희가 넉넉히 우리의 주재이신 구주 예수 그리스도의 영원한 나라에 들어감을 받으리라!"(벧후 1:3-7, 11)

성령의 열매와 신의 성품에 참여함이 있다는 것은 우리에게 구원이 임했다는 증거이다. 그러나 이것이 없으면 아직 구원받지 못했다는 이야기다. 신앙의 열매는 내가 스스로 맺는 것이 아니라 내 안에 계신 성령께서 맺으시는 것이다.

신앙의 열매, 구원의 열매, 성령의 열매, 믿음의 열매 같은 것이고, 그 믿음으로 구원받은 사람들에게 나타나는 현상이다.

3) 그 교회가 타락할 수 있는가?

이쯤에서 우리는 아주 중요한 질문을 해 보아야 한다. 그 교회가 타락할 수 있느냐는 질문이다. 교회사를 보면 4세기 이후 카톨릭화 된 교회는 1200년 동안 계속 타락하며 흑암의 길을 걷다가 종교개혁을 맞게 된다.

종교개혁 500년이 지난 지금 개신교 역시 마찬가지이다. 교회들은 썩고 부패하고 타락했다고들 말한다. 현실에서는 또 다시 종교개혁이 일어나야 한다고 말하고 있는 실정이다. 그렇다면 무엇이 문제인가? 주님의 그 교회가 타락할 수 있는 것인가?

그 교회는 절대로 타락할 수 없다. 그렇다면 무엇이 문제인가? 성경은 그냥 이상적인 개념에 불과하고 현실은 그렇지 않은 것인가? 그렇다면 성경은 매우 비현실적인 책이라는 결론이 난다.

그러나 성경은 옳고 현실이 틀린 것이라면 성경이 현실이고 타락한 교회들은 주님이 세우시려는 음부의 권세가 이기지 못하는 그 교회가 아니라는 결론에 도달한다.

예수님은 "내가 이 반석 위에 내 교회를 세우리니 음부의 권세가 이기지 못하리라"고 하셨다. 음부의 권세가 이기지 못하는 그 교회가 어떻게 타락할 수 있는가? 타락 자체가 불가능하다.

"그 복음은 모든 믿는 자에게 구원을 주시는 하나님의 능력"(롬 1:16)이라고 했다. 그 교회가 타락했다면 구원받은 자가 타락했다는 말이다. 그 말은 하나님의 능력이 거기 없다는 말이고 그 복음의 능력이 없다는 말이다. 그렇다면 무엇인가? 타락한 교회는 주님의 그 교회가 아니라는 결론이다!

성경 어디를 읽어 봐도 그 교회가 타락할 수 있다고 쓰여져 있지 않다. 오히려 그 교회는 타락한 사람들이 하나님의 사람으로 온전케 된 것이다. 이것이 하나님의 능력이고 그 복음의 능력인 것이다.

"유혹의 욕심을 따라 구습을 좇는 부패된 옛사람을 벗어버리고 심령이 새롭게 되어 하나님을 따라 의와 진리의 거룩하심으로 지으심을 받은 새 사람"이 되는 것이 그 교회이다(엡 4:22-24).

"너희는 사랑받는 자녀같이 하나님을 본받는 자가 되고…… 음행이나 온갖 더러운 것과 탐욕은 너희 중에서 그 이름이라도 부르지 말라 이는 성도의 마땅한 바니라. 또 누추함과 어리석은 말이나 농담하는 것도 마땅치 아니하니 도리어 감사하는 말을 하라. 너희도 이것을 알거니와 음행하는 자나 더러운 자나 탐내는 자 곧 우상 숭배자는 그리스도와 하나님 나라에서 기업을 받지 못하느니라……. 성령의 열매는 모든 선함과 의로움과 진실함에 있느니라"(엡 5:1, 3-5, 9).

여기에 타락할 자리가 어디 있는가? 오히려 타락한 사람들이 부패된 옛사람을 벗어 버리고 의와 진리의 거룩함으로 심령이 새롭게 되는 새 사람, 새로운 피조물이 되는 것이 그 교회이다.

그 복음의 능력이 무엇인가? 그 복음은 모든 믿는 자에게 구원을 주시는 하나님의 능력이다. 구원이 무엇인가? 흑암의 권세에서 부패하고 타락한 옛 사람이 하나님의 나라로 옮겨져서 의와 진리의 거룩함으로 새 사람이 되는 것이다.

"우리가 그리스도를 전파하여 각 사람을 권하고 모든 지혜로 각 사람을 가르침은 각 사람을 예수 그리스도 안에서 완전한 자로 세우려 함이니……."(골 1:28)

그 교회가 타락할 수 있는가? 타락할 수 없다! 오히려 예수 그리스도 안에서 완전한 자로 세움을 입는 것이다. "새사람을 입었으니 이는 그를 창조하신 자의 형상을 따라 지식에까지 새롭게 하심을 받은 자니라"(골 3:10)

Richard Halverson 목사님은 이런 말을 남겼다: "In the beginning the church was a fellowship of men and women centering on the living Christ. Then the church moved to Greece where it became a philosophy. Then it moved to Rome where it became an institution. Next, it moved to Europe where it became a culture. And, finally, it moved to America where it became an enterprise."[9]

처음에 그 교회는 살아 계신 그리스도를 중심으로 이루어진 남자들과 여자들의 사귐이었다. 그 후 교회는 그리스로 옮겨갔고 거기서 철학이 되었다. 다음 교회는 로마로 옮겨져서 거기서 기관이 되었다. 그리고 유럽으로 이동해 거기서는 문화가 되었다. 그리고 마지막으로 미국으로 건너와 교회는 기업이 되었다.

이것은 무슨 말인가? 우리가 보는 교회들은 진짜 그 교회가 아니라는 것이다. 그 교회가 아니라 기업이라는 것이다. 탐욕을 버리고 세상에 쌓지 말라고 가르치면서 교회는 세상에 쌓고, 탐욕을 부리고 있다. 탐욕을 부리는 이유는 한 가지이다. 밭에 감춰진 보화를 발견하지 못해서이다.

---

9 *https://www.azquotes.com/author/22359-Richard_Halverson*

밭에 감춰진 보화가 무엇인가? 그 복음이다. 예수 그리스도이다. 부활생명이다!

밭에 감춰진 보화를 발견한 사람은 어떤 행동으로 옮겨지는가? 자기의 모든 소유를 팔아 그 밭을 사는 것이다. 그러나 밭에 숨은 보화를 발견하지 못한 사람들의 행동은 자기의 모든 소유를 팔기는커녕 소유를 더 늘리기 위해 노력한다. 그 밭을 사는 것은 말뿐이고 정작 팔아야 할 소유는 더 많이 늘리고 쌓고 있는 것이다. 그러면서 감추인 보화는 영영히 소유하지 못하게 되는 것이다.

자기의 모든 소유를 팔아 밭을 산 사람은 더 이상 자기 자신을 위해 살 수 없는 사람이 된 것이다. 더 이상 육신의 정욕과 안목의 정욕과 이생의 자랑—곧 나의 탐욕을 위해 살지 않게 되는 것이다. "우리도 전에는 다 그 가운데서 우리 육신의 욕심을 따라 행하고 육신과 마음이 원하는 대로 하여, 다른 사람들처럼 본질상 진노의 자녀이었더니……."(엡 2:3)

밭에 감추인 보화를 발견하지 못하면 다 이렇게 육신의 욕심을 따라 행하고 육신과 마음이 원하는 대로 살 수밖에 없는 것이다.

그러나 밭에 감추인 보화를 발견하는 순간—그 복음을 마음에 깨닫고 믿는 순간 성령께서 우리 마음에 탐욕 대신 채워 주시는 것이 있다: 하나님의 나라와 하나님의 의이다. 그 복음이고 부활과 생명 이신 예수 그리스도로 가득 채워 주신다. 마음에 가득한 것이 입으로 나오는 것이 원리이다. 그래서 그 복음—예수의 부활을 선포하지 않을 수 없게 되는 것이다.

4) 그 교회의 하나 됨

성령께서는 그분의 교회를 하나 되게 하신다: "평강의 매는 띠로 성령의 하나 되게 하신 것을 힘써 지키라"(엡 4:3)고 하신다. 그리스도의 그 복음안에서 한 정신으로 굳게 서서 한 마음으로 그 복음의 그 믿음을 위하여 힘쓰고 마음과 뜻을 같이 하여 한 마음을 품고 동일한 규례를 좇아 행하고 같은 마음을 품으라(빌 1:27, 2:2, 3:16; 4:2)고 하신다.

동일한 규례를 좇고 같은 마음을 품기 위해서는 핵심이 같아야 한다. 그복음 안에 있어야 한다. 그러므로 성령께서 하나 되게 하시는 방법도 그복음으로 하나 되게 하시는 것이다.

그 복음 안에서 신학이 정리가 된다면 모든 신학적인 교리들이 그 복음이 기초가 되고 그 복음이 중심이 되어야 한다. 성경의 엑기스가 그 복음이듯 모든 신학의 기초, 중심, 그리고 결론 역시 그 복음이래야 한다. 그래서 예수 그리스도께서 세우시는 그 교회는 그 복음으로 하나가 되어야 하는 것이다.

10과.
종말에 대하여

1) 그 복음 선포와 종말

"그 나라의 그 복음이 모든 민족에게 증거되기 위하여 온 세상에 전파되어야 하리니, 그제야 끝이 오리라"(마 24:14)

예수님의 재림에 관한 것을 종말론이라고 한다. 지금 우리가 알고 있는 이 세상은 예수님의 재림으로 종말을 맞게 된다. 종말이 확실한 이유는 예수님의 재림이 확실하기 때문이다. 예수님의 재림이 확실한 이유는 예수님이 부활하셨기 때문이다. 예수님의 부활은 역사적인 사실이다. 예수님은 부활하신 후 40일을 세상에 계시면서 확실한 많은 증거로 친히 사심을 나타내 보이셨다. 제자들에게 성경을 풀어 주셨고 하나님 나라의 일을 말씀해 주셨다. 부활하신 예수님을 만난 사람들은 최소한 오백 명이 넘는다. 예수님은 그들에게 마지막 사명을 맡기셨다. 온 세상에 다니며 모든 민족에게 그 복음을 선포해서 모든 민족으로 제자를 만들라는 사명을 주시고 손을 들어 저희를 축복하시고 제자들이 보는 앞에서 하늘로 올리워 가셨다. 예수님의 올라가시는 모습을 사람들이 쳐다보고 있을 때에 흰옷 입은 두 사람이 저희 곁에 서서 말하되, "갈릴리 사람들아, 어찌하여 서서 하늘을 쳐다보느냐? 너희 가운데서 하늘로 올리우신 이 예수는 너희가 하늘로 가심을 본 그대로 오시리라" 하였다. 부활이 확실한 것처럼 재림도 확실한 것이다.

제자들은 어느 때에 주님의 나라가 임할 것인가에 관심이 많았다. 예수님 승천하시기 직전에 만나서도 "주여, 이스라엘 왕국을 회복하심이 이때니이까?" 하고 물었다. 그러나 주님의 대답은 "때와 기한은 아버지께서 자신의 권한에 두셨으니 너희의 알 바 아니요 오직 성령이 너희에게 임하시면 너희가 권능을 받고 예루살렘과 온 유대와 사마리아와 땅 끝까지 이르러 내 증인이 되리라"(행 1:7-8)고 하셨다.

감람산 위에서도 제자들은 예수님께 주의 임하심과 세상 맨 끝에는 무슨 징조가 있으리이까 하고 물었을 때 예수님은 "그 나라의 그 복음이 모든 민족에게 증거되기 위하여 온 세상에 전파되어야 하리니, 그제야 끝이 오리라"(마 24:14)는 답을 주셨다.

나도 그 복음을 깨닫지 못했을 때에는 종말에 관심이 많았었다. 그래서 요한계시록을 많이 읽었고 계시록 강해도 하며 시대를 분별하며 종말을 대비할 것을 외치기도 했다. 그러나 그 복음을 깨닫고 나니 주님께서 때와 기한은 너희의 알 바 아니요 너희는 땅 끝까지 내 증인이 되리라는 말씀과 끝이 오기 위해서는 그 복음이 모든 민족에게 증거되어야 한다는 것, 그래서 모든 민족으로 제자 만들라는 명령을 주신 것을 알게 되었다.

예수님께서 아직 재림하시지 않은 이유는 한 가지밖에 없다. 아직 그 복음이 모든 민족에게 증거되지 않았다는 이야기다.

오직 성령이 너희에게 임하시면 너희가 권능을 받고 예루살렘과 온 유대와 사마리아와 땅끝까지 이르러 내 증인이 되리라고 하셨다. 내 증인이 "되어라"가 아니라 "되리라"이다. 성령이 임하시면 자동으로 부활의 증인이 된다는 말씀이다. 나는 20년 목회를 하는 동안 목사이고 설교자이고 성경 교사이긴 했지만 부활의 증인은 아니었다. 그런데 그 복음을 마음에 깨닫고 믿으니 저절로 부활의 증인이 되어 버렸다. "되리라"가 된 것이다.

혼인잔치의 시간은 가까워 오고 그 자리를 채울 사람들이 많이 없을 때 주님은 강권해서 그 자리를 채우라고 명하신다. 마지막 때가 가까워 오면 그 복음의 문을 여서서 모든 민족에게 그 복음이 증거되기 위해 온 세상에 그 복음을 선포하게 하실 것이다. 그리고 지금이 바로 그때이다.

2) 다윗의 자손의 종말론적 의미

이사야 9장 6-7절을 살펴보자: 이는 한 아기가 우리에게 났고 한 아들을 우리에게 주신 바 되었는데 그 어깨에는 정사를 메었고 그 이름을 **기묘자**라 **모사라 전능하신 하나님**이라 **영존하시는 아버지라 평강의 왕**이라 할 것임이라. 그 정사와 평강의 더함이 무궁하며 또 **다윗의 보좌에 앉아서** 그 나라를 굳게 세우고 지금부터 영원토록 공평과 정의로 그것을 보존하실 것이라. **만군의 여호와**의 열심이 이를 이루시리라.

6절은 하나님이 사람 되실 사건을 미리 약속한 것이다. 하나님이 사람 되실 때에 다윗의 혈통을 따라 다윗의 자손이 되셨다. 그러나 인류는 전능하신 하나님이 다윗의 아들이 되신 것을 모르고 그를 십자가에 못 박아 죽였으나, 하나님이신 그는 죽은 지 사흘만에 죽은 자 가운데서 부활하셔서 부활의 능력으로 하나님이 사람 되신 하나님의 아들 그리스도이심을 증명해 보이신 것이다.

부활 사건을 통해 사망을 삼키시고 승리하시리라 약속하신 그 약속을 이루셨고, 마귀를 멸하셔서 죽음을 두려워하여 평생 종 노릇 하는 모든 자들을 놓아 주시고 영생 곧 부활생명을 주시게 된 것이다. 이렇게 영생 주시는 방법을 만세전부터 미리 계획하셨다: "죽은 자를 살리시는 하나님을" 마음에 믿는 사람들을 의롭다 인정하셔서 그들에게만 부활생명을 주시기로 약속을 하시고 예수님이 오셔서 죽은 자 가운데서 부활하심으로 자신이 사망을 삼키고 승리하신 여호와 하나님이심을 확증해 주셨다. 그래서 예수님이 죽은 자 가운데서 부활하신 것을 마음에 믿는 사람들을 구원하셔서 그들 마음에 부활생명을 주시기로 계획하신 것이다. 이렇게 인류에게 죄 사함을 받고 영생을 얻는 비결을 증거하기 위해 사도들을 세워 예수의 부활을 선포하게 하였고, 모든 민족에게 그 복음이 증거되기 위해 온 세상에 전파되도록 계획을 하셨다. 그래서 부활하신 예수님은 다시 오신다는 약속을 남기고 승천하셨으며 이 땅에 남은 사도들을 통해 음부의 권세가 이기지 못하는 그리스도의 교회가 탄생하고 주님의 교회는 모든 민족을 향해 그 복음을 증거하고 선포했던 것이다. 그 복음이 모든 민족에게 증거 되기 위해 온세상에 선포되어 각 나라와 백성과 민족과 방언 가운데서 구원받는 영혼들이 나와 이방인의 충만한 수가 채워지기까지 그 복음이 증거 되어야 하는 것이다.

그때가 차면 예수님은 혈과 육이 아닌 영광스러운 부활의 몸으로 이 세상에 다시 오시게 된다. 그 때에는 예수님이 친히 다윗의 보좌에 앉으셔서 모든 민족을 심판하시고 공평과 정의로 다스리실 것이다.

이사야 9장 7절에 보면 그 정사와 평강의 더함이 무궁하며 또 **다윗의 보**

좌에 앉아서 그 나라를 굳게 세우고 지금부터 영원토록 공평과 정의로 그 것을 보존하실 것이라. 하셨는데, 이것은 예수님의 재림 때 이루어지는 약속인 것이다.

"보라, 네가 잉태하여 아들을 낳으리니 그 이름을 **예수**라 하라. 저가 큰 자가 되고 '**지존자의 아들**'이라 일컬음을 받을 것이요, **대주재 하나님**께서 그 조상 **다윗의 보좌를 저에게 주시리니 저가 야곱의 집을 영원히 다스리실 것이며 그의 나라가 무궁하리라**"(눅 1:31-33)

예수님이 다윗의 혈통으로 오신 것은 다윗의 보좌에 앉아 영원히 다스리시기 위함이다. 초림 때에는 혈과 육으로 오셨기 때문에 다윗의 보좌에 영원히 앉으실 수 없지만, 재림 때에는 부활의 몸으로 오시기 때문에 다윗의 보좌에 영원히 앉으시게 되는 것이다.

3) 주님의 강림과 휴거

지금 우리가 아는 세상은 예수님의 재림과 함께 종말을 맞게 된다. 그리고 지상에는 예수님이 다윗의 보좌에 앉아서 다스리시는 천년왕국을 맞게 된다. 주님이 오시기 직전에 있을 징조들과 언제 주님이 오실지에 대해서는 계시록 외에도 마태복음 24장, 마가복음 13장, 누가복음 21장에도 기록을 해 주셨다.

주님이 오시기 직전에는 여러가지 징조들이 있다. 미혹케 하는 거짓 선지자들과 거짓 그리스도들이 많이 나오고, 전쟁의 소문, 도처에 기근과 역병, 지진이 있을 것이며 예수 믿는 사람들이 미움을 받는 시대가 될 것이

다. 그리고 주님의 교회는 대환난을 통과하게 된다:

"그날 환난 후에 즉시 해가 어두워지고 달이 빛을 내지 아니하며 별들이 하늘에서 떨어지며 하늘의 권능들이 흔들리며 그때에 인자의 표적이 그 하늘에서 보이겠고 그때에 땅의 모든 족속들이 통곡하며 그들이 인자가 구름을 타고 능력과 큰 영광으로 오는 것을 보리라. 저가 큰 나팔소리와 함께 천사들을 보내리니, 저희가 그 택하신 자들을 하늘 이 끝에서 저 끝까지 사방에서 모으리라"(마 24:29-31)

29절 "그날 환난 후에 즉시"라는 것은 21절에 나오는 "대환난"을 의미한다: "이는 그때에 큰 환난이 있겠음이라. 창세로부터 지금까지 이런 환난이 없었고 후에도 없으리라. 그날들을 감하지 아니하시면 아무 육체도 구원을 얻지 못할 것이나 택하신 자들을 위하여 그날들을 감하시리라."

"그날 환난 후에 즉시……" 대환난이 끝나는 순간 즉시 일어나는 사건은 주님의 공중 강림 사건이고 이 사건은 곧 교회의 휴거 사건이다. 주님의 공중 강림은 조용하게 아무도 모르게 일어나는 사건이 아니다. 전 세계 모든 사람들이 두려워 떨면서 볼 수 있도록 천재지변과 함께 일어나는 사건이다.

"그날 환난 후에 즉시 해가 어두워지고 달이 빛을 내지 아니하며 별들이 하늘에서 떨어지며 하늘의 권능들이 흔들리며 그때에 인자의 표적이 그 하늘에서 보이겠고 그때에 땅의 모든 족속들이 통곡하며 그들이 인자가 구름을 타고 능력과 큰 영광으로 오는 것을 보리라"(마 24:29-30)

이것을 계시록 6장에서는 이렇게 기록했다:

"내가 또 보니 여섯째 봉인을 떼실 때에, 또 홀연히 큰 지진이 나며 해가 머리털로 짠 삼베 옷처럼 검어지고 달은 피같이 되며 하늘의 별들이 땅에 떨어지되, 마치 무화과 나무가 강한 바람에 흔들려 그 설익은 무화과를 떨어뜨리듯 하며 하늘은 두루마리가 말리우듯 떠나가고 각 산과 섬들이 제 자리에서 옮기우매 땅의 왕들과 큰 자들과 부자들과 장군들과 강한 자들과 모든 종들과 자유인들이 스스로 굴과 산 바위틈에 숨어 산들과 바위에게 말하되 '우리 위에 떨어져 보좌에 앉으신 자의 낯과 어린양의 진노에서 우리를 가리우라. 그의 큰 진노의 날이 이르렀으니 누가 능히 서리요?' 하리라"(계 6:12-17)

구약에서는 이 부분을 여호와의 그날로 묘사했다: "너희는 애곡할지어다. 여호와의 (그) 날이 가까웠으니 샤다이에게서 멸망이 임할 것이로다……. 보라 여호와의 (그) 날 곧 잔혹히 분내심과 맹렬히 노하는 날이 임하여 땅을 황폐케 하며 그 중에서 죄인을 멸하시리니 하늘의 별들과 별무리가 그 빛을 내지 아니하며 해가 돋아도 어두우며 달이 그 빛을 비춰지 아니할 것이로다……. 나 만군의 여호와가 분하여 맹렬히 노하는 날에 하늘을 진동시키며 땅을 흔들어 그 자리에서 떠나게 하리니……."(사 13:6, 9-10, 13)

"여호와의 크고 두려운 (그) 날이 이르기 전에 해가 어두워지고 달이 피로 변하려니와……"(욜 2:31)

"사람이 많음이여, 판결 골짜기에 사람이 많음이여, 판결 골짜기에 여호와의 (그) 날이 가까웠음이로다. 해와 달이 캄캄하며 별들이 그 빛을 거두리라"(욜 3:14-15)

"……여호와의 (그) 날은 어두움이요 빛이 아니라……. 여호와의 (그) 날은 어두움이 아니냐? 빛이 아니니라. 그 날은 캄캄하고 밝음이 없느니라"(암 5:18, 20)

"그러나 주의 날이 밤의 도적같이 임하리니, 그날에는 하늘이 큰 소리로 떠나 가고 만물의 체질이 뜨거운 불에 풀어지고 땅과 그 가운데 있는 모든 것이 불타 없어지리라"(벧후 3:10)

주의 날이 밤의 도적같이 임한다고 했다 그런데 바울은 데살로니가전서 5장 1-4절에 "형제들아, 때와 시기에 관하여는 내가 너희에게 쓸 필요가 없음은 주의 날이 밤에 도적같이 이를 줄을 너희 자신이 자세히 앎이라. 이는 그들이 '평안하다 안전하다' 할 그때에 잉태된 여자에게 해산의 고통이 오는 것 같이 멸망이 갑자기 그들에게 임하리니, 그들이 결단코 피하지 못하리라. 형제들아, 너희는 어두움에 있지 아니하매 그 날이 너희에게 도적 같이 임하지는 못하리니……."

주의 날이 밤에 도적같이 임하는 것은 누구에게 그렇게 임하는 것인가? 어두움에 있는 자들, 믿지 않는 자들이다. 그들에게는 이때가 환난의 때가 아니다. 짐승의 표를 받으면 모든 것이 더 쉬워지고, 우상에게 절하면 모든 것이 안전하기 때문이다. 그래서 그들은 평안하다, 안전하다, 라고 하는 것이다. 그러나 믿는 자들에게는 이때가 전무후무한 대환난의 때이고 엄청난 핍박을 받다가 순교해야 하는 때인 것이다.

대환난의 기간이 정확하게 얼마나 되느냐는 알 수 없는 일이다. 그러나 교회가 환난 전에 들림 받는다고 주장하는 사람들의 말처럼 7년 대환난이 있는 것이 아니다. 7년은 적그리스도가 많은 사람들과 더불어 7년 동안 언약을 맺는 언약 기간이고 다니엘의 70이레의 마지막 한 이레인 것이다. 그러므로 7년 대환난이란 말은 성경에 없는 말이다. 대환난은 3년 반도 아니며 그보다는 훨씬 짧은 기간이다. 그리고 대환난이 끝나면서 즉시 하늘에서는 천재지변이 일어나서 세상은 온통 어두움으로 덮이게 된다. 별들이 하늘에서 떨어지고 하늘의 권능이 흔들리는 무섭고도 두려운 날이 임하는 것이다. 그때에 하늘이 열리고 땅의 모든 족속들이 통곡하며 예수님이 구름을 타고 능력과 큰 영광으로 강림하시는 것을 보게 되며 또 동시에 큰 나팔 소리와 함께 천사들을 보내서서 택하신 자들을 하늘 이 끝에서 저 끝까지 사방에서 모으는 일이 있게 된다.

"주께서 함성과 천사장의 소리와 하나님의 나팔로 친히 하늘로 좇아 강림하시리니, 그리스도 안에서 죽은 자들이 먼저 일어나고 그 후에 우리 살아 남은 자들도 저희와 함께 구름 속으로 같이 끌어 올리워 공중에서 주님을 만나게 하시리니 그리하여 우리가 항상 주님과 함께 있으리라"(살전 4:16-17) 이것이 분명히 천사들이 하늘 이 끝에서 저 끝까지 사방에서 택하신 자들을 모으는 것이 아니고 무엇인가? 이것을 교회의 휴거라고 부른다.

"그리스도께서 만물을 자기에게 복종시키는 그 능력의 역사로 우리의 천한 몸을 자기의 영화로운 몸과 같이 되도록 변화시키시리라"(빌 3:21)

"우리의 생명이신 그리스도께서 나타나실 때에, 너희도 그와 함께 영광 중에 나타나리라"(골 3:4)

"그리스도께서 오실 때에는 우리도 그와 같이 될 줄을 아는 것은, 우리가 그의 모습을 그대로 볼 것이기 때문이니……"(요일 3:2)

"보라, 내가 너희에게 비밀을 말하노니, 진실로 우리가 다 잠잘 것이 아니요, 순식간에 홀연히 마지막 나팔에 다 변화되리라. 나팔 소리가 나매 죽은 자들이 썩지 아니할 것으로 다시 살고 우리도 변화 되리니 이 썩을 것이 필연코 썩지 아니할 것을 입고, 이 죽을 것이 죽지 아니함을 입으리라"(고전 15:51-53)

이렇게 예수님이 공중에 강림을 하시고 예수의 부활을 마음에 믿는 모든 사람들은 부활의 몸을 입고 지상에서 들림을 받아 공중에서 주님과 함께 하게 되고 지상에는 하나님의 진노가 쏟아 부어지게 된다.

4) 이방인의 충만한 수

"형제들아, 너희가 지혜 있다고 스스로 자만치 않도록 이 비밀을 너희가 모르기를 원치 아니하노니, 곧 이방인의 충만한 수가 들어오기까지 이스라엘의 일부가 완악하게 된 것이라. 그리하여 온 이스라엘이 구원함을 받으리니, 기록된 바 '**구원자**가 시온에서 나오사 곧 야곱에게서 경건치 않은 것들을 제하시겠고 내가 저희 죄를 사할 때에 저희를 위한 내 언약이 이것이라' 함과 같으니라"(롬 11:25-27)

"이 일 후에 내가 또 보니, 보라 각 나라와 족속과 백성과 방언에서 아무도 능히 그 수를 셀 수 없는 큰 무리가 흰 옷을 입고 그 손에는 종려 가지를 들고, 보좌 앞과 **어린양** 앞에 서서 큰 소리로 외쳐 '구원이 보좌에 앉으신 우리 **하나님**과 **어린양**에게 있도다!' 하니"(계 7:9-10)

내가 그에게 대답하되 "주여, 당신이 알리이다" 하니 그가 내게 이르되 "이들은 큰 환난에서 나오는 자들인데, **어린양**의 피로 그 옷을 씻어 희게 하였느니라(계 7:14).

성경을 읽다 보면 구원받는 사람들이 많지 않다는 것을 알 수 있다. 노아 홍수 때에도 구원받은 자들이 겨우 8명에 불과했다. 홍수 이후 세상은 급속히 번식을 하지만 바벨론 거짓 종교에 빠져 여호와 하나님을 속히 잊어버리게 된다. 그래서 소돔과 고모라 때에도 롯의 식구만 겨우 심판을 면했다. 아브라함의 자손들이 애굽에 종살이를 마치고 출애굽 할 때에도 거의 대부분의 사람들이 원망과 불평을 하다 광야에서 죽고 말았다. 히브리서 4장 2절과 6절에서 그들에 대해 이렇게 기록한다: "저희에게와 같이 우리에게도 역시 (그) 복음이 전해졌으나, 전해진 그 말씀이 저희에게 도움이 되지 못한 것은, 들은 자들이 그것을 (그) 믿음으로 합치지 못한 연고니라……. 그러므로 안식에 들어갈 자들이 남아 있거니와, (그) 복음 전함을 먼저 받은 자들은 불순종으로 인하여 들어가지 못하였으므로……."

사사시대를 보아도 그렇고, 왕국시대를 보아도 그렇고 여호와 하나님을 참되게 믿는 사람들은 많지 않다. 예수님 당시에도 많은 사람들이 예수를 따르는 것 같았지만 그들은 기적을 보고 싶었던 것이지 예수를 그들의 하나님으로 모시지 않았다. 결국 구원받은 무리들은 많지 않다. 1세기를 지나 그 복음이 왕성하게 퍼져 나가는 듯했으나 4세기 초부터 그 복음은 변질되었고 교회는 거대한 종교집단으로 변질되었다.

주님은 마태복음 24장 14절에 "그 나라의 그 복음이 모든 민족에게 증거되기 위하여 온 세상에 선포되어야 하리니, 그제야 끝이 오리라."고 하셨다. 끝이 오기 위해서는 그 복음이 온 세상에 선포되어지고 모든 민족에게 증거가 되어져야 한다. 그러나 그 복음이 변질되었다는 이야기는 4세기 이후로 온 세상에 선포되어야 할 그 복음이 선포되어지지 않았다는 이야기다. 그렇다면 그 복음이 선포되어진 지 이천 년이 지난 지금에도 왜 끝이 오지 않고 있는지 이해가 되어진다.

주님이 승천하시면서 제자들에게 너희는 가서 모든 민족으로 제자를 만들라는 사명을 부여하셨는데, 1명의 제자로만 시작을 해도 한 명이 두

명의 제자를 만들면 30회만 거듭하면 10억의 제자가 나와야 하는데 지금 그리스도의 제자는 얼마나 될까?

그리스도의 제자가 만들어지는 방법도 그 복음으로 제자가 만들어진다. 그러므로 그 복음이 변질되었다면 제자들이 만들어지지 않았다는 이야기이고 그래서 세상은 끝이 오지 않고 있는 것이다. 그런데 계시록 7장에 나오는 광경에 주목을 해 보면 1-8절에 유대인들 지파별로 14만 4천 명에게 인을 치시고 나서 9절에 "각 나라와 족속과 백성과 방언에서 아무도 능히 그 수를 셀 수 없는 큰 무리가 흰 옷을 입고 그 손에는 종려 가지를 들고 보좌 앞과 어린양 앞에 서서 큰 소리로 외쳐 "구원이 보좌에 앉으신 우리 하나님과 어린양에게 있도다" 하는 광경이 나온다. 그리고 14절에서 "이들은 큰 환난에서 나오는 자들인데 어린양의 피로 그 옷을 씻어 희게 하였다"고 한다.

성경을 창세기부터 아무리 많이 읽어 보아도 구원받는 자들이 많지 않다. 누가복음 13장 23-24절에 어떤 사람이 예수님께 "주여 구원을 얻는 자가 적으니이까?" 하고 물었을 때 예수님의 대답은 "좁은 문으로 들어가기를 힘쓰라. 내가 너희에게 이르노니 많은 사람이 들어가고자 하여도 들어가지 못하리라"고 하셨다. 그런데 계시록 7장에는 각 나라와 족속과 백성과 방언에서 능히 셀 수 없는 큰 무리들이 구원받았다는 것이다. 그런데 특이한 사실은 이들이 다 큰 환난에서 나오는 자들이라고 가르쳐 주신다.

이것을 누가복음 14장에 큰 잔치를 베풀고 사람들을 초대하는 비유를 통해 한 번 생각해 보자. 어떤 사람이 성대한 저녁을 마련할 계획을 한다 그리고 사람들을 그 자리에 초대한다. 그리고 잔치 준비가 거의 끝나갈 무렵 종들을 보내 사람들을 다시 초대한다, 그런데 먼저 초대를 받은 사람들은 이런 저런 핑계를 대면서 잔치에 올 수가 없다는 것이다. 밭을 사고, 소를 사고, 장가를 가고…… 이런 이유를 들어 잔치에 오기를 거절한 것이다. 그래서 주인은 종들을 성읍 광장과 골목으로 보내 가난한 자들, 불구자들, 저는 자들, 소경들을 데려오라고 명하신다. 종들이 명한 대로 하였으나 아직도 빈자리가 많이 있다는 것이다. 그러자 이번에 종들을 큰 길과 산울로 보내 사람들을 강권하여 데려다가 내 집을 채우라고 하신다.

주님은 구원의 문을 활짝 열어 놓고 그 복음의 초대장을 보내셨다. 그리고 사람들이 천국에 들어오기를 기다리시지만 사람들의 관심은 천국에 있는 것이 아니라 세상에 먹고 사는데 빠져 있는 것이다. 이 부분에 대해서도 누가복음 17장 26-30절에 이렇게 기록했다: "노아의 날에 된 것과 같이 인자의 날에도 그러하리라. 노아가 방주에 들어가던 날까지 사람들이 먹고 마시고 장가들고 시집 가더니 홍수가 나서 모두를 멸하였으며 또 롯의 날에 그러했던 것과 같이 사람들이 먹고 마시고 사고 팔고 심고 집을 짓더니 롯이 소돔에서 나가던 날에 하늘로부터 불과 유황을 비 오듯 내려 저희를 다 멸하였으니 **인자**가 나타나는 날에도 그러하리라."

그래서 한결같이 하나님의 초대를 거절하고 만다. 세상에는 마음이 가난한 자들이 많지 않고, 자신들이 병들었기 때문에 의원이 필요하다고 생각하는 사람들이 많지 않다. 그리고 영적 소경이라고 생각하는 사람들이 많지 않은 것이다. 그래서 다들 건강하고, 부유하고, 본다고 생각하기 때문에 하나님의 초대에 관심을 갖은 자들이 많지 않았던 것이다. 참으로 소수의 사람들이 그 복음에 반응을 하는 것이다. 시간은 흘러 천국의 모든 준비가 끝나가고 예수님의 재림이 가까워 오는데 아직도 자리가 너무 많이 비어 있는 것이다. 그래서 이제는 사람들을 강권해서 내 집을 채우라고 하는 명령이 떨어지는 것이다. 이것이 바로 마지막 때인 것이다.

그 복음이 선포되어 지기 시작을 하고 반응하는 사람들이 여기 저기서 소수의 사람들이 생겨나기 시작을 하고 제자들이 만들어지기 시작을 하면 각 나라와 족속과 백성과 방언 중에서 셀 수 없는 큰 무리가 나오는 것은 시간 문제이다. 한 사람이 두 명의 제자를 만들기만 한다면 한 명의 제자로 시작을 해도 30회만 지나면 10억의 제자들이 만들어지게 된다. 하나님의 구원의 역사는 이렇게 마지막 때에 집중되게 되는 것이다.

이것을 또 마태복음 20장에 나오는 포도원 비유도 역시 같은 맥락에서 설명을 할 수 있다. "하늘나라는 마치 품꾼을 얻어 포도원에 보내려고 이른 아침에 나간 집 주인과 같다"는 비유이다. 하루에 한 데나리온씩을 약속하고 품꾼들을 모은다. 이른 아침에도 나가고, 제 삼시에도 나가고 제 육시와 제 구시에도 나가서 품꾼들을 들여보냈다. 그리고 제 십이시면 종료를 하는데, 제 십일시에도 나가보니 사람들이 있어서 이들을 들여보냈다.

그런데 여기서 이해되어지지 않는 부분이 제 십일시에 들여보낸 사람들부터 계산을 하는데 한 데나리온씩을 주는 것이다. 먼저 온 사람들은 더 받으리라고 생각을 했지만 역시 그들도 한 데나리온씩을 받은 것이다. 그러면서 정말 이해되어지지 않는 부분은 "이와 같이 나중 된 자가 먼저 되고 먼저 된 자가 나중 되리니" 하는 말씀이다.

이 비유를 그 복음의 관점에서 살펴보면 이른 아침과 제 삼시와 제 육시와 제 구시 그리고 제 십일시는 인류 역사의 시간표인 것이다. 제 십이시가 되면 주님이 오시게 된다. 그리고 한 데나리온이라고 하는 것은 우리의 수고의 대가로 얻는 것이 아니라 주인의 선하심으로 인해 은혜로 받는 구원의 선물이다.

여기서 나중 된 자가 먼저 되고 먼저 된 자가 나중 된다는 말씀이 무엇인가? 16절 중반에 이 부분을 설명해 주고 있다. "이는 부름을 받은 자는 많되 택함을 입은 자는 적음이니라." 천국의 초대장은 각 시대마다 주어졌지만 부름에 응하는 사람들이 심히 적은 것이다. 그래서 마지막 때에 하나님은 그 복음의 문을 여시고 그 복음이 온 세상에 전파되어 모든 민족에게 증거되게 하시고 강권해서 각 나라와 족속과 백성과 방언에서 능히 셀 수 없는 무리들로 천국을 채우시게 되는 것이다.

이렇게 이방인의 충만한 수가 채워지면 그제야 끝이 오고 유대인들이 예수가 그들이 기다리던 메시아이심을 깨닫게 되고 회개하고 주께로 돌아오게 되는 것이다: "형제들아, 너희가 지혜 있다고 스스로 자만치 않도록 이 비밀을 너희가 모르기를 원치 아니하노니, 곧 이방인의 충만한 수가 들어오기까지 이스라엘의 일부가 완악하게 된 것이라. 그리하여 온 이스라엘이 구원함을 받으리니, 기록된 바 '**구원자**가 시온에서 나오사 곧 야곱에게서 경건치 않은 것들을 제하시겠고 내가 저희 죄를 사할 때에 저희를 위한 내 언약이 이것이라' 함과 같으니라"(롬 11:25-27)

5) 하나님의 공의

"이것이 **하나님**의 공의니 곧 너희를 핍박하는 자들에게는 환난으로 갚으시고 환난을 받는 너희에게는 우리와 함께 안식으로 갚으사 **주 예수**께서 자기 능력의 천사들과 함께 하늘로부터 나타나실 때에 **하나님**을 알지 못하는 자들과 우리 **주 예수 그리스도의** (그) 복음을 복종치 아니하는 자들을 맹렬한 불로 벌하시리니 이들이 **주**의 얼굴과 그 능력의 영광을 떠나서 영원한 멸망의 형벌을 받으리라"(살후 1:6-9)

"천사들로 하신 말씀도 견고하게 되어 모든 범죄와 불순종이 마땅한 보응을 받았거든 하물며 우리가 이같이 큰 구원을 등한히 여기면, 어떻게 심판을 피하리요? 이 구원은 처음에 **주**께서 말씀하신 것을 들은 사람들이 우리에게 확증한 바니라"(히 2:2-3)

하나님께서 우리에게 허락하신 구원이 얼마나 큰 것인가! 하나님이 친히 자신을 비어 종의 형체를 가져 사람의 모양으로 오셔서 십자가의 고난과 죽임을 당하시고 장사 지낸 바 되었다가 사흘만에 다시 사신 이 놀라운 구원은 눈으로 보지도 못하고 귀로도 듣지 못하고 사람의 마음으로도 생각하지 못한 일이다. 우리에게 영생을 주시기 위해서 하나님이 치르신 대가를 한 번 생각해 본다면 이렇게 큰 구원을 외면하는 자들에게 심판이 임하는 것은 지극히 당연한 일이다.

여호와의 그날은 하나님의 공의가 나타나는 날이다. 그날은 두 부류의 사람들에게 각각 다른 방식으로 나타난다. 다윗의 씨로 죽은 자 가운데서 다시 사신 예수 그리스도를 마음에 믿는 자들에게는 영원한 안식과 상급으로 갚아 주신다. 그리고 그 복음을 마음에 믿지 않는 자들에게는 어두움의 날이요 형벌의 날이다: 맹렬한 불로 벌하셔서 이들이 주의 얼굴과 그 능력의 영광을 떠나 영원한 멸망의 형벌을 받게 된다.

결론

   성경은 창세기부터 계시록까지 일관성 있게 그 복음을 선포하고 있다. 시제와 인칭이 다를 뿐, 선포하는 메시지는 동일하다: 구약에서는 선지자들을 통하여 만물을 창조하신 창조주 하나님은 여호와 하나님이심을 선포한다. 여호와 외에는 신이 없고, 여호와 외에는 구원자가 없다. 구원자 여호와 하나님께서 우리를 구원하시기 위해 사람이 되실 것을 약속하셨다. 사람이 되실 때에는 다윗의 혈통으로 오실 것이고 여호와께서 우리의 죄를 대속하시고 사망을 삼키고 승리하실 것을 약속하셨다.

   신약에서는 여호와 하나님께서 친히 사람 되셔서 그 복음을 선포하셨다. 예수님께서 그 복음을 선포하실 때에는 내가 그니라(I AM HE)를 선포하셨다. '내가 너희들을 구원하러 왔다'를 선포하신 것이다. 예수님이 행하신 기적들도 내가 그니라를 선포하신 것이다. 그리고 자신이 이방인들의 손에 많은 고난을 받고 죽임을 당한 후 사흘만에 다시 살아날 것을 선포하셨다. 나를 죽이면 내가 사흘만에 다시 살아나서 마귀를 멸하고 생명과 죽지 아니함을 드러낼 것이다. 자신이 부활이고 생명이심을 선포하셨다.

   그리고 예수님이 부활 승천하신 후에는 성령께서 강림하셔서 사도들의 입을 통해 그 복음을 선포하게 하셨다. 너희가 십자가에 죽인 예수를 하나님이 살리셨고 우리가 다 이 일의 증인들이다! 예수가 부활하셨다. 그러므로 다윗의 씨로 죽은 자 가운데서 다시 사신 예수 그리스도는 만물 위에 계셔서 세세에 찬송 받으실 유일하신 하나님이심을 선포하는 것이다.

그러므로 신·구약 성경 전체를 한 문장으로 요약하면 그 복음이 되는 것이다: 다윗의 씨로 죽은 자 가운데서 부활하신 예수 그리스도! 예수는 여호와 하나님이 사람 되신 분. 예수는 다윗의 뿌리가 다윗의 자손 되신 분. 예수는 영존하시는 아버지가 한 아기, 한 아들로 우리에게 오신 분. 예수는 하나님의 그 아들 그리스도! 신론도 그 복음, 기독론도 그 복음, 성령론도 그 복음, 인간론도 그 복음, 구원론도 그 복음, 교회론도 그 복음, 종말론도 그 복음, 모두가 그 복음이 중심이고 핵심인 것이다.

사도들이 선포한 그 복음을 듣고 예수의 부활을 마음에 믿은 자들은 아브라함과 같이 죽은 자를 살리시는 하나님을 마음에 믿는 그 믿음을 본받아 하나님 앞에서 의로 여김을 받게 된다. 그리고 성령을 받아 부활의 증인이 되어 곧 바로 예수의 부활을 증거하게 된다. 누군가 그들이 선포한 그 복음을 듣고 마음에 믿게 되면 그도 역시 구원을 받고 성령을 선물로 받아 이 땅에서 천국을 누리며 예수의 부활을 선포하는 부활의 증인이 된다. 이렇게 하나가 둘이 되고 둘이 넷이 되고 넷이 여덟이 되고…… 30회를 거듭하면 10억의 그리스도의 제자들이 만들어지게 되는 것이다.

나는 20년 목회를 하는 동안 목사, 성경교사로 열심히 살았지만 부활의 증인은 아니었다. 그 복음을 깨닫고 마음에 믿은 후 나는 확실하게 부활의 증인이 되었다. 누구를 만나도 부활로 다윗의 씨로 오신 예수 그리스도를 증거한다. 다른 목사들에게도, 선교사들에게도, 신학박사들에게도, 불신자들에게도, 여호와의 증인들에게도, 누구를 만나든 그 복음을 증거하는 사람이 되었다.

이 책을 통해 나와 같은 사람 두 사람을 만들기를 소망한다. 그리고 그렇게 되리라 확신한다. 하나님께서 강권하시는 시대가 되었기 때문이다. 그 두 사람을 통하여 네 명의 그리스도의 제자가 만들어 질 것이고, 또 그네 명을 통해 여덟이 되고…… 30회를 거듭해서 10억의 그리스도의 제자들이 만들어질 것이다.

그렇게 그 복음이 온 세상에 전파되어 모든 민족에게 증거되면 이방인의 충만한 수가 채워지고 영광의 주님이 함성과 천사장의 소리와 하나님의 나팔로 친히 하늘로 좇아 강림하실 것이다. 그 때에 큰 나팔 소리와 함께 천사들을 보내셔서 하늘 이 끝에서 저 끝까지 사방에서 그의 택하신 자들을 모아 구름 속으로 끌어 올리시면 공중에서 주님을 만나 항상 주님과 함께하게 될 것이다. 이때에 어린양의 생명책에 이름이 기록된 하나님의 자녀들은 선한 목자 되신 우리 주님께서 이름을 하나씩 부르실 때에 순식간에 홀연히 죽은 자들이 썩지 아니할 것으로 다시 살고 우리의 천한 몸도 자기의 영화로운 몸과 같이 되도록 변화시키실 것이다. 그 영광스러운 자리에 독자들도 함께 하기를 소원한다.

어느 날 메일 박스에 편지가 한 통 날아왔습니다. 감동의 편지였고, 감격하며 읽게 되었습니다. 그리고 답메일을 서로 주고받으며 그 복음으로 편지 교제를 나누게 되었습니다. 저희들에게 큰 감동과 감격을 준 편지가 독자들에게도 같은 감동과 감격으로 다가왔으면 해서 허락을 받고 보내주신 편지들 중에 지극히 개인적인 부분들만 삭제하고 거의 전문을 부록으로 첨부하게 되었습니다.

첫 번째 편지

안녕하세요, 목사님, 사모님! ^^

지난 5개월간 매일 목사님의 설교 말씀을 듣고, 사모님의 복음 편지를 읽어서 한 번도 뵌 적이 없는 두 분이 너무나 친근하게 느껴지는데, 막상 이렇게 편지를 쓰기 시작하니 조금 떨리고 긴장이 됩니다. 하하. ^^

저는 세 아이를 키우고 있는 엄마이고, 선교사의 아내입니다. ^^ 두 아이는 현지 학교에 다니고 있고, 5살 막내는 엄마와 집에서 누나 형아가 학교에서 집으로 돌아오기만을 기다리며 하루를 보내고 있습니다.

5개월 전, 다른 나라에 계시는 선배 선교사님께서 저희에게 복음을 전해 주시고, 남편의 컴퓨터에 목사님의 설교 30편을 담아 주셨어요……. ^^

그때부터 지금까지 남편과 함께 매일매일 그 복음 앞에 서는 시간을 보내고 있습니다.

지난 몇 년간 겪은 마음의 문제들과 가정의 어려움들은 선교지에 있기 때문에 겪은 것이 아니라, 복음 밖에 있기 때문에 겪은 문제들이었습니다.

목사님 말씀처럼 정말로…… "부활"을 인지하고 깨닫게 되고 붙들기 시작하면서 놀라운 일들이 일어났습니다.

지금까지 인생에 한 번도 겪어 보지 못한 일들……

듣지도 못했고 상상도 못했던 놀라운 일들이 일어났어요.

이때를 기다렸다는 듯 저희 가정에, 또 주변 가족들에게도 하루가 멀다 하고 어려운 일들, 문제들이 생겼고요…….

그 복음이 아니었다면 이 시간을 어떻게 지날 수 있었을지……. 생각만 해도 아찔합니다.

매일 목사님의 설교를 2~3편 이상씩 들어왔습니다.

어떤 날은 하루 종일 듣기도 하고요.

어떤 설교들은 반복해서 들어서 10번도 넘게 들었고요.

가지고 있는 설교들을 다 듣고 또 처음부터 다시 듣고요.

앉아서 성경말씀을 찾아 가며 듣고, 성경말씀을 쓰면서 듣고, 필기를 하면서 듣습니다.

또 밥을 하면서도 청소를 하면서도 아이들을 돌보면서도 듣습니다.

그런데 신기한 것은 그렇게 듣고 또 들어도 들을 때마다 새롭다는 것입니다.

들어도 들어도 질리지 않습니다. 듣고 또 들어도 돌아서면 또 듣고 싶습니다.

들은 말씀을 내 눈으로 읽을 때……

이 생명의 말씀들이 내 마음으로 읽혀지는 순간은……

정말 감동의 바다에 빠집니다. ㅠㅠ

지난 수개월 동안 "그리스도는 다윗의 뿌리가 다윗의 자손이 된 분"이라고, "하나님의 아들은 영존하신 아버지, 전능하신 하나님께서 사람이 되실 때 동시에 하나님의 아들이 되신 것"이라고 목사님께서 외치시는 것을 수도 없이 들었고, 그 말도 안 되는 하나님께서 하신 일에 감격하고…….

또 그렇게 말씀을 읽으니 다 새롭고 놀랍고 말씀이 풀어지기 시작했습니다.

그 복음 앞에 다시 서면서 저희 가족 모두 너무나 많이 회복이 되었고, 또 회복이 되고 있습니다.

이 땅의 사람들에게 그 복음을 전하고 있습니다.

아이들도 학교에서 그 복음을 전하고 있습니다.

짧은 언어로 손짓 발짓을 하며 친구에게 그 복음을 전하고 온 날은 아이들이 얼마나 기뻐하는지 모릅니다.

그리고 매일 저녁 다 같이 한 자리에 모여 이 땅의 영혼들을 위해, 그 복음을 들은 친구들과 사람들을 위해, 또 우리에게 그 복음을 전할 문을 열어 주시도록 기도합니다.

작은 일상 같지만…… 이것은 기적입니다. ㅠㅠ

선교사 가정이지만 그동안 그렇게 하지 못했습니다.

주께서만 하실 수 있는 기적 같은 일을 저희 가정에서 행하시는 은혜로 말미암아 매일 감격하고 감사합니다.

목사님, 사모님께 편지를 쓰기로 마음 먹은 것은

두 분께 감사의 마음을 전하고 싶어서였는데……

너무 제 이야기만 두서없이 늘어 놓았습니다……. ^^;;

목사님을 통해 진리의 말씀, 생명의 말씀, 그 복음을 들을 수 있어서 너무나 감사드립니다.

사모님을 통해 이 생명과 사랑이 담긴 복음 편지를 매일 읽을 수 있어서 너무나 감사드립니다.

이 땅에서 남편과 함께 종일 복음을 듣고, 읽고, 이야기하지만, 가끔은 이 복음을 같이 나누고 함께 감격할 친구가 딱 1명이라도 가까이 있었으면 좋겠다는 생각이 들 때가 있습니다.

그런데 사모님께서 올려 주시는 복음편지를 읽으며, 비록 얼굴을 마주하며 함께 이야기 나누지는 못하지만, 가까운 친구와 곁에서 복음을 나누는 듯한 시간을 보낼 수 있어서 행복합니다. ^^

목사님, 사모님. 감사드립니다. 정말 감사드립니다!

하나님께서 목사님 사모님, 가정, 또 교회를 친히 돌보시고 이끄시며 예수 그리스도의 얼굴에 있는 하나님의 영광의 빛을 더욱 밝히 더욱 깊이 비추시길 기도합니다.

제 마음이 온전히 주 예수님의 복음에 굴복이 되는 날이 오면……

또 다시 한번 기쁨의 편지를 드리고 싶습니다. ^^

먼 땅에서 그 복음으로 인해 은혜의 날들을 보내고 있는 가정 올립니다.

두 번째 편지

목사님. 감사합니다!

그저 감사의 마음을 전하고 싶은 생각에 편지를 썼는데

이렇게 감동의 답장을 받게 될 줄 몰랐습니다……. ㅠㅠ 감사합니다.

저도 함께, 지존하시고 영존하신 아버지이시며 우리 주님이신 예수 그

리스도께 감사와 영광의 박수를 올려드립니다!!

"지존하시고 영존하신 아버지이시며, 우리 주님이신 예수 그리스도"

가슴이 먹먹해집니다.

참으로 예수 그리스도, 우리 주님은 지존하시고 영존하신 아버지이십

니다.

목사님.

왜 하나님이 한 분 하나님이신지,

왜 오직 복음이 하나인지, 왜 믿음이 그 믿음인 것인지,

왜 오직 한 길, 한 소망인 것인지,

이제 다시 새롭게 깨달으며 다시 감격하며 다시 감동하고 있습니다.

하나님께 너무나 너무나 감사드리고,

또 하나님의 말씀을 전해 주시는 목사님께도 감사드립니다.

저희는 오랜 시간 동안 보이지 않는 긴장과 스트레스 속에서 지내 왔고,

그렇다 보니…… 신분을 노출하는 것도 쉽지 않았기에 복음을 전한다는 것은 정말 어렵고 힘든 일이었습니다. 어쩌면 불가능한 일로 느껴지기까지 했으니까요.

이 땅에서도 마찬가지였고요…….

그런데 그 복음을 듣고 깨달으며……

저희의 생각이 와장창 무너졌습니다…….

상황이 그랬기 때문에 내 입을 열어 복음을 전하지 못한 것이 아니었던 것입니다.

그 이유가 99퍼센트, 아니 100퍼센트 합당하다고 해도……

그것이 이유가 아니었음을…… 깨달았습니다.

그 복음을 몰랐기 때문에, 복음을 부끄러워했기 때문에 전하지 못한 것이었습니다.

그 복음을 더욱 깨달아 갈수록 지나온 땅들, 그곳의 영혼들을 생각하면 너무나 마음이 아프지만, 이제라도 이 땅에서 온전한 복음을 듣게 하시고, 깨달아지게 하시고, 전하게 하셔서 그저 감사하고 감사합니다.

5살 막내도 "엄마, 나도 누나 형아처럼 복음을 전하고 싶은데 친구가 없어요"라고 말합니다. ^^

아직 다 알지 못한다 해도 이렇게 말하는 아이가 얼마나 사랑스러운지 모릅니다.

이 땅의 환경과 보이는 것에 많이 눌려 있고 힘들어하던 두 아이들도 이제 죽음을 이기시고 부활하셔서 살아 계신 주님을 마음으로 믿어 가며 정말 많이 밝아지고 자유로워졌습니다.

학교에서 친구들한테 들은 귀신 얘기에 눌려 무서워서 밤잠을 못 자던 아이들이 이제 잘 잡니다.

이 또한 기적 같은 일입니다.

그동안 예수님이 함께 계신다고 아무리 말해 주고 기도해 줘도 전혀 실제가 되지 못했었는데, 이제 조금씩 아이들의 마음에 그 복음이 뿌리내려지고 실제가 되어 가는 것을 봅니다.

아직 온전하지 못하지만, 그래도 학교에서 친구들에게 그 복음을 전할 기회를 찾기 위해 애쓰는 모습이 기특하고 감사합니다.

목사님.

이 땅의 사람들은 너무나 너무나 많은데……

우리 다섯 식구가 복음을 전하는 것이 가끔은 계란으로 바위를 치는 것 같은 느낌이 들기도 합니다.

크디 큰 산 앞에 저희 다섯 명이 너무나 작게 느껴지기도 합니다.

믿음이 없는 소리이지요……. ^^;;

저녁마다 아이들이 기도합니다.

"예수님. 제발 딱 한 명이라도 부활하신 예수님을 마음으로 믿고 구원받아서, 우리가 없더라도 계속 이곳 사람들에게 그 복음을 전하게 해 주세요. 그래서 교회가 생기게 해 주세요."

가능할까, 정말 그렇게 될까…… 하는 의심 없이 매일 저녁 부르짖는 아이들의 기도를 주님께서 귀히 들으시고 주님의 때에 일하실 것을 믿습니다.

　목사님의 요한복음 강해를 반복해서 들으며 완벽하고 세밀하신 하나님의 전능하신 능력과 크신 사랑과 구원의 은혜에 놀라고 감동하고 감격하고 감사하며, 또한 귀한 말씀 전해 주시는 목사님께 감사드립니다.

　그 복음이 더 편만히, 더 거침없이 이 땅에 증거되도록
　성령께서 저희 가정을 붙드시고 성령의 권능으로 그 복음이 온전히 증거되도록 기도 부탁드립니다.

　"예수 부활 나의 부활!
　예수 생명 나의 생명!"
　아침에 아이들이 등교할 때 함께 나누는 인사입니다. ^^

　다시 한번 감사드리며,
　먼 땅에서 그 복음으로 인해 감격하는 가정 올립니다.

세 번째 편지

목사님.

요 며칠은 그저 감사 감사 감사합니다……. 하고 있습니다. 모든 것이 감사합니다.

허우적대던 이전의 삶도 감사하고, 그 복음을 듣게 하신 것도 감사하고, 듣고 깨닫게 하신 것도 감사하고, 이 작은 마음에 부활 생명, 구원을 주신 것도 감사하고, 목사님 사모님께서 보내 주신 편지도 감사합니다.

고린도후서 1장을 써내려 간 바울처럼 환난과 고난 속에 있지 않지만, 바울의 마음을 아주 아주 아주 조금이라도 알 것 같은 마음입니다.

모든 위로의 하나님……. 은혜도 평강도 긍휼도 자비도 사랑도 은혜도 구원도 위로도…… 오직 우리 주님께만 있고, 오직 우리 주님으로부터만 오는 것임을 다시금 깨닫습니다.

목사님의 편지로 큰 힘을 얻고 큰 위로를 얻고 큰 소망을 얻습니다.

사도들의 편지를 받아서 그 편지를 읽던 초대 교회 성도들의 마음이 지금 저의 마음과 같았을 것 같습니다. 얼마나 감사하고 귀하고 감격스러운지요.

하늘 아버지께서 저에게 편지로 말씀해 주시는 것 같습니다.

감사하고 감사합니다.

저의 삶이 어느 때까지 이어질지 알 수 없지만, 저도 목사님과 사모님처럼 제 생명이 다 하는 그 순간까지 주께서 주신 생명과 은혜의 구원과 그 크신 사랑으로 인해 기뻐하고 감격하고 감사하는 삶을 살기를 더욱 소망합니다. 이 소망이 저를 위로하고 일으켜 세웁니다.

정말 이전에는 감히 꿈꾸지 못하고 바라지 못했던 소망입니다. ㅠㅠ

네 정말 그런 것 같습니다, 목사님.

감을 잡는 거요.

감을 잡은 줄 알았는데 지나고 보면 그게 덜 잡은 거였어요. ^^

깨달은 줄 알았는데 지나고 보면 그게 아주 미약한 깨달음이에요.

다시 깨달아지고 다시 감 잡아지고 다시 놀라고 다시 '아…….' 하고 있습니다.

해 아래 새 것이 없음을. 오직 그 복음. 진리의 말씀만이 날마다 새롭고, 변함이 없고, 쇠하지 않고 영원한 것임을…….

머리로 알던 수많은 지식들이 하나씩 하나씩 가슴으로 내려올 때마다, 마음에 심겨진 말씀들이 조금씩 더 깊이 뿌리를 내려갈 때마다 '아!!', '와!!', '아……!' 하고 속된 말로 매일 '돌 깨지는 소리'가 납니다…….^^

옆집 아줌마를 어머니라고 부르는 것, 그러면 안 되는 것이라는 말씀이 마음에 쿵 와닿습니다.

이제라도 진짜 아버지, 진짜 내 나라, 진짜 내 신분, 진짜 내 사명을 깨닫게 하셔서 너무나 감사합니다.

죄인을 구원하시기 위해 먼저 충성된 증인이 되셔서 죽은 자들 가운데서 부활하신 예수 그리스도.

저도 저희 가족도 예수님처럼, 또 목사님 사모님처럼 이 땅에서 충성된 증인으로 살 것입니다.

먼저 충성된 증인이 되신 예수 그리스도께서 저희 가운데 함께하시며 시작하신 이 일을 끝까지 이루실 것을 믿습니다. 또 앞으로 어느 곳으로 저희 가족을 보내시든지, 그곳에서의 삶도 충성된 증인으로서의 삶일 것입니다.

한 아기, 한 아들이 되신 영존하신 아버지, 다윗의 뿌리이시며 자손이신 예수 그리스도를 선포하고 증거할 것입니다.

이 삶이 다할 때…….

한 사람이 두 제자. ㅠㅠ 저희 다섯 가족이 낳은 열 명의 제자. 열 명의 증인. 열 명의 천국 백성을 보게 된다면. 생각만 해도 너무나 가슴이 떨리고 감격스럽습니다.

감사합니다, 목사님. 귀한 그 복음의 편지를 보내 주셔서 감사드립니다.

우리 아버지께서 목사님과 사모님께 하늘 나라의 그 신비를, 그 비밀을 더욱 더욱 많이 보여 주시고 밝히 드러내 주셔서 그 아름다운 진리가 더 많이 더 밝히 더 깊이 온 열방 가운데 울려 퍼지길 기도합니다.

크고 놀라운 그 복음의 신비를 저도 들여다볼 수 있게 하신 하나님의 은혜에 너무나 감사합니다.

저도 더 깊이 높이 넓게 그 신비를 깨닫게 하시고 전하게 하시길 간절히 소망합니다.

나를 위해 사람이 되신 하나님, 그래서 내 안에 영원히 살아 계시고 싶으신 하나님.

동방의 박사들.

저는 이제야 들었습니다.

어젯밤 그 말씀을 듣고 그냥 멍…… 했습니다.

아직 감도 안 잡힌 것 같습니다.

앞으로 감 잡아가며 깨달아 가며 아! 와! 이야……. 할 것 같습니다.

주께서 보여 주시는 그 복음의 신비를 나누어 주셔서 너무 너무 감사드립니다.

예수 부활, 우리 모두 부활!

예수 생명, 우리 모두 생명!

-저희 둘째가 이렇게 또 조금 바꿔서 인사했습니다. ^^

할렐루야! 아멘!

저도 같이 우리의 생명이 다 하는 날까지 영광스러운 그 복음의 일꾼으로 함께 세워지고

함께 쓰여지기를 소망합니다…….

그 복음의 증인 되어 감사한 가족 올립니다.

네 번째 편지

영존하시고 지존하신 아버지이시며 우리 주님이신 예수 그리스도께 영광의 박수를 올려드립니다!

목사님 사모님께 처음 답장을 받을 때부터 있었던 놀라움과 감격이 편지를 받을수록 더 큰 놀라움과 감격으로 이어집니다.

매일 목사님의 그 복음 설교를 들으면서 우리가 여기서 이렇게 목사님의 그 복음 설교를 듣고 있다는 것이 너무 신기하고 놀랍고 감사하다⋯⋯는 말을 남편과 자주 했었습니다.

그러나 사실 목사님께 직접 감사의 편지를 드려야겠다는 생각은 전혀 하지 못하고 있었습니다.
그런데 요한복음 강해 4강을 듣고는⋯⋯
그 복음이, 하나님께서 행하시는 일들이 너무 크고 놀랍고 감격스러워서 또 다시 반복해서 말씀을 들으면서 아 그냥 있을 수가 없다. 이 놀라운 하나님의 말씀을 전해 주시는 목사님께 감사의 마음을 꼭 전해야겠다는 마음이 너무 강하게 들어서 첫 편지를 썼었습니다.
감사의 편지를 쓰지 않는 것은 배은망덕한 일인 것처럼 느껴졌기 때문입니다.

75억 수많은 사람들 중에 제게도 생명의 빛, 그 복음을 듣게 하시고 그 빛 안으로 인도하신 하나님께 감사와 영광을 돌립니다.

이 생명의 빛, 사랑의 빚진 자로 끝까지 이 생명의 빛을 비추며, 그 복음을 선포하며 살 것입니다.

이렇게 영광스럽고 귀한 삶으로 이끄신 은혜…… 정말 한량 없는 하나님의 은혜입니다.

세상 사람들은 신상 백, 신상 구두 등을 기다리고 찾지만,

저희는 이번 주에는 또 어떤 하나님의 신비로운 그 복음을 전하셨을지 새 말씀을 기다리고 찾습니다.

그 복음은 듣고 또 들어도 새롭고 신비하고 놀랍습니다.

귀한 생명의 말씀을 전해 주셔서 다시 한번 감사드리며

예수 부활 생명, 온 세상의 부활 생명!

할렐루야, 아멘!!

그 복음의 일꾼 되어 감사하고 감격하고 놀라는 가족 올립니다.

다섯 번째 편지

안녕하세요, 사모님! ^^

그저 감사의 마음을 전하고 싶었던 제 작은 편지에 귀한 편지로 화답해 주셔서 너무나 감사드립니다.

정말 기대하지 못했는데, 목사님 사모님께서 이렇게 감동의 편지를 보내 주셔서 너무나 감격스럽습니다.

이산가족. 이라는 말씀이 제 마음을 울립니다.

하늘가족, 하늘백성, 영원한 가족이라는 말은 그 복음을 듣고 깨달아 가며 제 마음에 새롭게 깨닫게 되었었는데……

아…… 네. 그러니 맞습니다. 정말 이산가족이 맞아요……. ㅠㅠ

그동안 얼마나 많은 것들을 알지 못한 채, 잃어버린 채, 도둑맞은 채 살아왔는지요.

잃어버린 한 영혼이 주께로 돌아오면 천국에서 잔치가 열린다고……. 어릴 때부터 정말 많이 들어왔는데, 그 잔치가 하늘 나라에서만 열리는 것이 아니라, 보이지 않는 하늘 나라를 마음에 품고서, 하늘 나라에 앉아서 이 땅을 살아가는 사람들의 마음 속에도 동일하게 천국 잔치가 열리는 것이구나!

사모님께서 보내 주신 편지를 읽으며 생각했습니다.

너무나 놀랍습니다.

이제 그 복음을 듣고 마음으로 깨달아 가며 걸음마를 시작하는 저희 가정을 큰 기쁨으로 기뻐해 주시고, 이 일을 행하시는 하나님의 역사를 곁에서 눈으로 보는 것처럼 보고 느껴 하나님께 영광을 올려드리는 사모님…….
너무나 귀하시고 아름답습니다…….
너무나 감격스럽고 감사합니다.
그동안 살면서 이런 만남을 가져 본 적도 없고 들어본 적도 없습니다. ㅠㅠ
정말 우리 하늘 아버지가 아니면 불가능한 일입니다.

사모님께서 올려 주시는 그 복음 편지를 읽으며 얼마나 큰 힘을 얻고 위로를 받는지 모릅니다.
문제와 여러 낙심이 될 만한 상황들 앞에서도 그 복음 편지를 통해 믿음을 견고히 하고, 소망을 얻습니다.
그 복음 편지 속에 담긴 생명의 말씀들, 진리의 말씀들, 주님의 사랑, 영원한 소망, 구원의 은혜, 편지를 읽고 나면 힘이 납니다.
편지 속의 말씀들이 계속 생각이 납니다.
귀하고 귀한 그 복음 편지를 매일 써 주셔서 감사드립니다.

목사님, 사모님이 그 복음의 향기이시고 그 복음의 편지이십니다.
세상 무엇보다도 고귀한 이 향기를 이 먼 땅에서도 매일 맡을 수 있고, 매일 읽을 수 있어서 참 좋습니다. ^^
하늘 나라의 향기, 우리 주님의 향기, 그 복음의 향기, 생명의 편지, 그리스도의 편지를 이 땅에서도 널리 널리 전하고 싶습니다.

　사모님.

　다시 한 번 귀한 편지 보내주셔서 감사드립니다.

　하나님 아버지께서 보내주신 편지처럼 느껴집니다. ㅠㅠ

　"예수 부활 나의 부활! 예수 생명 나의 생명!"

　아이들 아침 등교 때 아이들과 함께 나누는 인사로 인사드리며 먼 땅에

서 그 복음을 더욱 외치길 갈망하는 다섯 식구 올립니다.

여섯 번째 편지

주님!

우리가 복음을 전하겠습니다.

우리를 사용만 해 주시옵소서.

우리의 입에 주님의 말씀을 담아 주옵소서.

언제까지 이 땅을 그냥 두시렵니까.

언제까지 이 땅이 아무것도 모르게 그냥 두시렵니까.

주님 이 땅을 불쌍히 여겨 주세요.

주님 이 땅은 아무것도 모르고 있습니다.

이제 이 땅이 주님을 알게 해 주세요.

살아 계신 하나님을,

사람이 되신 하나님을,

죽은 자 가운데 부활하신 하나님을 알게 해 주세요.

예수님이 부활하신 것을 마음으로 믿고 구원받게 해 주세요.

그래서 이 땅이 하나님의 땅, 하나님의 나라가 되게 해 주세요.

주님!

우리를 통해 복음이 전해지게 해 주세요.

사모님.

이미 제 눈은 감겨 있고 제 손과 발과 명치 끝은 피곤합니다.

문제 하나 넘어간 것 같으면 기다리고 있었다는 듯 더 큰 문제가 눈앞에 놓입니다.

살면서 겪을 만한 크고 작은 어려움들이 그 복음을 듣고 깨달아 가는 이후로, 한꺼번에 저희 삶 앞에 쏟아지는 것처럼 느껴집니다.

그러나 신기하고 감사한 것은 눈앞에 놓인 문제 때문에 제 마음이 좌절되지 않습니다.

그렇다고 마냥 룰루랄라 하고 있는 것은 아닙니다.

힘은 듭니다. 피곤하기도 합니다. 지치기도 합니다.

그러나 제 마음 속에서 제 영혼이 끊임없이 작은 소리로 외칩니다.

예수 부활 나의 부활. 예수 생명 나의 생명.

예수 능력 나의 능력. 예수 권세 나의 권세.

예수 소망 나의 소망. 예수 영광 나의 영광.

오늘 저녁은 좀 고단해서 아이들과 기도하는 시간을 빨리 마무리 해야 겠다는 생각으로 앉아서 아이들을 기다렸습니다.

책가방도 싸고, 각자의 일을 마무리하는 아이들의 얼굴도 피곤해 보였습니다.

한 자리에 모이고 오늘 저녁은 성경 말씀도 함께 나누지 못한 채 기도 제목들을 나누고 기도하기 시작했습니다.

6학년 큰 딸아이가 제 차례가 되어 조용히 천천히 기도를 시작했습니다.

주님!

우리는 죄인입니다.

우리는 죽을 수밖에 없는 죄인입니다.

그런데 예수님께서 우리를 대신해 죽으시고 부활하셔서.

우리를 구원해 주셔서 감사합니다.

주님!

우리가 복음을 전하겠습니다.

우리를 사용만 해 주시옵소서.

우리의 입에 주님의 말씀을 담아 주시옵소서.

언제까지 이 땅을 그냥 두시렵니까.

언제까지 이 땅이 아무것도 모르게 그냥 두시렵니까.

주님 이 땅을 불쌍히 여겨 주세요.

주님 이 땅은 아무것도 모르고 있습니다.

주님 제발 이 땅이 주님을 알게 해 주세요.

살아 계신 하나님을,

사람이 되신 하나님을,

죽은 자 가운데 부활하신 예수님을 알게 해 주세요.

예수님이 부활하셨다는 것을 마음으로 믿고 구원받게 해 주세요.

그래서 이 땅이 하나님의 땅, 하나님의 나라가 되게 해 주세요.

주님!

우리를 통해 이 땅에 복음이 전해지게 해 주세요!

조용하고 나지막하게 천천히

그러나 간절함으로 부르짖는 아이의 기도를 들으며

제 마음이 무너졌습니다.

이 시간을 주님께서 기다리셨구나.

성령께서 먼저 이 곳에 와서 앉아 계시며 이 시간을 기다리셨구나.

아이의 심령을 친히 붙드시고 이 땅을 향해 부르짖으시는구나.

기도를 마치고, 애들아 같이 기도해 줘서 고마워. 잘 자. 사랑해.

인사하고 소파에 기대 누운 저에게 세 아이들이 달려들어 안아 주며 엄마 사랑해요! 하며 힘이 없는 제 팔과 다리에 뽀뽀 세례를 퍼부어 주었습니다.

그래서 다시 벌떡 일어나 예수 부활 나의 부활. 예수 생명 나의 생명 하며 사모님께 편지를 씁니다.

우리 주님. 정말로 너무나 놀랍고 놀라우신 기묘자이십니다!!

우리의 기도를 들으시고 이 땅을 고치시고 돌이키시고 회복시키실 주님을 찬양합니다.

사모님.

목사님 사모님의 편지를 받고 답장을 쓰려는 순간부터 멀쩡하게 잘 되던 인터넷이 갑자기 안 되기 시작했습니다.

처음에는 갑자기 말썽인 인터넷을 다시 잘 되게 하는 데만 신경 쓰다가 아, 주께서 내 마음을 돌아보게 하는 시간을 주시는구나 생각했습니다.

사모님의 편지를 받고 여러가지 감정이 교차했습니다.

이게 무슨 일인가 어리둥절하고 놀라고 신기하고 또 두렵고 떨렸습니다.

전혀 예상하지 못한 일, 상상도 하지 못한 일이 제게 일어나서 그런 것 같습니다.

정말로 감히 생각도 못해 봤습니다. 제가 저를 아니까요.

그저 그 복음을 듣게 하시고 조금씩 깨달아 가게 하셔서 그 복음을 점점 좋아하게 되고, 예수님이 누구신지 이제야 비로소 조금씩 알아가는 시간을 갖는 저에게는 그야말로 너무나 과분한 일로 여겨졌기 때문입니다.

감사 편지의 한 자락을 나누는 것과, 누군가 읽게 될 것을 알고 제 삶을 쓰는 것은 너무나 다른 것이기 때문입니다.

글을 잘 쓴다는 말도 처음 들어 봅니다.

글쓰기를 좋아하는 사람도 아니고, 책을 많이 읽는 사람도 아니고, 말씀을 가까이하며 많이 읽은 사람도 아니었습니다.

그냥 개차반처럼 살던 사람이었습니다. 아니 그런 사람입니다.

그런 나를 누구보다도 내가 잘 아는데 이게 무슨 일인지…….

감히 내가 어떻게 그럴 수 있겠나 하는 생각이 들었습니다.

내가 무언가 실수한 건가. 뭔가 잘못한 건가. 이러려고 그런 게 아닌데…….

두렵고 떨리는 마음까지 들었습니다.

그렇게 하루가 지나고……

제 생각이 굉장한 오산, 교만이라는 것을 깨달았습니다.

사모님 말씀처럼 그 복음을 듣고 깨달아 가는 것은 기적 중에 기적인데요. 내가 깨닫는 것도 아니고 내가 믿는 것도 아니고 내가 하는 것도 아닌 건데요. 그런데 마치 내가 깨닫고 내가 믿고 내가 무언가 하는 것처럼 여겼기에 지난 하루의 제 생각과 감정은 엄청난 오산이었습니다. ㅠㅠ

주께서 처음부터 끝까지 홀로 베푸신 구원이고, 은혜이며, 기적임을 다시 깨달으니, 너무나 영광스럽고 감사하고 감격스럽습니다.

아…… 어떻게 나 같은 자에게 이런 일이…….

내가 아닌, 주님. 내가 아닌 주께서 베푸신 은혜. 내가 아닌 주께서 행하시는 일.

그것은 얼마든지 얼마든지 나누고 이야기하고 자랑할 수 있습니다.

이 작은 삶으로 우리 주님을 자랑할 수 있는 기회를 주신 것이 너무나 감사합니다.

그동안 그 복음을 깨달아 가며 너무 놀랍고 기이하고 신기해서 그 깨달아지는 것들을 글자로 써 보고 싶어서 하루에도 몇 번씩 수첩에 끄적거렸었습니다.

그런데 쓰다가 지우고 쓰다가 지우고 쓰다가 지우고……

쓰기 시작해서 마무리가 된 것이 없습니다.

제 수첩은 온통 죽죽 두 줄로 그어 글자를 지워 놓은 새카만 줄들로 가득합니다.

밥을 먹다가도 수첩과 펜을 들고 앉아서 뭘 쓰느라 밥을 못 먹고 있으면, 아이들이 엄마 왜 밥 먹다가 딴짓하세요 했습니다. ^^;;

너무너무 쓰고 싶은데…….

이 은혜를 이 사랑을 이 놀라운 그 복음, 사람이 되신 하나님을 글자로 써 보고 싶은데 안 됐었습니다……. ㅠㅠ

도저히 어떻게 제 마음 속의 깨달음을 종이 위의 글자로 표현할 길이 없었습니다.

그런 저에게 이렇게 키보드를 두드려 사모님께 편지를 쓰게 하시는 주님.

영원하신 아버지. 예수 그리스도. 살아 계신 하나님. 정말 놀랍습니다…….

편지를 쓰기 시작할 때는 눈을 반만 뜨고 있었는데,

편지를 쓰다 보니 쌩쌩해졌습니다……. 하하^^

감사합니다, 사모님. 감사합니다. ㅠㅠ

제게 붙여 주신 닉네임이 너무 좋습니다. ㅠㅠ

주님의 사랑의 바다, 은혜의 바다, 그 바다의 감동 속에 죽을 때까지 빠져 있을 겁니다.

사모님 말씀처럼 부디 한 영혼이라도 예수님의 영광의 빛, 생명의 빛, 부활의 능력을 보고 주님을 만나기를 기도합니다. 간절히 소망합니다.

신실하신 주님께서 그 일을 이루실 것을 믿습니다.

감사와 사랑과 기쁨을 전하며,

감동의 바다에 빠진 자 올립니다.

일곱 번째 편지

사모님.

저는 누가 저를 사모님, 선교사님이라고 부르면 굉장히 어색하고 불편했던 사람입니다.

그 말이 너무 부담스럽고 편하지 않게 느껴졌기 때문입니다.

누가 뭐라고 하는 것도 아니고, 누군가 저를 부를 말이 그것 외엔 딱히 마땅한 것이 없기에 그렇게 부를 수밖에 없는 것을 알면서도……

저는 제게 불려지는 그 이름을 좋아하지 않았습니다.

다른 이유가 아니라, 제 삶이 그 이름에 걸맞지 않았기 때문입니다.

내가 내 삶을 아는데. 내 삶이 그들에게 보여지는 것과 다른데.

스스로 너무 부끄럽고 죄송스럽게 여겨졌기 때문입니다.

부끄럽고 죄송스러운 마음을 가지고 잘 살면 되는데, 그것이 안 됐었습니다.

시간이 지날수록, 세월이 흐를수록 제 삶은 점점 더 그 이름과 멀어지고 그 소리가 듣기 부담스러워서 교회 가지 말고 집에서 예배 드리면 안 될까 하는 생각까지도 들었었습니다.

저는 지난 10여 년간 세 아이를 낳고 키우는 일 외에는 한 것이 없습니다.

첫 아이를 임신하면서부터 몸이 굉장히 약해지고 힘들어졌습니다.

특별히 질병이 있는 것은 아니지만, 약해진 몸이 잘 회복이 되지 않고 긴 시간을 그렇게 지내왔습니다.

그러니 제 몸 하나, 점점 약해지고 황폐해지는 제 마음 하나 건사하는 것도 힘들었기에 아이들을 잘 양육하지 못했습니다.

너무나 사랑스럽고 예쁜 아이들, 하나님께서 주신 귀한 선물들을 제 기분 따라, 제 감정 따라 함부로 대하고 막 대했습니다. 이러면 안 되지, 잘 해야지 하면서도 생각과는 다르게 아무 것도 아닌 일, 그냥 지나갈 수 있는 일에도 심하게 혼을 내고, 야단을 치고, 소리를 지르고 화를 냈습니다.

아이들이 얼마나 힘이 들었을지……. 지금도 생각하면 너무나 미안하고 마음이 아픕니다.

이곳에 살면서는 교제할 만한 사람이 없었기에 아이들이 굉장히 외로워하고 힘들어했습니다. 친구와 가족들이 그립고 한국이 그립고……. 그런데 이것은 한국에 가지 않는 이상은 해결이 될 수 없는 일이다 보니, 처음에는 위로해 주고 받아 주고 하다가 나중에는 어쩔 수 없는 것이니 그만 하라고 혼내고 야단쳤습니다.

아이들도 자신의 마음을 이야기할 사람이 엄마밖에 없는데…….

엄마가 자신의 마음을 받아 주지 않으니 말하고 싶어도 말하지 못하고, 속으로 끙끙 앓았을 것입니다.

한 해 두 해 시간이 지날수록 너무나 밝고 예뻤던 큰 아이는 점점 웃음을 잃고 어두워졌습니다. 그런 아이를 보면서, 선교사 자녀들이 짊어져야 할 어쩔 수 없는 시간이라고 생각했습니다.

선교사 자녀들이 우울증에 걸리고, 심하면 무신론자까지 되는 상황들을 보고 들어왔기에…… 우리 아이들도 그렇게 되면 어쩌나 하는 걱정과, 또 우리 아이들은 그렇지 않았으면 좋겠다는 막연한 기대만 했을 뿐, 복음이, 예수님이 아이들의 상한 마음을 고치시고 회복시키실 수 있다는 생각은 못했습니다.

점점 이곳을 벗어나고 싶고 아무도 없는 곳으로 떠나고 싶은 마음이 자꾸 자꾸 들고, 이런 마음들이 점점 강해지고 견고해져서 내 마음과 영혼을 사로잡고 나를 뒤흔드는데도 복음이, 예수님이 나를 고치시고 치료하시고 회복시킬 수 있다는 생각을 못했습니다.

이 모든 힘든 상황들은…… 선교사로 살기 때문에, 십자가의 길을 가기 때문에 겪게 되는 일이라고 여겼습니다.

해결 방법도 없고, 답도 없고 그냥 어쩔 수 없는 어려움과 문제들이라고 생각했습니다.

지금에 와서 돌아보니…… 지난 시간이 얼마나 얼마나 어둠에 갇혀 혼미한 상태로 있었던 것인지 분명하게 보게 됩니다.

그러나 그때는 정말 몰랐습니다.

복음의 능력이 내 삶에 하나도 없이 사는데, 그러면서도 이 모든 문제의 원인이 복음을 모르고, 예수님을 믿지 않았기 때문이라고는 정말 상상도 못하고 살았습니다.

그러니 해결 방법도 길도 답도 모르고 그냥 어둠에 갇힌 채 살았던 것입니다.

말이 좋아 개차반이지, 차반 자리에 '쓰레기'를 넣어도 부족한 삶이었습니다.

처음 그 복음을 듣고……

아, 이거였구나 하고 받아들인 남편과 달리 저는 혼란스럽고 충격적이고 힘들었습니다.

지금 내가 안 믿었다고 하는 말인가?

내가 복음을 몰랐다고? 도무지 받아들일 수가 없었습니다.

내가 안 믿었다고 한다면, 지난 내 삶을 설명할 길이 없었기 때문입니다.

내가 복음을 몰랐다고 한다면, 복음을 모르고 어떻게 이렇게 살 수 있다는 건지 말이 안 되는 소리였습니다.

내가 예수님을 믿지 않는 것이었다고 하면, 도대체 지난 내 삶을 뭐라고 설명해야 할지…….

억울하고 혼란스럽고 납득하기 힘든 마음이 컸습니다.

남편과 같이 매일 그 복음 설교를 들어오다가,

중간에 나는 더 이상 못 듣겠다. 혼자 들어라. 나는 듣기 싫다.

안 믿었다는 게 말이 되냐. 그럼 안 믿고 어떻게 그동안 그렇게 살 수 있었던 거냐.

난 앞으로 안 들을 테니 들으려면 혼자 들어라. 남편에게 악다구니를 퍼부었습니다.

그런데 계속 그 복음을 거부하고만 있을 수 없었던 것은, 내 삶 속에 가득한 문제들을 누구보다 내가 잘 알았기 때문입니다.

내가 예수님을 믿고 있는 것이라고 말하면, 지금 내가 가지고 있는 문제들을 설명하기가 힘들어지는 것이었습니다.

내가 복음을 안다고 말하면, 복음의 능력이 내 삶에 하나도 나타나지 않는 것을 설명하기 힘들어지는 것이었습니다.

둘 중 하나였습니다.

내가 안 믿는 것이거나, 나를 구원하시는 예수님의 능력이 이 정도인 것이거나.

처음에는 내가 예수님을 안 믿었다고 말하기가 너무 힘이 들었습니다.

그러나 시간이 지날수록 내가 예수님을 믿었다고 말하는 것이 힘들어졌습니다.

그리고 더 시간이 지날수록 내가 예수님을 믿는 게 아니었다고 말하는 것이 예수님을 조금이라도 믿었던 것이라고 말하는 것보다 쉬워졌습니다.

복음을 몰랐다고 말하는 것이 복음을 안다고 말하는 것보다 쉬워졌습니다.

나는 복음도 모르고, 예수님도 믿지 않는 사람이었음이…… 분명해졌습니다.

이제는 복음을 모르고 예수님을 믿지 않았으면서, 알고 믿었다고 말하는 것이 더 부끄러운 것임을…… 압니다.

그 복음의 능력은 죽은 자를 살리는 구원의 능력.

그 복음을 깨달아 가면서 많은 변화들을 경험하고 있는데, 그중 하나는 이제 내가 내 마음을 볼 수 있다는 것입니다.

어둠 속에 갇혀 있을 때는 도무지 내 마음의 상태가 어떠한 상태인지, 내 마음이 왜 이토록 힘들고 아프고 고통스러운 것인지, 내 영혼은 어떠한 상태인지 스스로 볼 수도 없고 알 수 없었습니다.

그런데 이제는 지금 내 마음이 어떤 상태인지 누가 보고 말해 주지 않아도 알겠습니다.

생명의 말씀의 빛이 이 어두운 마음을 비추니 어두움이 빛 가운데 드러나게 돼서 알게 되는 것 같습니다.

이것이 얼마나 크고 놀라운 은혜인지, 얼마나 크고 큰 은혜인지 모릅니다······. ㅠㅠ

이 마음을 도저히 볼 수도 없고 알 수가 없어서 정확한 진단을 할 수가 없어서, 고치고 치료하고 회복할 방법도, 길도, 답도 도무지 알지 못한 채 살았던 것입니다.

이제 제가 제 상태를 알겠습니다······ 그냥 알아집니다.

그 복음을 깨달아 가고 마음으로 믿어 가고 있는 길 위에 있습니다.

스스로 깨닫는 것도 아니고, 내 힘으로 믿어가는 것도 아닙니다.

생명의 주께서 당신의 빛으로 비추시고 은혜로 이끌어 가시는 것을 분명히 압니다.

그러나 저는 죽은 자 가운데 부활하신 주님 앞에 100퍼센트 온전히 굴복된 상태도 아닙니다.

제가 이것 때문에 마음 아파하고 안타까워하는 시간을 보내고 있습니다.

그런 저를 아는 어떤 사람이 저에게 물었습니다.

괜찮다고. 왜 그러냐고. 굴복의 기준이 뭐냐고……

그 기준을 뭐라고 설명하기는 어려웠지만, 그냥 제가 알겠습니다.

그냥 알아집니다. 지금 나는 주 예수 그리스도의 복음에 온전히 굴복된 사람이 아닌 것을……

이것이 어찌 이리 더딘 것인지 너무나 마음이 아프지만, 한편으로는 너무나 감사하고 신기하고 놀랍습니다.

내 마음을 들여다 볼 수 없고, 알 수 없어서 40년을 어두움 가운데서 죄의 종 노릇 하며 예수를 믿는다고 착각하며 살아왔는데……

이제 세상의 어떤 전문가나, 특별한 능력이 있는 사람의 도움 없이, 오직 그 복음의 광채 앞에서 그 생명의 말씀의 빛으로 내 마음을 비추시는 은혜로 말미암아 내 마음을 보고 진단할 수 있기 때문입니다.

아이들도 마찬가지입니다.

어제 학교에서 돌아온 둘째가 땀을 뻘뻘 흘리며 아직 숨도 고르지 않은 채 물어봅니다.

"엄마, 만약에 지금 이 나라가 끝나면…… 나는 어떻게 되는 거예요?"

"응? 무슨 뜻이야?"

"만약에…… 지금 이 나라가 끝나면……. 나는 지옥에 가는 거예요?"

"아니야. 너는 지금 예수님의 부활을 믿어 가고 있잖아. 걱정 마."

"내가 완전히 믿는 게 아니면요?"

"괜찮아. 걱정하지 마. 우리가 계속 기도하고 있잖아."

얘기해 줬지만 아이의 얼굴은 좀 어두워 보였습니다.

그리고 저녁에 아이들 먼저 식사를 마치고, 제가 혼자 저녁을 먹고 있는데 살며시 제게 다가왔습니다.

"엄마, 사실은……예수님이 진~짜로 부활하셨나? 하는 생각이 가끔 들어요. 그래서 나는 아직 예수님의 부활을 마음으로 믿는 게 아닌 것 같아요. 그래서 조금 걱정이 돼요."라고 말했습니다.

"우리가 이것을 위해 매일 기도하고 있잖아. 그러니까 걱정하지 말고 계속 기도하자. 예수님께서 우리 마음이 예수님의 부활을 더 온전히 믿을 수 있도록 도와주실 거야."라고 대답해 주고, 집안일들을 마무리하는데……. 너무나 너무나 감사한 마음이 들었습니다.

아 주님. 감사합니다. 이 작은 아이도 자기의 마음을 볼 수 있다니요.

스스로는 도무지 들여다볼 수 없는 이 어두운 마음을, 주님이 비추시는 빛 안에서 볼 수 있게 하셔서 감사합니다.

기도하기 위해 한 자리에 모였을 때 아이들에게 이야기해 줬습니다.

우리가 우리 마음이, 우리 믿음이 어떠한 상태인지 알 수 있다는 것은 너무나 큰 은혜라고…….

하나님께서 주시는 은혜가 아니면, 이것은 불가능한 일이라고.

우리 마음에 이미 예수님의 부활의 광채가, 그 복음의 생명의 빛이 비춰졌기 때문에 내 믿음이 어떤 상태인지, 내 마음이 어떤 상태인지 내가 알 수 있는 것이라고.

이것은 내가 스스로 아는 것이 아니라, 하나님께서 알게 해 주시는 큰 은혜라고.

엄마는 지난 40년 동안 엄마의 마음을 도무지 들여다볼 수 없어서 믿지 않고 있으면서도 믿는다고 착각하고 살아왔다고.

그런데 너희는 지금 너희 마음과 믿음이 어떠한 상태인지 깨달을 수 있으니 이것이 얼마나 큰 은혜인지 모른다고.

그리고 다같이 간절하게 기도했습니다.

우리가 더 예수님이 죽은 자 가운데 부활하신 것을 마음에 믿게 해 달라고,

죽은 자 가운데 다시 살아나셔서 그 손과 발에 못 자국과 옆구리의 창 자국을 보이시며 우리를 기다리시는 주님을 우리 마음의 눈으로 더욱 선명히 보고 믿게 해 달라고, 그래서 살아 계신 예수 그리스도 영존하신 아버지 전능하신 하나님 앞에 온전히 굴복이 되게 해 달라고…….

지나온 내 삶을 설명할 길이 없어서 나는 예수를 믿지 않는 게 아니었다고 우기던 제가……

부활하신 예수님을, 그 복음을 마음으로 깨달아 가며 보니 지나온 제 삶은 하나님의 은혜입니다. ㅠㅠ

쓰레기 같은 삶을 사는 죄인인 저를 포기하지 않고 인내하시며 때를 따라 은혜를 주시고 지금까지 인도하셨습니다.

영존하신 아버지이신 예수 그리스도의 빛 가운데로, 그 생명으로, 그 진리로, 하늘 나라로 이끌어가고 계십니다.

얼마나 감사하고 감사한지……. 얼마나 놀랍고 감격스러운지 모릅니다.

사모님께서 보내 주신 편지를 읽으며 눈물이 났습니다.

죽죽 그어 놓은 그 자리에 하나님께서 대신 글을 쓰신다는 말씀에……

나를 사랑하시는 아버지의 사랑이 느껴졌습니다.

얼마나 제 마음이 위로를 받고 힘을 얻고 소망을 얻었는지 모릅니다.

이렇게 보잘것없는 나를 사랑하시고, 나를 통해 하나님께서 일하시다니요……. ㅠㅠ

이 은혜를 이 사랑을 다 표현할 수가 없습니다.

보내주신 복음편지의 화답을 보며 심장이 쿵쾅쿵쾅 뛰었습니다.

놀라우신 하나님. 놀라우신 아버지. 놀라우신 주님의 은혜와 사랑.

너무나 신기하고 기이하고 감사하고 감격스럽습니다.

'귀하고 귀하신 선교사님'이라고 쓰여진 편지 제목을 한참을 바라보았습니다.

귀하다는 말도, 선교사라는 말도.

제 마음에 부담스럽고 불편하게 다가오지 않는 것을 보며 놀랐습니다.

감사하고 감격스럽고 영광스럽게 들립니다.

이 귀하고 영광스러운 자리에 나를 두시다니…….

너무나 감사하고 너무나 영광스럽습니다.

이 또한 제게는 정말 정말 기적 같은 일입니다. ㅠㅠ

저희 가정을 위해 새벽 문을 열고 기도해 주셔서 너무나 감사드립니다.

정말로 기도의 힘으로 저 어제 오늘을 쌩쌩하게 잘 지냈습니다. ^^

오늘은 저희가 그 복음을 전해 온 친구가 집에 놀러 와서 아이들과 놀고 저녁도 먹고 같이 자고 있습니다.

저녁에 기도 시간에 함께 말씀도 보고 기도도 했습니다.

아직 그 복음을 깨달은 것은 아니지만 예수님을 더 알고 싶고, 계속 관심이 생긴다고 합니다.

함께 말씀을 나누고 기도를 하면서 너무나 감사했습니다.

어떻게 이렇게 기적 같은 일이 생겼을까. 우리 힘으로 할 수 없었던 일을 주님께서 친히 우리 가운데 거하시며 이루어 나가심에 너무나 감격스럽습니다.

이 친구가 주님의 자녀가 되어 함께 주님을 예배하고, 함께 주님을 증거하게 될 날을 간절히 기다립니다.

귀한 섬김으로 귀한 그 복음을 온 열방 가운데 나누어 주고 계시는 사모님. 정말 정말 감사드립니다.

우리 아버지께서 사모님의 마음의 모든 소원을 아시니 아버지께서 그 마음의 소원을 들으시고 귀하게 이루어 가실 것을 믿습니다.

감사와 사랑과 기쁨을 전하며 편지를 줄이지만 제 마음은 계속 편지를 쓰고 있습니다.

이 편지를 쓸 수 있게 하신 하나님을 찬양합니다.

여덟 번째 편지

몰랐습니다.

정말 몰랐습니다.

목사님께서 설교하시는 중에 많은 사람들이 그 복음 선포를, 부활을 듣기 싫어한다는 말씀을 하실 때 그것이…… 어느 정도인지 몰랐습니다…… ㅠㅠ

담담하게 말씀하시는 것을 들으며, 그 복음 선포를 듣지 않으려는 사람들, 거부하는 사람들로 인해 목사님 사모님께서 얼마나 애통하는 마음을 가지셨을지……. 감히 상상할 수 없었습니다.

아…… 이제 이해가 갑니다.

저의 감사의 마음을 담은 아주 작은 편지에 목사님 사모님께서 왜 그토록 기쁨과 감격으로 화답해 주셨는지 이제야 조금 이해가 됩니다. ㅠㅠ

사실 전혀 기대하지 못했었기에, 기대하지 못한 만큼 더 너무나 감사하고 기쁘고 감동이었고, 동시에 조금은 얼떨떨하기도 했습니다.

저는 막연하게 목사님 사모님은 그 복음 선포를 어렵지 않게 하실 것이고,

또 많은 사람들이 목사님 사모님의 그 복음 선포를 듣고 마음을 열어 받아들일 것이라고 생각했던 것 같습니다.

그런데 제 생각과 너무나 다른 시간을 보내고 계셨음을 몰랐습니다. ㅠㅠ

아…… 사모님…….

하고 싶은 이야기, 나누고 싶은 이야기가 너무 많습니다.

이 작은 화면에 다 담을 수가 없습니다. ㅠㅠ

그 복음을 듣고 또 말씀을 깨달아 가면서 놀라운 시간을 보내는 동시에, 아직 내가 온전히 굴복된 상태가 아니라는 것을 그냥 제가 알겠더라구요.

그런데 이 복음을 저 혼자 가지고 있을 수가 없었습니다.

그 복음은 도저히 나 혼자만 가지고 있을 수가 없는 것이었습니다.

내가 사랑하고 아끼는 사람들에게 전하고 싶었습니다.

너무 너무 전하고 싶어서 심장이 터질 것 같았습니다.

그래서 주님. 제가 아직 온전한 상태가 아닌데 이 귀한 생명을, 진리를 제가 전해도 되겠습니까. 저와 같은 상태라도 저를 통해서 누군가에게 그 복음을 전하기 원하신다면 저에게 먼저 연락이 오게 해 주세요. 그러면 제가 주님의 뜻으로 알고 담대히 전하겠습니다. 하고 간절한 마음으로 아뢰었습니다.

사모님. 저는 카톡으로 연결된 사람이 가족을 포함해서 15명 정도입니다. 그중에 친구는 가장 친한 친구 3명인데, 2명은 엄마 뱃속에서부터 시집 가기 전까지 함께 신앙 생활을 한 친구이고, 또 1명은 대학 시절부터 함께한 친구입니다. 모두 같은 교회 친구들입니다.

그런데 어릴 때부터 함께 자란 친구 2명이 그렇게 기도했을 때, 기도를 마치고 성경을 읽은 지 채 20분도 되지 않아서 먼저 연락이 왔습니다.

모두 각자 사느라 바빠서 몇 달에 한 번씩 정말 가끔 연락하는 정도였기에 기도의 응답으로 주께서 길을 열어 주신 것으로 받아들이고 기쁨으로 그 복음을 전했습니다.

결론은······ 한 친구는 제 카톡에 두 달째 답이 없습니다.

또 다른 친구는 카톡으로 몇 차례 그 복음을 나누다가 통화를 했는데 통화하는 내내 저는 변론해야 했습니다.

제가 부활에 치우쳤다는 것입니다. 이단이나 잘못된 교리에 빠진 것 같다는 것입니다. 그래서 친구들 모두 저를 걱정하고 있다고 했습니다.

처음부터 제 이야기를 들으려는 마음이 없는데 그 복음을 전하려 하니······.

예수와 부활을 말하려 하니 정말 쉽지 않았습니다.

2시간 통화하고는 '그래. 너의 얘기를 들어 보니 네 삶에는 문제가 없는 것 같다. 그러나 네가 말하는 교리는 잘못된 것 같다.'였습니다.

그리고 통화를 마칠 때는 '그래 좋다. 네가 말하는 복음, 부활, 마음으로 믿는 것을 생각하면서 말씀을 한 번 보겠다.'고 했습니다.

그날 밤 저는, 요한계시록을 읽다가 밖으로 뛰쳐나가서 외치고 싶었습니다.

"예수님이 부활하셨다! 예수님이 부활하셨다! 예수님이 죽음을 이기고 부활하셨다! 부활하신 예수님이 살아 계신다! 예수님이 부활이고 생명이시다! 그분이 그리스도시다! 예수님은 산 자다! 영원히 살아 계시는 그분이 죽었었다!"

미친듯이 외치고 싶었습니다.

이 땅의 사람들, 온 세상 사람들이 다 듣도록 큰 소리로 외치고 싶은 밤이었습니다.

가장 친한 친구들이 그 복음을 받아들이지 않고 거부했을 때 너무나 마음이 아팠습니다.

그 친구들도 나랑 같이 그 복음 설교를 듣고 같이 감격하고 같이 기뻐하고 같이 나누고 싶었는데 그럴 수 없다는 것이 너무나 슬펐습니다.

그러나 이것이 오히려 제 마음에 불을 지폈습니다.

이단이란 소리 들어도 괜찮다, 이단 삼단 사단 뭐라고 해도 좋다.

주님. 이 생명의 복음, 살아 계신 예수님을 계속 담대히 전하도록 저를 붙들어 주세요!

저도 남편도 가족들과 지인들에게 그 복음을 전하고 있습니다.

신이 너무나 많고 귀신을 무서워하며 두려움 가운데 살아가고 있는 이 땅의 사람들에게도, 한 분 여호와 하나님, 사람이 되신 영존하신 아버지, 다윗의 뿌리이며 자손이신 예수 그리스도, 죽음을 이기시고 부활하신 예수, 다시 오실 주님, 그 복음을 전하고 있습니다.

그리고 매일 저녁 아이들과 한 자리에 모여 우리가 그 복음을 전한 사람들의 이름을 불러 가며 기도하고 있습니다.

네, 사모님……. 이것은 결코 저희 힘으로 하는 것이 아닌 것 아시지요.

결코 저희가 할 수 없는 일들이었습니다. ㅠㅠ

살아 계신 하나님 예수 그리스도, 성령께서 저희 가정 가운데 이루어 가시는 역사입니다.

남편이 몇 주씩 집을 비울 때가 자주 있습니다.

그러면 주일에 제가 아이들과 말씀을 나누기도 하고, 목사님의 그 복음 설교를 들으며 예배를 드리기도 합니다.

오늘은 "목사님 말씀 들으면서 예배드리자!" 했더니, 아이들이 예쓰~! 하며 좋아합니다.

요한복음 강해 2강을 함께 들었습니다.

듣다가 아이들이 엄마, 이해가 잘 안 돼요. 하면 멈추고 설명해 주고 다시 듣습니다.

5살 막내도 누나 형아 따라 하느라, 엄마, 저도 잘 이해가 안 돼요 합니다.

그러면 또 멈추고 다시 설명해 주고 또 다시 듣고 했습니다.

그러면 예배 시간이 2시간 가까이 됩니다.

그래도 아이들이 지루해하지 않습니다.

예배를 마치고도 계속 그 복음 이야기입니다. 너무나 감사합니다.

저녁에 기도하기 위해 모였을 때, 오늘 들은 말씀을 간단히 이야기해 보라고 했습니다.

그런데 아이들이 너무나 선명하게 말씀을 기억하고 이야기하는 것입니다.

별 기대 없이 물었다가 정말 깜짝 놀랐습니다.

이렇게 집중력이 좋고 똑똑한 아이들이 아닌데……. ^^;;

성령께서 아이들의 마음에 말씀을 심으시는 것을 믿습니다.

그리고 간절하게 기도했습니다. 이 땅을 위해, 잃어버린 영혼들을 위해, 또 내일도 그 복음을 전하도록 도와주세요!!

그렇다고 아이들이 180도 확 바뀐 것은 아닙니다.

잘 놀다가도 다투거나 말 안 들어서 혼나기도 하고,

숙제 공부하기 싫어서 뺀질거리다가 꾸중 듣기도 합니다.

그런데 아이들이 그 복음을, 예수님을 점점 더 좋아하고 자꾸 이야기합니다.

며칠 전 3학년 둘째가 엄마는 왜 성경을 읽냐고 물었습니다.

그래서 성경 안에 예수님이 계셔. 여기서 예수님이 숨쉬고 계셔. 라고 대답해 주었습니다.

그런데 그 다음 날 아침 일찍 아이가 혼자 말씀을 읽고 있었습니다.

로마서 1장을 읽었다고 하길래, 무슨 말씀인지 알겠냐고 물으니,

"엄마. 다는 이해를 못 하겠어요. 그런데 바울이 복음 때문에 사도로 부름 받았대요. 그리고 바울은 복음을 부끄러워하지 않는대요."라고 대답했습니다.

그 이야기가 하나님께서 저에게 하시는 말씀처럼 들렸습니다.

아이의 그 대답이 하루 종일 저를 사로잡았습니다.

사모님.

그 복음의 길이 좁은 길인 것을…….

이제 저는 그 길의 초입새에 들어서서 그 길이 얼마나 좁고 협착한지 다 헤아릴 수 없습니다.

그러나 그 좁은 길, 찾는 이가 적은 그 생명의 길을 변함 없는 기쁨과 감격으로 걸어가고 계시는 목사님 사모님이 계셔서 든든하고 감사합니다.

감사합니다. 목사님 사모님께서 지나오신 그 복음 선포의 여정을 나누어 주셔서 감사드립니다.

어제 마태복음 5장을 읽으며 심령이 가난한 자, 애통하는 자, 온유한 자, 의에 주리고 목마른 자, 긍휼히 여기는 자, 마음이 청결한 자, 화평케 하는 자, 의를 위하여 박해받는 자를 곰곰이 생각해 봤습니다.

너무 많이 듣고 외워서 진정한 의미를 잘 모른 채 지나온 말씀이었기에, 과연 어떤 자들이, 어떤 삶을 사는 자들이 이러한 자들일까……

예수님이 어떤 자들을 마음에 그리시면서 말씀하신 것일까. 한참을 생각했었습니다.

그런데 그 답을 사모님의 편지 속에서 찾았습니다!

예수님이 마음 속에 그리며 말씀하신 자들은 그 복음의 좁은 길을 걸으며 그 복음을 선포하는 그 자들을 보시며 말씀하신 것이었습니다. ㅠㅠ

아…… 가슴이 먹먹합니다…….

예수님께서 그 산에 올라가 앉으시고 제자들을 향하여 복이 있는 자들을 말씀하실 때 분명 목사님 사모님을 마음에 품고 바라보시며 말씀하셨을 것입니다. ㅠㅠ

너무나 놀랍습니다…….

저도 사도 바울처럼, 목사님과 사모님처럼 그 복음을 부끄러워하지 않고, 그 복음의 좁은 길을 기쁨으로 걸으며 그 복음을 선포하는 삶, 예수님이 마음에 품으시고 하늘의 복으로 채우시는 자의 삶을 뒤따라 가고 싶습니다.

사모님.

처음 목사님께 쓴 편지에, 제가 그 복음에 온전히 굴복이 되는 날이 오면 다시 편지를 드리고 싶다고 했었는데…….

이렇게 목사님 사모님의 사랑의 답장을 받고, 또 이렇게 줄줄이 긴 편지를 쓰고 있으니 너무 신기합니다……. ^^

그 복음 편지에 저의 편지 내용을 실으신 것을 읽고 그저 신기하고 감사했습니다.

너무 사모하며 읽던 그 복음 편지에 제 이야기가 실리다니요…….

말씀드린 것처럼 이 또한 전혀 기대하지도 상상하지도 못한 일이기 때문입니다.

아…… 제가 아직 그럴 만한 사람도, 삶도 아닌 것 같은데 말입니다. ㅠㅠ

사모님!

너무나 감사하고 고마운 사모님!

전기가 나가서 온 세상이 깜깜한 밤, 그래서 밤하늘의 별들은 더욱 빛나고, 반딧불이들이 밝히는 작은 빛들로 금빛 물결이 이는 풀밭에 풀벌레 소리 귀뚜라미 소리 개구리 소리가 어우러져 아주 멋진 밤에 그 복음을 사랑하는 가족 올립니다.

아홉 번째 편지

사모님…….

하나님께서 사모님을 통해 저의 마음과 생각을 다듬어 주십니다.

너무나 감사하고 감사합니다.

지난 몇 주 말씀드린 것과 같은 고민을 가지고 지내고 있었습니다.

그 복음 말씀은 듣고 들어도 또 듣고 싶어서 계속 듣고 있습니다.

그리고 말씀을 읽으면 온통 그 복음으로 풀어지고 이해되고 깨달아집니다. 이것이 너무 신기하고 놀랍고 좋아서…… 날마다 감격하고 감사하고 신기해하고 있습니다.

내 마음도 내 삶도 정말 많이 회복되고 변화되어 가고 있지만, 내 옛 사람이 툭툭 올라올 때마다 너무나 당혹스럽고 마음이 힘들어졌습니다.

아…… 나는 왜 이럴까 하는 생각과 함께, 나를 위해 사람이 되신 하나님 아버지 앞에 너무나 죄송스러운 마음이 들었기 때문입니다.

사모님께서 보내 주신 편지를 읽으며 아, 그런 시간을 지나가는 것이구나. 이제는 더 이상 나, 내 모습에 집중하지 않고, 나와 함께 하시는 살아계시는 하나님, 죽음을 이기시고 생명을 주신 예수 그리스도, 내 주님만 바라보고, 주님의 살아 있는 말씀을 더 사모하며 더 많이 읽는 것에 마음을 써야겠다는 생각이 들었습니다.

이 작은 마음의 고민과 한숨까지도 주께서 아시고…….

이렇게 세밀하게 알려 주시고 인도해 주시니 그저 감사하고 감사할 뿐입니다.

네, 사모님. 맞습니다.
그 길 안에 있는 것이요. 아…… 그 길 안에 있다는 것이 너무나 큰 은혜입니다. ㅠㅠ
아버지의 그 크신 사랑 안에 제가 있습니다.
두려움을 내어쫓는 온전하신 그 사랑 안에 있습니다.
저를 큰 사망에서 건지신 하나님께서 앞으로도 또 건지실 것이며, 이후에도 건지실 것을 믿습니다.
이제 자기를 의지하지 않고 오직 죽은 자를 살리는 하나님만 의지하게 하시는 살아 계신 하나님만 바라봅니다.
죽은 자 가운데 살아나신 예수 그리스도, 영광의 주님께만 저의 눈동자를 고정시킵니다.

사모님의 지난 삶에 얼마나 큰 아픔과 슬픔이 있으셨을지……. 감히 저는 상상도 할 수 없습니다.
그러나 그 모든 시간 주께서 씻으시고 영원한 빛으로 생명으로 채우셔서 이렇게 본 적도 없고 만난 적도 없는 저의 작은 삶을 보듬어 주시고 기쁨과 사랑으로 화답해 주시니 너무나 감사하고 감격스럽습니다.

저도 어제 마태복음을 읽으며 가나안의 한 엄마의 믿음을 보고 생각했었습니다.

어떻게 이런 간절한 믿음으로 예수님 앞에 나아갈 수 있었을까…….

자신을 바라보는 타인의 시선, 거절당하는 두려움, 자존심 따위 다 버리고 주 다윗의 자손 향한 믿음으로 나를 불쌍히 여기시고 나를 도우시기를 간구하는 간절함…….

너무나 부럽고 알고 싶은 마음이 들었습니다.

참 신기합니다. 제가 말씀을 읽다가 궁금한 마음을 가진 것을 사모님의 편지를 통해 말씀해 주시니 말입니다.

전능하신 하나님께는 너무나 쉽고 당연한 일인데도 참 신기하게 여겨집니다. ^^

제 작은 삶의 고백으로 인해, 고단하고 쉼 없는 삶에 지친 누군가가 그 복음의 광채 앞에 온 마음을 열고 서서 살아 계신 주 다윗의 자손 예수님을 만날 수 있다면…….

고통의 원인도, 회복의 길도 답도 찾을 수 없어서 낙심 가운데 있는 그 누군가가 예수 그리스도의 얼굴에 있는 하나님의 영광을 아는 빛, 부활의 광채 앞에서 그 마음을 환히 들여다보고 주께 돌아올 수 있다면 너무나 영광스럽고 너무나 감사한 일입니다.

이 일을 이루어 가시는 신실하신 하나님을 찬양하고, 이 일의 통로 되시는 사모님께 감사드립니다.

저도 저의 두서 없는 긴 편지 읽어 주셔서 정말 감사드립니다.

저도 같은 인사, 소망의 인사로 인사드립니다.

마라나타!

그 복음과 신학

ⓒ 남궁영환, 2020

초판 1쇄 발행 2020년 2월 2일

지은이   남궁영환
펴낸이   이기봉
편집   좋은땅 편집팀
펴낸곳   도서출판 좋은땅
주소   서울 마포구 성지길 25 보광빌딩 2층
전화   02)374-8616~7
팩스   02)374-8614
이메일   gworldbook@naver.com
홈페이지   www.g-world.co.kr

ISBN   979-11-6536-116-7 (03230)

이 도서의 국립중앙도서관 출판예정도서목록(CIP)은 서지정보유통지원시스템 홈페이지(http://seoji.nl.go.kr)와 국가자료공동목록시스템(http://www.nl.go.kr/kolisnet)에서 이용하실 수 있습니다. (CIP제어번호 : CIP2020003937)